《太平经》被动式研究

TAIPINGJING BEIDONGSHI YANJIU

胡萍 著

燕山大学出版社
河北大学出版社

图书在版编目（CIP）数据

《太平经》被动式研究 / 胡萍著 . -- 秦皇岛 : 燕山大学出版社 , 2018.8
ISBN 978-7-81142-733-2

Ⅰ . ①太… Ⅱ . ①胡… Ⅲ . ①道藏②《太平经》- 研究 Ⅳ . ① B956.1

中国版本图书馆 CIP 数据核字 (2018) 第 181824 号

《太平经》被动式研究

责任编辑：孙志强
张靖瑄
装帧设计：王占梅
责任印制：靳云飞

出版发行：燕山大学出版社　河北大学出版社
印　　刷：保定市北方胶印有限公司
开　　本：170mm×240mm　1/16
印　　张：13.25
字　　数：210 千字
版　　次：2018 年 8 月第 1 版
印　　次：2018 年 8 月第 1 次印刷
书　　号：ISBN 978-7-81142-733-2
定　　价：39.00 元

目　　录

绪　论

第一节　选题缘起

“语法”一词最早出现于鸠摩罗什（344—413）405年译出的佛典《大智度论》，而我国的科学系统的语法研究则要从《马氏文通》1898年问世才算开始。一个多世纪以来，这种研究经历了由泛时到共时再到历时的种种变化。1936年王力先生发表《中国文法学初探》（《清华学报》11卷1期），1937年发表《中国文法中的系词》（《清华学报》12卷1期），这标志着古汉语语法研究进入一个新的时期。王力先生在《中国文法学初探》中指出：研究汉语语法要“按时代分为若干时期”，进行“文法史的研究”。这是中国现代语言学史上第一次明确提出汉语历史语法研究的任务。《中国文法中的系词》则是第一篇真正研究汉语语法发展历史的论文，具有开创意义及方法论上的示范作用。其后吕叔湘先生于20世纪40年代发表了一组近代汉语语法论文，开创了汉语历史语法研究。1958年王力先生《汉语史稿》中册由科学出版社出版，这是第一部汉语语法史，它开创了一个新的学科，具有里程碑意义。

半个多世纪以来，汉语历史语法研究取得了巨大的成绩和长足的进步，尤其是20世纪70年代末以来，历史语法研究蓬勃发展，呈现一派欣欣向荣的局面。但是，历史语法的研究存在“两头热、中间冷”的不足，中古语法的历史研究更是冷清。中古语法研究属于历史语法研究的范畴，有必要理清语法发展的源与流，而目前所见语法史著作多是简论性的居多。目前，学术界一致认为：历史语法的研究应在不同的历史断面上截取若干部专书进行研究，在若干部专书研究的基础上形成断代语法史，再在若干段断代语法史的基础上最终汇集成详尽系统的汉语语法通史。专书语法研究是汉语语法史研究中基础的基础。

专书语法研究是汉语史研究的基石。汉语史研究必须探求汉语在各个时期的特点，总结汉语发展的内部规律，因而对各个时期代表作的专书研究就成为建造汉语史大厦必不可缺的保证。数十年来我们的师辈一直不间断地倡导专书研究。20世纪60年代初，陆志韦先生就亲自带领何乐士等投身于这项工作。吕叔湘先生在担任语言所所长期间曾不止一次对古汉语研究室的研究人员强调：汉语史研究应以专书研究作为基础。1979年他写给古汉语研究人员的一份建议中写道："要对古汉语进行科学的研究，就要注意时代和地区的差别。对于这些差别，现在还只有一些零碎的认识，还缺少系统地探索的成果。要进行研究，现在还只能先拿一部一部的书作单位。一方面在同一部作品中找规律，一方面在作品与作品之间就一个个问题进行比较。"丁声树先生生前也一再教导说："那种任意选取例句的做法不能科学地总结规律，应对专书进行穷尽的调查研究。"[①] 1993年郭锡良先生在《四十年来古汉语语法研究述评》一文中再次强调："汉语语法史需要建立在专书语法研究、断代语法研究的基础之上。"由上所述可知专书语法研究对于汉语语法史的至关重要的意义及其不可忽视的作用。现在正有越来越多的学者投身于这一工程之中。

在专书语法研究上取得成果的有：许世瑛《论语二十篇句法研究》（台北开明书局1973），詹秀惠《〈世说新语〉语法探究》（台北学生书局1973）、《南北朝著译书四种语法研究》（台湾大学中国文学研究所1975年博士论文），何乐士《〈左传〉的单句和复句初探》《先秦汉语研究》（山东教育出版社1982）、《左传虚词研究》（商务印书馆1989）、《左传范围副词》（岳麓书社1994）、《史记语法特点研究》（商务印书馆2005），管燮初《左传句法研究》（安徽教育出版社1994），廖序东《楚辞语法研究》（语文出版社1995），张振德、宋子然《〈世说新语〉语言研究》（巴蜀书社1995），吴福祥《敦煌变文语法研究》（岳麓书社1996），殷国光《〈吕氏春秋〉词类研究》（华夏出版社1997），卢烈红《〈古尊宿提要〉代词助词研究》（武汉大学出版社1998），萧红《〈洛阳伽蓝记〉句法研究》（高雄佛光山文教基金会2002），何亚南《〈三国志〉和裴注句法专题研究》（南京师范大学出版社2001），白兆麟《〈盐铁论〉句法研究》（商务印书馆2003），钱宗武《今文尚书语法研究》（商务印书馆2004），黄锦君《二程语录语法研究》（四川大学出版社

---

① 参见何乐士《古汉语语法研究论文集·专书语法研究的几点体会》，商务印书馆2000年。本文曾于1998年在江苏省语言学会于镇江召开的"纪念《马氏文通》一百周年学术讨论会"上宣读，会后受《镇江师专学报》约稿，发表在该学报1999年第1期。

2005）等。它们的出现，有助于汉语语法通史的重新编写。

古汉语专书语法研究是建立断代语法和语法发展史的可靠基础。何乐士（1998）结合自身经验谈了《专书语法研究的几点体会》，认为："专书语法研究是汉语史研究的基石""是专题语法研究的重要依据""是比较研究的必要条件""是建立新的理论的一个重要途径""专书语法研究的成果是检验自己或前人成说的有力武器。"何乐士（2000）再次强调："在古汉语领域里，几乎无论做什么样的语法研究，最好能以专书研究作为基础。"认为描写是"第一位的，它如同水之源，木之本，楼之基。必须先把语言事实调查、描写清楚，才谈得上其他"。

佛道文献语言的研究有助于汉语史的科学分期。学术界一般视东汉期间为中古汉语的起始阶段。中古时期是汉语语法自上古转入近代的枢纽，反映了新旧语法形式的更迭、诸多语法形式的萌芽或发展。自东汉始，汉语的书面语和口语开始有了距离，这使中古汉语的诸多语言现象表现出与以往不同的面貌。道教在东汉时产生，佛教也在东汉初年传入中国。为了向受众说法，为了争取教徒、宣传教义，道教原始经典与汉译佛经多以接近口语为表现形式，在文体和语言的选择上尽量趋俗。历史语法的研究最基本的依据是语料。近 20 年来，佛教文献语言研究渐受重视，是中古汉语研究的一个热点，学者们对佛教不同历史时期的语言（主要是口语词）进行了地毯式的研究，成果颇多。而同样是宗教语言，对道教典籍的开垦却冷寂沉闷得多。对此，任继愈先生曾指出："不研究中国佛教就无从了解中国文化和中国历史，这一点已逐渐被学术界人士所承认；对道教研究的重要性，似乎没有像对佛教那样重视。事实表明，道教典籍中可供发掘的东西非常丰富，其重要性决不下于佛教，甚至更重要。"①

中古汉语的研究触角已伸向不同材料，渗透到各个层面，然而作为本土文化遗存，《道藏》的语言研究却极为单薄（当然，造成这种荒芜的原因是多方面的）。道教关注人与自然的和谐以及对生命的尊重、对宇宙的探索，百年来，中外学者对它进行了多角度的研究。但总的来说，以往的道教研究主要是从历史文献学、哲学思想、宗教学、医药化学科技以及道教与民俗学等方面展开的。早在 1932 年，陈寅恪先生针对道教研究状况时就感叹："盖道藏之秘籍，迄今无专治之人，而晋南北朝隋唐五代数百年间，道教变迁传衍之始末及其与儒佛二家互相关系之

① 任继愈主编《中国道教史·序》，中国社会科学出版社 2001 年。

事实，尚有待于研究。此则吾国思想史上前修所遗之缺憾，更有俟于后贤之追补者也。"[①] 而今70多年过去了，中国道教研究经历了不同时代的风雨考验，从哲学、宗教、科技、医学到艺术、历史、文献等各个方面都取得了长足的进步，[②] 而从语言的角度对道教进行全面综合研究，套用陈先生的话来说，"迄今无专治之人"。

著名历史学家顾颉刚曾在《古史辨》第一册自序中断言："我们如果要知道我们民族的信仰和思想，这种书（指《道藏》）比了儒学正统的《十三经》重要得多。"[③] 作为道教文化载体的《道藏》，它在内容以及刊布上具有以下几个特点：(1) 内容丰富驳杂。一部《道藏》，几乎囊括天文地理、宗教风俗，包罗诸子哲学、神仙方术，涵盖医药化学、生物建筑等，至于其道教音乐《玉音法事》等篇章仍是千古艺谜，学界至今无人破解。(2) 所收书籍历史跨度大。从先秦到明代，上下横贯两千年。(3) 版本唯一。道教虽属本土宗教，然其命运却不如外来佛教。比如《道藏》的结集，自唐武后始，降及五代、宋、金、元、明，屡毁屡编，而最终流传于世的仅有明代编修的《正统道藏》和《万历续道藏》，堪称海内孤本。如此蕴含丰富的典藏，数罹兵火之厄，尚能遗留于世，确属中国文化之大幸。《道藏》编纂按照道教经籍的渊源及其传授的不同，将道书分为"三洞""四辅""十二类"。"三洞"指"洞真"（主要指上清经）、"洞玄"（主要指灵宝经）、"洞神"（主要指三皇经）三部；"四辅"是指"太清""太平""太玄""正一"四部，它们是对"三洞"体系的解说和补充；所谓"十二类"是对"三洞"内容的区别和划分。《太平经》就是《道藏》太平经系的主体。[④]

《太平经》是中国道教的第一部典籍，被誉为"道教养生治国安天下的开山巨著"，它最终写定于东汉桓帝延熹八年（165年），[⑤] 约有23万言，内容庞杂，且全书大量采用真人与神人问难的论述方式，记录、反映了当时的口语特色，较好地反映了东汉时期语言的真实面貌，是研究东汉语言的一部极其宝贵的语料，可

① 陈寅恪《冯友兰〈中国哲学史〉（下册）审查报告》，载《陈寅恪学术文化随笔》，中国青年出版社1996年。

② 这也是道教典籍研究价值颇高的几个视点。

③ 顾颉刚《古史辨自序》，中华书局2006年。

④ 参见冯利华《中古道书语言研究》，浙江大学2003年博士学位论文。

⑤ 参见杨寄林《太平经今注今译·太平经综论》第6页，河北人民出版社2002年。

是，它的语言研究尚未引起足够的重视。王云路先生（2003）曾呼吁学界对“产生于东汉的第一部道教典籍《太平经》”“多加青睐”。东汉是汉语发生剧烈变化的时期，道教典籍《太平经》应该成为汉语史研究的重要语料之一。鉴于此，本文拟做《太平经》专书专题语法研究，为汉语史的编写做点基础性的工作。

第二节　版本与作者

一、版本流传与校注

《太平经》又名《太平清领书》。据《后汉书·襄楷传》，东汉后半叶，宫崇、襄楷曾分别向顺帝和桓帝进献此书。宫崇称此书为其师于吉得于曲阳泉水上，故过去有人称此书为于吉或宫崇所作。① 《太平经》全书篇幅巨大，原分甲、乙、丙、丁、戊、己、庚、辛、壬、癸 10 部，每部 17 卷，共 170 卷，366 篇。据《抱朴子内篇·遐览》著录，最晚在晋代已经出现《太平经》的异本。② 南朝还流传着一个 144 卷的本子，即《太平洞极之经》。③ 明朝《正统道藏》所收《太平经》存 57 卷，缺甲、乙、辛、壬、癸五部及其他几部中若干卷，系 170 卷本的一个残本。其亡佚部分可以从唐末道士闾丘方远节录的《太平经钞》中见其大略。闾丘方远以《太平经》卷帙浩繁，乃节录经文，编成《太平经钞》，仍按天干分为 10 部，每部 1 卷，合为 10 卷。王明先生曾考证出今本《太平经钞》甲部乃后人伪补，事实上抄自《灵书紫文》等南朝上清经。“考订明正统《道藏》的《太平经钞·甲部》是后人伪撰，其重要意义在于避免发生这样的错误：以《钞》甲部的

① 据《汉书·李寻传》，汉成帝时齐人甘忠可托言“天帝使真人赤精子下教我此道”，造作《包元太平经》12 卷。李养正先生认为《太平经》的成书过程是：《包元太平经》的传本或残本（亦即所谓《素书》《本文》），后经帛和、于吉等人的演绎扩充，又经于吉汇集民间各种不同传本，于曲阳编纂而成 170 卷。曲阳即今连云港一带，汉时这里有最古老的东海庙，为原始道教活动场所，也有说这里是道教的发源地，故宫崇托言其师于吉得神书于曲阳泉水上。参见李养正《试论〈太平经〉的产生与演变》，载《道协学刊》，1983 年第 12 期。

② 葛洪《抱朴子·遐览篇》中著录的《包元经》，可能便是甘忠可《包元太平经》之传本或残存本。

③ 近代著名道教学者陈撄宁先生曾谓《太平清领书》与《太平洞极经》是一经而二名。李养正亦认为《太平洞极经》与《太平清领书》系一经二名，只是由于传播地区不同，卷帙有所取舍和调整，在天师道名《太平洞极经》，在太平道则号《太平清领书》。参见李养正（1983）。

内容、术语等定《太平经》的时代。”①

唐宋是道教发展史上的鼎盛时期，② 对于道籍的收集和整理，唐朝中央政府采取积极的措施予以扶持。如将收集的道书编纂成藏，依仿佛经的矩式，取名《道藏》。赵宋王朝在崇道上丝毫不逊于唐朝，③ 在整理和弘扬道教文化方面，宋王朝政府也颇为得力。诸如编修道教历史，④ 访求道经，编纂《道藏》，倡习道经等。在这种政治氛围的影响下，许多道教典籍赖以保存。《道藏》命运多舛，数罹兵火之厄，但屡毁屡编，道教典籍《太平经》就幸存于明代正统年间编修的《正统道藏》。《太平经》原由 10 部 170 卷 366 篇组成，篇幅巨大，但流传到明朝正统九年（1444 年），仅剩 57 卷 126 篇，残缺严重。明确材料的成书年代，对于从事语言研究者尤为必要；鉴于现存《太平经》脱漏、错简、讹谬很多，且存在不少语言文字障碍，所以，对《太平经》的文本校释就显得格外重要。

虽然道教研究已经取得了长足的进步，但从某种程度上说，道教研究目前仍在起步阶段，相关问题有待解决。⑤ 可喜的是，《太平经》研究已经走过 70 余年的发展历程。《后汉书·襄楷传》记载，东汉顺帝时琅琊人宫崇将题为《太平清领书》的“神书”献给顺帝。1930 年，日本学者小柳司气太即在《桑原还历纪念支那学论丛》上发表《后汉书襄楷传之太平清领书与太平经之关系》一文，最早考定《道藏》本《太平经》即东汉时出世的《太平清领书》，首倡《太平经》之研究。1935 年汤用彤先生在《国学季刊》第 5 卷第 1 期上发表《读〈太平经〉书所见》一文，开国内《太平经》研究之先河。当代著名道教学者王明（1911—1992）师从汤用彤先生，从 1941 年以《太平经合校》（内附长篇《导言》）为题通过北京大学文科研究生学位论文答辩开始，直到 1987 年在《文史知识》第 5 期刊发《〈太平经〉和〈抱朴子〉在文化史上的价值》，致力于研究道教及《太平经》达 40 余年，成果斐然（见下节介绍），当是研究《太平经》用力最多也成果最丰的学者。在对《太平经》文献的考辨疏证方面，汤用彤、王明二先生成就最著。经汤、

① 王明《道教和道教思想研究》第 186 页，中国社会科学出版社 1984 年。

② 李唐王朝自认是老子的后代，尊道教教主老子为唐宗室的“圣祖”，先后册封为“玄元皇帝”和“大圣祖高上金阙玄元天皇天帝”。

③ 李氏的“圣祖”“玄元皇帝”依旧被加封进册，老子头上的光环依然眩目，真宗大中祥符六年八月，进封老子为“太上老君混元上德皇帝”。徽宗还亲自为《道德经》作注。

④ 据《宋史·徽宗本纪》载：重和元年九月，“用蔡京言，集古今道教事为纪、志，赐名《道史》”。

⑤ 道教内容庞杂，目前已经取得的研究成果与其值得研究的课题相比，可以说研究才刚刚开始。

王两位的考证，今《道藏》本《太平经》为汉代旧文当确凿无疑。

王明先生以上海商务印书馆1923—1926年影印明英宗正统《道藏》本《太平经》为主，又以唐末道士闾丘方远《太平经钞》和其他27种征引古籍为辅，按照“并”“附”“补”“存”四例，编成《太平经合校》，基本上恢复了本经170卷的初始面貌，成为此后几十年中研究的基础。自1960年中华书局初版以来，《太平经合校》至今已印行了5次，印数达27 900册。王明先生的《太平经合校》有筚路蓝缕之功。俞理明《〈太平经〉正读》(巴蜀书社2001年)，汇集了他研读《太平经》语言文字的绝大部分成果，将《太平经》研究提高了一步，使学人们研讨《太平经》时又有了一个较好的读本。

二、关于作者及拟用版本

《太平经》的思想来源驳杂不一，有墨家、神仙、阴阳术数、谶纬、道家、儒家等，但多数学者认定《太平经》乃东汉时代的旧籍，主旨在于陈述“治国”和“治身”之道——这种“身国并治”的主张正是汉代的主流思想。——假如《太平经》果真是汉代或六朝时期的作品，那么，以当时人的著书习惯来说，应该会在书中透露撰述的目的、全书的卷帙篇章、主要内容和结构，有时甚至还会交代作者的身世和撰述过程，如《史记》《汉书》《论衡》《淮南子》《风俗通义》《抱朴子》《真诰》《颜氏家训》等都有此情形。据林富士（1998）考证分析：今所见《太平经》的内容虽有文体上的差异，各种文体的作者也可能不一样，但是，其撰述的目的和主旨是相当一致的。全书应该在天师与真人的“问答”记录完成之后不久便已编成，若非出自天师之手，便是出自真人（六真人合编或真人纯主编）或真人的传人之手。不过，从书中之若干痕迹、敦煌本《太平经》之目录，以及其他文献的记载来看，这部书在六朝时曾经散佚，后来可能经过南朝末年的茅山道士重新整理、编辑，并加入前后两篇“序文”。因此，10部170卷366篇的结构乃至书名《太平经》及若干篇章或段落（限于说教体和会话体），都有可能是出自六朝道士之手。

本文拟选文物出版社、上海书店、天津古籍出版社1988年重新影印的明正统《道藏》本第24册P311—601为底本，参考《太平经合校》和《〈太平经〉正读》等的编校成果，对《太平经》中所剩的57卷共126篇中的有标记被动式进行专题研究。这57卷共126篇的分布及字数大致如表1-1所示。

表1-1 本文拟分析的《太平经》57卷共126篇的分布及字数大致情况

分布	卷数	字数（精确到百位）	非对话体篇目数及字数	
丙部	16	61100	10	6000
丁部	7	26600	1	1000
戊部	4	19500	0	0
己部	14	62900	4	2000
庚部	16	69800	26	45400
合计	57卷	239900字	41篇	54400字
备注	对话体篇目占67.3%，字数占总字数约77.3%			

表中所提41篇非对话体，分别是：

丙部10篇，即《移行试验类相应占诀》《丹明耀御邪诀》《草木方诀》《生物方诀》《去浮华诀》《天文记诀》《灸刺诀》《神祝文诀》《葬宅诀》《诸乐古文是非诀》；

丁部1篇，即《知盛衰还年寿法》；

己部4篇，即《八卦还精念文》《东壁图》《西壁图》《经文部数所应诀》；

庚部26篇非对话体26篇的卷次和题目是：

卷一百三《虚无无为自然图道毕成诫》，1篇。

卷一百八《要诀十九条》，1篇。

卷一百十《大功益年书出岁月戒》，1篇。

卷一百十一《大圣上章诀》《有德人禄命诀》《善仁人自贵年在寿曹诀》《有知人思慕与大神相见诀》《有心之人积行补真诀》，5篇。

卷一百十二《贪财色灾及胞中诫》《七十二色死尸诫》《写书不用徒自苦诫》《有过死谪作河梁诫》《衣履欲好诫》《不忘诫长得福诀》，6篇。

卷一百十四《（孝行神所敬）诀》《九君太上亲诀》《不孝不可久生诫》《见诫不触恶诀》《不可不祠诀》《天报信成神诀》《有功天君勑（敕）进诀》《不用书言命不全诀》《大寿诫》《病归天有费诀》《不承天书言病当解谪诫》《为父母不易

诀》，12 篇。

本文对《太平经》引例格式如：

帝王虽有万人之善，犹复无故被其害也。（卷三十七《试文书大信法》，三九一中）

依次是：例句（卷次、篇名及页码），其中例子本身加粗并加下划线。底本是明正统《道藏》第 24 册，文例后一律不再加注。《道藏》格局是每页上、中、下三栏，为方便查找，所以引例中页码后均附所在栏，如“三九一中”的“中”。

另外，例中讹字随手校正，如下例中“各”为“咎”之讹：

且详所言，同出辞言，可令好；所为出恶，自令得各（咎）。（卷一百十四《不承天书言病当解谪诫》，五八〇中）

第三节　研究概况

一、研究现状概述

《太平经》研究已有 70 多年的历史，中外学者所探索的课题主要有五：第一是《太平经》的文献考订、作者和其著作年代。第二是关于《太平经》一书的性质。第三是对于《太平经》的内容和思想的分析。第四是《太平经》和道教太平道、五斗米道（天师道）以及上清经派（茅上宗）在思想和教法上的关系。第五则是《太平经》和其他典籍（如《老子》《易经》《说文解字》《墨子》《抱朴子》等）以及佛教的关系。这五个课题是互相联结的。欧洲和日本学者的研究成果很多，如康德谟（Maxime Kaltenmark）[法]《〈太平经〉的思想体系》（1979）、坎德尔（Barbara Kandel）[澳]《〈太平经〉源流考》（1979）等，可惜翻译过来的不多。① 国内目前已有以下读本可参考：王明《太平经合校》（1960）、俞理明《〈太平经〉正读》（2001）、龙晦等《太平经全译》（2002）、杨寄林《太平经今注今译》（2002）等。目前，相关普及刊物有《文史知识》《文史哲》《中国道教》《道协学刊》《中国宗教》《哲学研究》《宗教学研究》《中国哲学史》《世界宗教研究》《道家文化研究》《道教与传统文化》《中华道学与道教》等。

"文革"结束后，尤其是近二十年来，国内介绍《太平经》及道教的文章和书籍明显增多，关于《太平经》思想内容的研究更是红红火火。主要有：李养正《道教概说》（1989）、《〈太平经〉是否"抄袭"〈四十二章经〉议——读书随想之一》（1995）、《〈太平经〉与阴阳五行说、道家及谶纬之关系》（1999），胡道静《神州智慧与科技古籍》《道教研究在海外腾飞》（1994），汤其领《汉魏两晋南北朝道教史研究》（1994），周高德《读〈太平经〉有感》（1994），李刚《也论〈太平经钞〉甲部及其与道教上清派之关系》（1994）、《汉代道教哲学》（1995），刘昭瑞《"承负说"缘起论》（1995），王平《〈太平经〉研究》（1995），金正耀《中国的道教》（1996），陈鼓应《易传与道家思想》（1996），吕锡琛《道家与民族性格》（1996），南怀瑾《中国道教发展史略》（1996），张运华《〈太平经〉与道家思想》（1996），黎志添《试评中国学者关于〈太平经〉的研究》（1996），萧公彦《从〈太平经〉思想体系的分析看东汉末宗教活动的一些特点》（1997），岳国先《试论〈太平经〉中的道教思想》（1998），林富士《试论太平经的主旨和性质》（1998），芭芭拉（Barbara Hendrischke）[澳]《〈太平经〉中财富与贫困的概念》（1999），张广保《〈太平经〉——内丹道的成立》（1999），孙亦平《论〈太平经〉的妇女观及其对道教发展的影响》（1999），尹灿远[韩]《试论〈太平经〉的"皇天"概

① 国外道教研究起步比我们要早，主要以法国和日本为中心。法国很长时间都是欧洲道教研究的中心，欧洲学者的研究视点重在宗教学以及道教与民俗文化方面，他们的研究非常细致，且注意田野调查，某些观点颇有启发性，确实可补国内学者之不足。有关西方道教研究，可参安娜·塞德尔[法]《西方道教研究史》和《西方道教研究编年史》。前者为蒋见元、刘凌译，上海古籍出版社2000年；后者为吕鹏志、陈平等译，中华书局2002年。至于日本，由于特殊的历史因缘，长期受中国传统文化的影响，日本学者在研究方法和视角上与中国学者有很大的共性，我们从福井康顺等监修的《道教》（朱越利译，上海古籍出版社1992年）可知其早期研究概况。从明治四十四年（1911），妻木良直写了《道教的研究》至今，日本道教研究的成果比较突出，他们也擅长于历史学和文献学研究，主要以《东方宗教》《东方学报》及《东洋学报》等刊物为学术据点，发表了一系列道教研究论文。此外，他们在资料的归纳爬梳方面作得非常仔细，编纂了好几部道教典籍索引。参见冯利华（2003）"道教研究的历史和现状"部分。

念》(1999)，王育成《东汉天帝使者类道人与道教起源》(1999)，段致成《〈太平经〉文献考辨》(1999)，李刚《曹操与道教》(2001)，任继愈《中国道教史》(增订本 2001)，李小光《生死超越与人间关怀——神仙信仰在道教与民间的互动》(2002)，陈林《正文正辞以正太平——〈太平经〉文治太平思想浅谈》(2002)，陈焜《试论〈太平经〉中之承负说》(2002)，葛兆光《屈服史及其他：六朝隋唐道教的思想史研究》(2003)，戴传江《试论〈太平经〉"三一为宗"思维模式及其意义》(2003)，杨寄林《〈太平经〉"书有三等"析义》(2003)，龚鹏程《道教的性质》(2004)、《汉代思潮》(2005)，陈耀庭《论道教神学》(2004)，孔令宏《道教的文字哲学》(2004)，姜守诚《王明与〈太平经〉研究——纪念王明先生逝世十二周年》(2004)，赵建永《汤用彤对〈太平经〉的考证研究》《汤用彤对〈太平经〉与早期道教关系的研究》(2004)，王雪《析〈太平经〉的天道观念》(2005)以及姚圣良《董仲舒与两汉道教》(2005)等。还有两篇回顾性兼总结性的文章，一为强昱《百年道教学研究的历史》,① 一为葛兆光《关于道教研究的历史和方法》。②

以上读本、刊物、论文及论著的出现，使《太平经》研究队伍逐渐壮大，这当中就有近十年来以《太平经》为语料进行语言研究的语言工作者。据不完全统计，目前已经有 67 篇论文对《太平经》(或《太平经合校》)的语言文字现象进行研讨；研究人员有中外前辈学者小柳司气太、汤用彤、王明等，还有大学老师和在校的年轻学生，共计 31 人。这 31 人写的 67 篇文章时段分布大致如表 1-2 所示：

表 1-2　目前（1930—2007）已有《太平经（合校）》语言学研究成果的时段分布大致情况

时间跨度	人数	篇数
1930—1991	4	12
1994—2006	27	55

① 《首都师范大学学报》2001 年第 5 期。它主要从研究者对道教的不同态度及定位来考察不同的道教观，寻求一种代表性的见解，展示道教在文化精英中所处的位置，并通过对中外学者不同治学方法的比较，揭示百年来道教学研究的趋势及未来的意义。

② 《中国典籍与文化》2002 年第 1 期。它是作者的一份讲义，重在从历史的角度通过中外比较，对现代学术意义上的道教研究作了综合全面的总结，为初学者入门提供了参考。在道教研究的方法上作者也提出了许多建设性的建议，同时对于目前道教研究中的冷篱幽径作了指引，以昭来者。

1930—1991年的12篇文章基本是考证性质的，借助语言的时代特点等，解决了《太平经》的时代和真伪问题，同时涉及思想内容和哲学内涵。1994—2006年的55篇，至少有20篇是属于文字校勘和词义诠释的，基本上是训诂方法的使用，偶尔借助语法分析来说明问题。还有一半以上属于纯语法分析，其中又有10篇基本上以句法分析为主体。其中四川大学俞理明先生一人就写了16篇文章专门研究《太平经》的语言，包括校勘、标点、文字、熟语、字义和语法，成绩显著。

冯利华（2003）提到："东汉－隋正是道教的初创、发展以及变革时期，可归之于道教的少年时代。""由于传统文化和资源优势，从历史和文献学角度研究道教，中国学者所做的成绩比较突出。"但"从语言的角度对道书进行现代学术意义的探讨，这方面的成果不多"。他认为，"在研究角度上还可以多样化，诸如可从语言学、思维科学等方面来拓展研究视域。""可以毫不夸张地说，脱离了中古道书，中古汉语研究就不能达到全面深入的研究境地。"因此他从语言的角度对东汉－隋时期的道教文献进行研究，《中古道书语言研究》是其博士论文选题。他希望"最大限度地发掘出道教文献中蕴藏的语料价值"，而道教最早的经典就是《太平经》。目前的情况是，在《太平经》语言研究领域实在有大量的工作要做。《太平经》是研究东汉乃至中古汉语的重要语料，非常可喜的是，这一点已经被不少年轻的学生越来越深刻地认识到。黄建宁（1997）、林金强（2003）、朱力（2005b）和刘祖国（2006）都已经以《太平经》为硕士学位论文选题进行研究。为更好地推动其研究，刘祖国（2005）对《太平经》的研究现状做了个回顾，对《太平经》研究在校勘、词汇和语法三方面取得的研究成果和存在的不足做了个公允的评价，还有中肯的建议；该论文在第四届中古汉语国际学术研讨会上宣读，应该已经引起更多学者对《太平经》语言研究的关注。刘晓（2006）则专门对《太平经》词汇研究成果做了回顾，以期引起学界对《太平经》语言研究的更多注意。可以说，目前对《太平经》的研究方兴未艾，《太平经》研究有望深入推进。

二、语言研究成果简介

《太平经》成书时代已经没有争议；书出众手，且这"众手"属于同一时期；俞理明（1997）还指出："从本经可以看出，这'众手'都是下层的知识分子……几乎完全不引经据典，用语通俗浅显，大体是对话实录，有的词语不避重复，有的语句则保存了口语特有的跳跃缺省现象。”书出众手，可以避免这部著作作为共时语料的偏颇，能够更加普遍地反映著作时代的语言面貌；实录对话，正好表现言语者当时的口语特色；作者都是下层知识分子，与广大社会联系紧密，著述的目的还在于“传经”，因此必须用语通俗浅显，这就保证了他们实录对话时，其口语特色要与整个社会的日常用语基本合拍；本经20多万字，具备相当的长度，其中的语言规律应该具有时代的代表性。这部书中含有许多有价值的语言材料，对研究东汉乃至整个中古汉语都有帮助，应该受到研究者足够的重视，但长期以来，这部书的语料价值并未得到充分的挖掘，围绕该书所展开的语言研究还显得比较薄弱。学界研究《太平经》，多以王明先生《太平经合校》为语料依据。而《太平经合校》于1960年出版，迄今才40多年，时间既短，积累不多；加之《太平经》卷帙浩繁，内容庞杂深奥，文辞“鄙俚芜蔓，字句蹇涩”,[①] 费解之处很多，常令人望而生畏。因此，对《太平经》语言的研究，成就主要集中在文字校勘方面，在词汇、语法方面的成果不多。

（一）校勘

校勘是研究的前提。1930年日本学者小柳司气太最早考定出《道藏》本《太平经》即东汉出世的《太平清领书》；1935年，汤用彤先生在《国学季刊》第五卷第一号上撰文《读〈太平经〉书所见》，以翔实的证据指出《太平经》当为汉代旧书。至此，《太平经》的成书时代问题基本上解决了，并得到学术界普遍认可。最早对《太平经》的文字进行校勘的是当代已故著名道教学者王明先生。他以上海商务印书馆1923—1926年影印明英宗正统《道藏》本《太平经》为主，又以唐末道士闾丘方远《太平经钞》和其他27种征引古籍为辅，按照“并”“附”“补”“存”四例，于1959年编成《太平经合校》，基本上恢复了本经170卷的原始面貌，并成为此后几十年中研究的基础。

20世纪90年代中期，开始有人对《太平经合校》存在的一些疏略和讹误发表校补意见。陈增岳（1994a、1994b）属于其中较早的。他通过分析上下文语境，并考核同类用例，对《太平经合校》中一些因为传写或形近而造成的文字谬误作了勘正，也纠正了一些不合理的句读。其可贵之处在于能够从汉语史的角度入手，综合利用多种文献，有些地方论述相当精善。

① 参见王明《道家和道教思想研究》第212页，中国社会科学出版社1984年。

俞理明（1997）分析了《太平经》中反映汉代时代特征的文献用字问题，包括一些汉代民间俗字，可以佐证前人训释的特殊用法，以及反映汉字发展演变过程中特定时代特色的文字。该文对《太平经》中一些鲜见于其他文献的用字现象，综合利用各种字书辞书，进行了探索性的阐释。俞理明（1998a）讨论了《太平经》中的一些比较特殊的不规范用字，包括当时流行的一些异体字、古今字和按照较宽的标准可以被认为是假借字的用字，为研究汉代用字和古文献的文字整理提供了帮助。《太平经》中反映当时习惯写法的俗体字，有的罕见于汉代典籍，这些字在汉代流行一时，它们的价值最大。俞理明（1999b）考证了《太平经》中因笔画脱失、断笔而造成的误字 21 个，传抄中因笔画误增而成的误字 12 个。该书在长期流传过程中，因为书写者的原因，或钞写底本虫蛀破损等原因，造成了一些字的部分笔画误增或讹减，这些字之间的区别是很细微的，纠正这些错误有助于减少释读经文的困难。俞理明（2000c）就王明《太平经合校》等在脱文补缺、异文取舍、文字正误等方面存在的问题，进行了勘定。文章注意联系整个时代的语言及用字情况，从汉语史角度周密论证，言之有据，信而有征。俞理明（2002a）从古籍整理校对的角度指出了《太平经合校》四个方面的不足：形近字取舍的不一致和误用，径改原文而未出校，误排原文，异体字的改动和图文的阙夺。这些问题的指出，使《太平经合校》的修订有了很坚实的基础。

杨寄林（2003）对《太平经合校》比照明正统《道藏》底本而转生的 26 处讹误进行补缺纠正，这些错误或与全经文例不符，或同经文原义相左。该文坚持从原典出发，同时联系道教思想文化，考证精到。如卷 53《分别四治法》："是故古今神真圣人为天使，受天心，主当为天地谈话。"按："谈话"之"话"，《道藏》本原作"语"。"语"或"谈语""语谈"在本经中屡见不鲜，成为道教初生草创时期的常用语。卷 111《善仁人自贵年在寿曹诀》："所主有上下，转有所至，为恶闻得片，退与鬼为伍，知之乎？"按："知之乎"，《道藏》本原作"知不乎"。"不"同"否"，"知不乎"乃从正反两方面做质问，其在本经中出现的频率远远高于"知之乎"。《太平经合校》误"不"为"之"，便在某种程度上削弱了原文激切和威慑的语气。关于《太平经》中的"不"，俞理明（2000b）已有专文论证，认为改"不"为"之"不仅仅是表达效果的问题，而且有违秦汉时期的某些语言史实。

近年来，罗炽等主编《太平经注译》、龙晦等主编《太平经全译》、俞理明

《〈太平经〉正读》、杨寄林《太平经今注今译》等专著相继问世，对《太平经》的整理研究都做出了贡献。最值得称道的是《〈太平经〉正读》。该书从编排、文字、注释、语法、音韵、句读六个方面修正完善了《太平经合校》，解决了很多《太平经合校》所遗留的语言文字疑难问题。

如果能对该书用字情况进行全面考察，同时与其他传世文献、出土文献作一综合比较，这对于全面考察汉代用字，是很有价值的。此外，《太平经》中有很多鲜见于其他同时代文献的俗字、异体字、古今字、通假字，对于这些字，现在这样定性究竟是否合适，出现这种情况的原因是什么，以及它们是如何发展演变的，都需要深入探讨。

（二）词汇

1. 成果简介

冯利华（2003）曾谈道："道教是中国土生土长的宗教，可对于这部分纯粹的中土文献，我们还没有清醒地认识到它们在语言学，尤其是词汇史上的价值。"尽管如此，关于《太平经》语言的研究，词汇方面还是开展较早的。俞理明（1994）从词汇史角度入手，利用《太平经》探讨了道教称谓对佛教称谓的影响，一方面对于读者了解该书纷繁的人物关系，深入理解文意大有裨益；另一方面也可看出佛、道二教称谓词的一些差别，以及这些特殊称谓词发展演变的轨迹。例如，汉文佛经中也使用了"神人""真人""仙人"等称谓，但含义与其在道教中的意义截然不同。文章运用共时与历时相结合、描写与比较相结合的研究方法，可以说此文首开从词汇角度研究《太平经》之先河。

汪维辉（1994）曾经对王云路、方一新《中古汉语语词例释》提出建议："本书引书达 422 种（见《引书目录》），不可谓不富；取材范围包括释藏、史乘、诗、文、笔记小说、诸子、杂著、医书、农书、注疏、出土文书及金石碑帖等（见《前言》），不可谓不广；收词五百余条，不可谓不多。但如果从整个中古汉语词汇着眼，可补充的内容仍复不少，例如成书于汉末的道教名著《太平经》，含有较多的口语成分，似在应该参考、征引之列……此书中不少词语是颇为独特的，如'承负'（'承续，担负'义）、'拘校'（'拘集，搜集'义）、'比若'（'如同，好像'义，等于佛经常语'譬如'等），都不常见于他书。"王云路（1995a、1995b）是有关《太平经》词语考释的较早文章。作者在（1995a）中通过排比用例、钩沉旧注、审核文例，诠释了《太平经》中的15个特殊词语，并参照《汉语大词典》，对其中失收词条、漏收义项、例证过晚、释义未确等问题提出了自己的看法，结论极为精当。如在释“详”的思考义时，指出其多与同义词连用，如“详思”“详念”“详思念”“详谛”“思详”等，且有很多后代用例辅证。作者希望以此文引起汉语史学界对于《太平经》一书语料价值的重视。王云路（1995b）对《太平经》中的一些特殊的东汉口语词进行了训释，并结合现代汉语，分析了其中的源流关系。另外，在释“积”“大分”“贪生”等词时亦颇见功力。文章还纠正了《太平经合校》因不懂其意义而造成的句读错误，同时对《汉语大词典》的某些说法做了补充是正。王先生这两篇文章不是单纯地考释某一词语，而是采用系联法，把构成方式或词义相近的多个词语放在一起集中考察，对于研究该书词义系统很有启发意义。

方一新（1996）也论及《太平经》中的口语词。文章指出，书中习以“平言”“平行”等径称直说，“何一”用如“一何”等，这些特殊的新词新义究竟是当时口语的反映，还是作者个人的临时创造，值得研究。不排除其中的一些词或义只是言语的现象而没有变成语言的事实，但这不应妨碍我们进行发掘和研究。方先生的这种审慎意见启发我们应联系后代其他文献，立足整个汉语词汇史来认识《太平经》中的特殊语词，不要单纯为了考释而考释。

连登岗在1996—2006这10年间共写了6篇关于《太平经》语词考释的文章。他多结合两汉的时代用字以及思想文化的实际情况，联系上古、中古词汇史，数据丰富，解释精当，有些地方颇有新意，结论也比较可信。例如，“儒”在《太平经》不仅用来称呼儒家学派人士，且也可用来称呼那些有专门技艺的人。《说文·人部》：“儒，柔也，士之称。”“儒”为术士之称，道教徒是术士之一种，自然也可称“儒”。而且，中古以前，“儒”常作形容词，以其柔顺、柔弱义与其他词素构成合成词。

俞理明（2001a）对《太平经》中一些罕见于其他汉代文献的口语性极强的熟语作了简释。它们在书中出现频率很高，且有特定意义，文章把这些意义相近、构成相似的熟语放在一起，采用定量定性分析的方法，予以集中考察。笔者认为这些熟语字序不定，构成成分变换繁多，正如书中大量的同素异序词、同义复合词一样，呈现出一种产生之初的不稳定局面，这些熟语后来逐渐走向规范，只保留下某一种或几种固定形式，大部分被淘汰了。俞理明（2002b）对《太平经》中许多常用的应叹提顿语作了详细的考察。作者先把它们分为感叹、应答和提顿用语三大类，然后分析了各大类之下具体所属词语的用法，并对相近词语或用法进行了比较，甚为精审。如："行"作为应对语，在谈话告一段落或完成时引出总结、鼓励或叮嘱的话；作为提顿语，又可分为示意对方发问或开始讲述，在谈话开始或中间提示对方听讲等五种用法。

王敏红（2001、2002）共对《太平经》中的13个词语进行详细考释。其文章主要采用排比归纳的方法，此外，或从文字形体演变、假借、词义引申等多方面进行考释，或利用多种字书辞书、发掘旧注考证《太平经》中的词语，并对《汉语大词典》相关词的用法提出了修正意见，有的对于俞理明（1997）是个很好的补充说明。

高明（2000）在进一步肯定《太平经》对于中古汉语词汇研究的价值的同时，对该书所反映的词汇发展的新现象，诸如迭音词、同素异序词、同义复合式同义词的大量出现，进行了论证，为以后的深入研究指明了方向。此外，文章还对当前词汇研究中的几个细节问题作了反思。黄建宁（2001）首次对《太平经》中大量出现的同素异序词做了详尽考察，先分为两组：一是AB式和BA式同时使用，这一类有160个，占总数的89.6%；剩下的17例属于第二类，现代汉语为AB式，《太平经》中只有BA式；然后把每一类分别从词性和意义变化的角度进行细分，又借鉴陈爱文、于平（1979）语素顺序"声调说"和程家枢、张云徽（1989）语素顺序"尊卑说"，解释为什么多数同素异序词到了现代汉语中只剩下AB式。文章坚持定性定量分析相结合，资料翔实，论证严密，认为："词性、词义没变的是同义词的一种特殊类别，这是古代汉语单音词向复音词演变中产生的一种意义相联的特殊现象，是语音形式尚未固定的过渡形态。"但该文对《太平经》中的同素异序词的分类值得商榷，所谓第二类似乎不能算是"《太平经》中的同素异序词"——因为考察同素异序词，必须在一个共时的平面；如果不在同一个时间平面，如何能谈"同"与"异"呢？高明（2000）对这个问题的处理是正确的。该文先举例讨论了6组"《太平经》中的同素异序词"，接着指出："《太平经》中还出现了另一类词，这些词和我们今天使用的词语是同素异序词。"并举出"重慎""情实""悦喜""和调"四组例证，认为：从词汇发展角度来看，以上这些词到现代汉语中都采取了不同的形式（如“重慎”变成“慎重”等），可见它们是词汇发展中的一种过渡形式。

对《太平经》同义复词的研究，高明（2000）以同义复音词为研究对象，而夏雨晴（2003）和王敏红（2004）考察的是同义三音词。高明（2000）考察了“误失，过失，过误，过负”“比如，比若，类若”“壹悉，悉都，壹都”“晓解，晓知”等四组同义词，认为：“这些同义词一方面反映了汉语词汇的丰富多彩，另一方面也反映了在同义复合词大量形成的初期，同义语素的联合具有一定程度的任意性，只是后来在多种因素的作用下才固定成某种组合形式，其中一部分词被淘汰掉了。”同义三音词，夏雨晴（2003）称其为“三音节同义并列复用现象”，王敏红（2004）则把它称为“三字连文”。两篇文章主要从词性、词序和语用价值方面描写了同义三音词的基本特点，并对其兴衰的原因陈述了自己的看法。

深入系统地研究《太平经》的语言，穷尽地考察《太平经》中的双音词语，对于中古汉语词汇的研究具有重要价值。“复音词大量增多，词汇加速双音化，是东汉词汇有别于前代词汇的一个显著特点。”① 可能受到方一新（1996）的启发，黄建宁（1997）较早以《太平经》中复音词为研究对象，而黄建宁此举又对林金强（2003）和刘祖国（2006）产生启发。

林金强（2003）认为《太平经》的语言比较接近当时口语，书中的语料对词汇学研究有多方面的价值。他以《太平经》为语料，运用静态描写与定量统计相结合的方法，对书中的双音词的构词方式进行了统计，发现在《太平经》中，先秦以语音造词为主的构词方式已经明显衰落了，取而代之的是语法造词完全占据主导地位。双音词从先秦发展到汉末，构词法基本形式都已具备，《太平经》中的双音词对我们探索东汉时期的构词法有重要意义。他将《太平经》和同时期其他几部著作相比较，试图探索其中双音新词新义的特点，认为《太平经》中大量的新词新义是语言的内部因素和外部因素共同作用的结果。他同时以《太平经》中的新词新义来补正《汉语大词典》释义和引例方面的缺失，旨在对汉语词汇史的分析及辞书编纂提供有价值的材料。另外，《太平经》双音词研究还有中古词汇研究方面的价值。比如，《太平经》书中词语能够从文献用例方面对中古词汇的断代研究提供有力的佐证；《太平经》中所反映的词汇发展的新现象很多，迭音词、同

① 方一新《东汉语料与词汇史研究刍议》，《中国语文》1996年第2期。

素异序双音词和同义复合式同义词的大量出现启示我们：汉语词汇在从上古向中古的发展过程中经历了迭音和同义复用阶段。

通过对《太平经》复音词进行穷尽性发掘，可为我们考察东汉时期的词汇复音化提供一个个案参考；同时，也可以为魏晋南北朝乃至近代汉语一些词语的溯源工作提供有价值的线索；道教用语作为一种特殊的社会方言，后来有些变成全民语词，这也是对语言接触与渗透的一种尝试性分析。刘祖国（2006）发现，《汉语大词典》所收词条或义项以《太平经》为例的仅仅有“三气”“盗采”“微要”“中和”“小微”“始祖”“贯结”“巨壮”8条。鉴于此，他对《太平经》中复音词做了一次穷尽性调查，把这些词语逐一核对《汉语大词典》，力求发现并纠正《汉语大词典》在处理相关词条时所存在收列词条、解释意义、列举书证等方面的问题。其研究结果是：根据《太平经》所收复音词，可以提早《汉语大词典》266个词条的书证，并能够提早《汉语大词典》398个义项的书证；可以补充503个《汉语大词典》失收的词条，并能补充100个《汉语大词典》失收的义项；可以纠正《汉语大词典》10个词条的释义错讹；可以补充《汉语大词典》25个词条的文献用例。①

刘晓（2006）将目前已有的有关《太平经》词汇研究的论文二十多篇分为四类：词语考释，熟语、应叹提顿语等特殊词汇，以及同素异序、同义复词等方面，以期引起学界对《太平经》语言研究的更多的注意。

2. 不足和展望

《太平经》的词汇研究，当前主要集中于词语考释方面，对于整体性的研究、专类语词研究较少涉及，仅见关于同素异序词、熟语、三字连文的分析。

词汇研究的第一步，就是要进行词语的考释，而考释词语，又要先从认字辨音开始，弄清楚这些汉字记录的究竟是什么词。如上所述，《太平经》语言研究在这方面成果颇丰。《太平经》词汇研究总体来看，成果主要表现为词语考释，专题

---

① 《汉语大词典》和《汉语大字典》在数据收集上涉及的书刊数以万计，其中先秦至近代的主要典籍都已包括在内，除经、史、子、集四部书外，也比较注意从早期白话作品和佛教、道教、科技、地理等类书籍中补充新资料。我们在查阅字典、词典的过程中，也常见到两大辞书对道教典籍有所采择，这在兼顾材料的全面性方面是值得肯定的。然而对于那些本源于道教的字、词，辞书由于挖掘的深度不够，对于它们的注音、释义、举例等方面，只能以“未详”或不举证的方式付之阙如。如果我们从语言的角度对道书多加留心，仔细收集整理，考形辨义，许多材料可以对辞书起着匡谬补缺的作用，也可为辞书编纂者进一步提高辞书质量提供一系列可信的参考数据。林金强（2003）和刘祖国（2006）对这一点都有深刻认识。

词汇研究的分量还显得单薄，更谈不上对《太平经》词汇系统的细致整理了。学界认为，从随意引证到定量分析，是古汉语研究为走向科学化而迈出的重要一步。何乐士（1998）曾说："数量统计是计量语言学在语言描写中的具体运用。""把数量统计视为活的、有生命力的论证工具。我们认为数量统计是区别统一与个别、质变与量变、主流与支流的重要依据之一。只有把定性分析与定量分析结合起来，才能使语言研究建立在科学的基础之上。任何事物的存在都表现为质的规定性与量的规定性的统一。量变引起质变。如果不作定量分析，就很难把握住汉语诸要素在各历史时期的性质变化发展的界限，对一些重大问题也难以做出令人信服的答案。""语言现象浩如烟海，如果采用随意取例论证的方法，几乎是需要什么就有什么。可以说从随意取例到定量分析是古汉语研究走向科学化的重要标志。"①可是，在《太平经》词汇研究中，定量分析方法还没有成为主流现象。该书的语料价值如此重要，缺乏定量分析的词汇研究必然影响结论的科学性，也不利于该书词汇研究成果在汉语史研究中发挥应有的作用。

当然，严密的词语考释是进行系统的词汇研究的基础，没有充分的个案研究，词汇的全面研究就会缺乏可靠的基础。《太平经》作为中国道教的第一部经典，对其词语进行全面细致的考察，可以窥知早期道教词语的全貌，同时也有利于共时和历时的比较，以及跨宗教、跨文化的比较，这些比较意义极其重大。而且，在词汇研究中，大量的词汇个体最容易引起我们的注意，这方面的研究解决了大量的词语解读障碍。但是，这种视角使得词汇的研究显得零散琐细，因此有必要从宏观上对词汇研究做一思考。

讨论东汉的词汇，应该是当时汉语词语的总汇，但是，文献在保存语言材料方面具有随机性，记录的内容、方式以及记录者的用语习惯，都影响词语在文献中的出现。佛教在汉代传入中国，它在给汉民族带来一种新的人生观的同时，也给汉语带来了大量新的成分。伴随佛教的传入，从东汉后期开始，出现了一大批汉译的佛教经文，在当时，这既是来自西域的传教者为佛教宣传而努力的结果，也反映了中土民众对佛教了解的需求。汉代也是中国道教的孕育时期，当时出现的《老子指归》《老子河上公注》等，都通过对道家思想的阐发，为道教的产生作了思想上的准备。其后出现的早期道教文献《老子想尔注》《周易参同契》等，仍

① 参见本文第2页脚注①。

通过注释或阐述古人表达道教思想。注释性的文献，受原文和体裁的影响，用语近雅。于是，有些道教理论创立者通过自己的著述，来阐发道教的思想，《太平经》就是这些道教理论家的思想结晶。和那些注释性道典不同，《太平经》基本不引用古代思想或文献，而是以当时人的口气，通过对话的方式，阐述道教的人生观和社会观，用语平易，较多地反映了当时的口语实际。①《太平经》和汉代佛教译经虽然有一些很重要的不同，比如：本土与外来的不同；话题与文化背景的不同，内容差异较大；佛经翻译以洛阳为中心，而《太平经》的作者则在黄河下游活动，可能有不同地方用语习惯的影响。尽管如此，二者还是在几个方面有共同点：都是宗教性质的文献；都不反映主流的（儒家的）思想意识；都在民间或下层有广泛影响；都产生在汉代；都不以文言为基础用语而带有口语性；今存的文献量（字数）接近。鉴于二者有较大的可比性，俞理明（2005）拟把《太平经》和东汉翻译的佛经放在一起进行调查。这是一个宏大的构想，是一个长期的课题。

（三）语法

1. 成就

“在研究过程中，在疑难问题讨论中，我们应尽可能参阅前人已有的研究成果，以避免重复劳动，并使自己的起步建立在尽可能高的起点上，同时也能从宏观上看得更全面。”②《太平经》中值得专题研究的语法现象不少，但是成果至今不多。下面就是对《太平经》从语法角度进行研究的所有成果（笔者所能知道或见到的）的介绍。

曹小云（1998）有感于“从目前已发表的汉语史研究成果来看，学术界对连词‘何况’早期使用情况的探讨还很不充分”，“分先秦、西汉、东汉及魏晋 4 期对连词‘何况’的出现使用情况进行考察”。曹先生根据王明先生《太平经合校》本，对其前 100 卷中的原始经文部分进行了调查，发现该部分使用连词“何况”15 例。“产生于东汉后期的道教早期巨典《太平经》中不仅用例多而集中，而且其‘何况’的用法也较前期有了明显的不同，即出现了大量的‘尚、尚乃、尚且、尚但’与‘何况’配合使用的句式，‘何况’单独用已是很少见了。具体地说，

---

① 龚鹏程在《汉代思潮》一书第五部分“文人传统之形成”论及两种作者观：神圣性作者观和所有权式作者观。《礼记·乐记》载：“作者之谓圣，述者之谓明。”汉代正是两种作者观竞争的时代，且汉代今文与古文对争及汉人的章句之学等均与作者观背景有关。参见龚鹏程（2005：55－94）。

② 何乐士（1998）。

《太平经》中：'何况'单独用有2例，'尚＋何况'有9例，'尚乃＋何况'有2例，'尚且＋何况'及'尚但＋何况'各1例。特别是'尚且＋何况'一式，在一些汉语史专著中被列为元末明初始出现的新用法。现在由《太平经》的材料来看，这种格式在东汉时期就已经出现了。""比较《太平经》与译经中'何况'的用法，有一点很明显，《太平经》中'何况'与'尚''尚且'等配合使用占绝大多数，而此期译经中这一用法却极其少见。但到魏晋时期，汉译佛经中'何况'与'尚''尚且'等配合使用的用例却又猛地多了起来"。文末说："从语料学的角度说，目前我们汉语史研究者已对中土文献及汉译佛经投注了相当大的精力。然而我们却未能给予道教经典《太平经》以高度的重视。我们希望通过对《太平经》中'何况'的考察，能进一步揭示出这部文献的语料价值，从而唤起广大汉语史研究者对它的高度重视。"

俞理明（2000a）对《太平经》非状语地位的否定词"不"从语法形式及语用角度做了细致的分类，描写了该书"不"的一些特殊用法，多所创获。如：作者敏锐地观察到，否定词"不"用作对话方的首句作应对语，可表对对方意见的否定，这是一个重要发现，并把其意义分为"不对""没这么严重"两种。俞理明（2000b）是对俞理明（2000a）的深化，文章对《太平经》中非状语地位的否定词"不"进行了溯源性的探讨，综合了战国以来的材料，认为"不"后省略中心成分是当时口语的习惯，在《太平经》中与当时出现的正反并列疑问句凝合的反复问句融会交叉。俞理明（2000c）认为《太平经》中"者"的用例较全面地反映了当时"者"的各种用法，通过对这些用例的分析，可见"者"字从后附性成分向宾语和中心语之间的发展过程，这一发展与现代汉语"的"的来源是有关系的。作者从语法作用和功能两方面把"者"的用法分为三类，并对有关"底"（的）来源的三种说法进行了评析，认为第三种，即既源于"之"又源于"者"较合理，同时以《太平经》中的用例证明了这一观点，得出结论："者"向"之"的使用范围渗入的程度比通常认为的要深，在连接定中关系的"底"（的）产生过程中，"者"起了重要作用。

黄平之（2000）分析了《太平经》中反映出的新兴语法现象，如："N之V"结构的出现频率已相当低；新兴介词活跃，其中对"到"的用法分析相当详细；由于《太平经》中的人称代词呈现出一种规则的互补状态，作者推测可能常用的人称代词在口语中有一段反复时期或方言差异，但尚需验证。此文如果采用定量分析的方法，有些结论会更具说服力。

朱庆之（2001）曾指出："语法是佛教混合汉语研究的一个难点，也是今后要花大气力的地方。"高列过（2003）认识到，东汉是汉语发生剧烈变化的时期，佛经是这一时期的重要语料。近十几年来，利用汉译佛经，汉语史的研究取得了很多成果，词汇方面的成果比较显著，而语法方面比较薄弱——这与汉译佛经特殊的语言面貌有关。东汉是佛经翻译的初始阶段，研究东汉佛经的语法尤为必要。虽然她的博士论文"引书目录"中没有《太平经》，但她在行文中多次联系《太平经》目前已有研究成果，将东汉佛经与《太平经》进行比较。这种将汉译佛经与中土文献比较研究的做法是一种有益的尝试，值得推广。

黄增寿（2005b）通过大规模的语料调查发现，"甚大"作状语最早出现于东汉译经，魏晋南北朝和唐代译经续有沿用，用例甚多。与这种状况形成鲜明对照的是"甚大"作状语在中土文献中极为少见，只在《太平经》《太平广记》《祖堂集》《敦煌变文》等几部文献当中发现了几个例子。具体到中古时期，"甚大"作状语在所调查的中土文献中极为少见，与佛经中的常见形成很大反差，比如"东汉时期我们只发现了以下三个例子。……以上三例为什么全部出自道教初期的经典《太平经》？对于《太平经》与佛教经典的关系，我们知之甚少，但是《太平经》中确实有佛教词汇……从本文发现的'甚大'作状语的例子来看，《太平经》的作者或者后来的扩增者很可能深研过佛经，以致写作时'直接移植'了佛经用语。"作者认为："'甚大'作状语能在中土文献中出现，是佛经语言现象'直接移植'的结果，而其不能真正融入汉语，则是因为与汉语的语法规则有抵触。"

何亮（2006）认为，"过去""现在""未来"是现代使用频率很高的表达三时概念的相对时间词。"过去""现在""未来"在使用上经历了佛经→与佛教有关的文献→一般文献的过程。"过去""现在""未来"产生的由来，是因为佛教教义宣传的需要，受汉语对时间的认知方式影响，从"将来""方来"类推而来的汉语新造词。其中"未来""当来"是东汉译经新出现的时间词，译经中出现较多，在中古汉语一般出现在译经或与佛教关系密切的文献中，对中古中土文献影响力不大。但在中古汉语中，"未来""当来"也有少量的用例出现在中土文献中，如《太平经》的卷一百十一《大圣上章诀》："人不深知当来之事，故使有心志之久，久与大神同路，是天之所近。”

考虑到东汉道教文献《太平经》比较接近当时的口语，用语通俗浅显，保存了很多当时的语言原貌，朱力（2005a）对其中“是”字的用法做了一个穷尽的调查和分析，发现：《太平经》本经正文中，“是”字共出现1 240次；作为指示代词共出现1 050次，其中，以语素形式出现219次；表示“正确”共出现111次；作为判断词共出现79次。作者将《太平经》中“是”字判断句句式概括为四：A. 主语＋者＋是＋宾语＋也，共10例，占12.7％；B. 主语＋者＋是＋宾语，共2例，占2.5％；C. 主语＋是＋宾语＋也，共54例，占68.4％；D. 主语＋是＋宾语，共13例，占16.4％。作者认为，“是”的出现取代了语气词“者”，但“是”还未完全摆脱语气词“也”，单独承担表示判断的职能；文中没有出现“主语＋是＋宾语＋其他语气词”的句子。这些现象表明“是”字作判断词的用法虽出现得比较早，但是在《太平经》成书时，仍然没有发展成熟。①

“近年来，早期汉译佛典在汉语史研究中的价值逐渐被人们认识，但汉译佛典和同时期的中土文献的比较研究还做得不多。”蒋绍愚先生在为胡敕瑞博士《〈论衡〉与东汉佛典词语比较研究》（巴蜀书社2002）一书写的序里有这样的话：“这本书在汉语历史词汇研究方面选择了一个重要的历史阶段，选择了两种重要的文献数据加以比较。”“书中对《论衡》和东汉佛典的词汇作了细致的比较，用具体的材料说明，在新词新义的使用方面，佛典比以《论衡》为代表的中土文献要快。”“此书在两者的比较研究方面下了很大功夫”，“就总体而言，这些经过认真研究的资料和结论是可信的，也是很有价值的。汉语历史词汇的研究就应该这样扎扎实实地从基础工作做起”，“对语言规律的探求不是一件容易的事，它要求对大量的事实作深入的观察和高度的概括”“在这方面，也需要有知难而进的精神。”

蒋绍愚先生的序言是有针对性的，但对于整个汉语史研究也具有很强的指导意义。可能受此启发，朱力（2005b）从事的就是《太平经》与东汉佛经判断句的比较研究，是对朱力（2005a）的延伸和扩张。文章认为，关于判断句，很长时间以来人们一直围绕着判断词尤其是“是”的产生和发展来研究，焦点在先秦两汉判断句中的“是”。虽然近年来已经有人把研究方向转移到了对某类文献或专书的判断句的全面考察，但对于中古早期文献中判断句的全面研究却没有涉足；极其

---

① 此观点在朱力（2005b）有所修正，详见本页介绍。

少见的有关判断句研究的论文，也往往偏重于纵向的比较，从而探讨各种判断句的演变。认识到这些，作者于是以《太平经》和同时期的几部汉译佛经为语料，对其中的判断句进行了全面的描述、分类，并将两种文献中的判断句进行比较、分析，力图全面展示这一时期判断句的真实面貌。通过对无判断词句、判断词句和准判断词句的全面分析和使用情况的调查比较，得出以下结论：（1）东汉时期判断词句略多于无判断词句，“是”在东汉时期就已经发展成熟，逐渐摆脱了语气词“也”，“是”前出现了丰富的动词、助词等修饰语，其中包括否定副词“不”，没有出现“未”和“非”，这些现象对争论已久的“是”做系词的年代问题有一定的参考价值。（2）“为”字判断句的发展比较缓慢，到东汉时期已有被“是”字判断句取代的趋势。（3）“不是”“不为”“非为”等否定判断形式已开始出现，但“非”字仍然是东汉时期否定判断的主要表达方式。（4）由于经义内容和成书方式的不同，《太平经》和佛经判断句呈现一定的差异。文章最后认为：就考察的《太平经》和东汉佛经来看，“是”字句在数量上虽不占优势，但从“是”字句的句式、“是”前的副词尤其是否定副词“不”的出现等，可以看出“是”字句在东汉时期已经发展成熟。此时判断词句仍然是以“为”字句为主，说明“是”字句完全取代“为”字句并最终发展成为现代汉语系词应该是东汉以后。

相对实词来说，虚词系统是一个封闭的、更为严密的系统。语法范畴相同的虚词在语义、功能等方面必然受到其所处系统中相关虚词的影响和制约，“把一个虚词放到它所属的系统中去考察，比之于孤立地研究单个词视野更开阔，也更便于找到问题的症结”。[①] 汉语是一种虚词比较发达的语言，虚词在语法上发挥着极其重要的作用。但是，到目前为止，词汇系统的建设才刚刚开始，虚词的系统研究更是十分薄弱。副词的数量和出现次数，居各类虚词之首。如何从系统的角度来看副词，的确是值得探讨的问题。王云路（2001）[②] 的想法被葛佳才（2005）

---

① 刘坚、江蓝生、白维国、曹广顺《近代汉语虚词研究·前言》，语文出版社1992年。

② 王云路（2001）认为《唐五代语言词典》的编著者“善于联想，常常把一些看似不相干的词语串联到一起，从而在词语之间架起桥梁，使我们清晰地看出词与词之间的联系，也就是所谓的系统性，大大突破了通常词典释词时的局限”，并进而指出，词与词之间是密切联系着的，要发现这种联系。“（汉语词汇史研究）不能对词语只做单个的、零散的分析，而要把同类型词语集中起来进行考察，从而发现其间秩然有序的条贯，或者说是构词规律。”唯其如此，我们才能更全面、更深刻地揭示每一个个体的内容、地位和作用，发现“隐藏在外边的纷乱背后的系统”，以期澄清、补正一些分散或单个研究所形成的零碎、模糊的认识。参见《从〈唐五代语言词典〉看附加式构词法在中近古汉语中的地位》，《古汉语研究》2001年第2期。

付诸了实践。葛佳才以系统的思想、联系的观点，采用“异中求同”的比较、综合的研究方法，在概述了东汉副词面貌的基础上，选取了 9 组典型副词作为主要研究对象，详细描写、条分缕析了它们的发展变化，互相之间的联系、互动，使读者对东汉副词特别是一些常用副词、用于否定句前的极量副词、疑问句中的语气副词三类词的概貌、发展演变的轨迹和规律有比较深入的了解。葛佳才在“绪论”部分交代“所用语料”时谦虚地说：“本书的讨论以东汉文献中的副词为对象，但不同文献在研究上的性质、价值不一样，加之时间、精力有限，并非所有东汉语料都纳入了穷尽调查的范围……”但道教文献《太平经》还是被列入其中，因为作者认识到，无论世俗文献如诸子、史书和医书等，还是佛、道宗教文献，“作为语料，它们一般都具有真实可靠、内容丰富、用语浅显而口语成分较多的特点，较为如实全面地反映了东汉时期的语言实际”。另外，葛佳才（2006）认为道教典籍《太平经》中的语词，既有“源头”性质的，也有“尾声”性质的。这些“字面普通而义别”的语词，其意义用法在同期文献中绝无仅有。其中“独”表时间久长，“固”表性状持续，“尚但”表范围限止，“曾但”“中为”表语气疑问，“更以相”表方式更迭等。相关用法、词形的生成，与词义引申、语用因素不无关系。

周建娇（2006）认为语言在发展中会出现例外，比如宾语前置现象，然而这种特殊词序并非贯穿整个古汉语语法，而是处于动态的变化中。根据何乐士、鲁国尧二位先生的考察，先秦时期宾语前置是普遍现象。而到了东汉中后期的口语文献里，通过东汉中后期的口语文献《太平经》中“何以”“以何”用法的比较可以看到，疑问代词作宾语前置的规律已发生了很大变化，一方面出现前置和后置并存的局面，这同时也更正了有的学者根据传统材料做出的“前置宾语句式到两汉基本消失”的结论；另一方面就同一介宾结构而言，宾语前置与后置用法并不完全相同，有的后置用法形成固定形式一直流传到后代，所以在代词宾语后置真正完成之后，书面语中仍可见“何以”这样前置的用法。

2. 展望

近代汉语研究是汉语研究领域中的一个重要部分。吕叔湘先生 1983 年为刘坚《近代汉语读本》写序时曾经指出：

> 进一步开展近代汉语词汇语法的研究，我以为有几件事要做。第一，做好资料工作。……需要有按时代先后辑印的数据汇编……数据工作做好了，近代汉语研究就有了扎实的基础。第二，总结研究成果。……第三，编辑读本。要吸引比现在更多的人来从事近代汉语研究，就必须在高等学校中文系开设近代汉语课程。开课要有教材，有读本。……

要吸引（或说“为了吸引”）比现在更多的人来从事中古汉语研究，也同样必须在高等学校中文系开设中古汉语课程。开课要有教材，有读本。受刘先生的启发，方一新、王云路1992年编著了《中古汉语读本》。这是一项具有开创性的工作，填补了一大块空白。“吸取现有研究成果，是非常重要的，其意义绝不低于研究者本人的钻研。无论做什么研究，社会科学或自然科学，首先必须知道别人已经对这项课题做过哪些工作，有哪些成果可以参考，有哪些弯路应该避免。任何研究工作，只要有人做过，哪怕只有少数人做过，也不管做得怎么样，我们接着做，就不是从零开始，就得先看看人家已经走到了哪一步。别人做对了的，我们不必重复；别人做错了的，我们要避免：只有这样，研究的水平才能不断提高。”① 刘坚先生的序言没有过时。2006年，方一新、王云路编著的《中古汉语读本》（修订本）由上海教育出版社出版。吸取最新成果、体现汉语史研究工作的新进展，编著者补充了一些具有口语特色的篇章，其中包括道教文献《太平经》的部分篇章。《中古汉语读本》（修订本）的面世必将起到普及、推广的作用。相信随着年轻读者的逐渐增多，②《太平经》的语言研究队伍会渐渐壮大，成果也会慢慢多起来。

---

① 刘坚先生为方一新、王云路编著的《中古汉语读本》写的“序”，吉林教育出版社1993年；又载《中古汉语读本》（修订本），上海教育出版社2006年。

② 前文已经提到多位年轻的博士和硕士对《太平经》都有所研究，这实在让人非常欣慰。

第四节　选题意义和研究方法

一、选题意义

两千多年来，道教对中国的思想、文化和生活产生了巨大的影响。鲁迅曾说："中国根柢全在道教，此说近颇广行。以此读史，有许多问题可以迎刃而解。"(1918《致许寿裳》)《太平经》和《周易参同契》及《老子想尔注》三书被看成道教信仰和道教理论形成的标志。《太平经》书中讲阴阳五行、神仙鬼物，又讲政治伦理、忠孝仁德、赒急救穷，内容庞杂。它的庞杂的内容为研究道教思想、探索汉代哲学、社会意识、风俗习惯提供了可靠的材料。它用语通俗浅显，大体是对话实录，为我们了解东汉的一些口语现象提供了丰富的材料。作为东汉道教的经典著作，《太平经》不仅是中国宗教史和思想文化史上真正映现道教特质与特色的第一部原始经典，是研究东汉晚期甚而上至西汉时期中国宗教史和思想史的重要资料，对研究东汉—南北朝时期的哲学、文学、史学、医学、民俗学等具有不可忽视的参考价值，在中古汉语研究上也极有语料价值。本文选择《太平经》做专书专题语法研究，是基于以下考虑。

(一) 道教研究、古籍整理的需要

道教是中国土生土长的宗教，其中可供发掘的东西非常丰富，"其重要性决不下于佛教，甚至更重要。"① 《太平经》作为最早的道经，它记载了初期道教的很多教义，不理清其中的字、词、句义，与之相关的道教研究就很难深入和拓展，现有的几个注本对于某些词语的注释互有参差，此项研究有利于更好地释读《太平经》，可为道教研究者提供一些帮助。

从古籍整理的角度来说，"佛教及道教典籍今天已不能用过去的眼光对待，把它们排斥在中华正统文化之外，它也是中国传统文化的一部分，而且是重要的一个部门。搞不清楚佛、道两教的文化，也就无法全面认识中国的传统文化。"② 我们要对祖先遗留下来的文化遗产进行整理盘底，还需具备语言文字方面的素养，

---

① 任继愈主编《中国道教史・序》，中国社会科学出版社 2001 年。

② 任继愈《整理古籍也要走现代化的道路》，《古籍整理与研究》第 1 期，上海古籍出版社 1986 年。

这个道理是显而易见的。

（二）有助于进一步了解被动句式的发展轨迹

经过诸多学者的研讨，中古汉语的各种被动句式的起源和发展脉络已经得到较为清晰的静态描述和理论解释。但可惜的是，道教文献《太平经》未进入他们的视线，引例没有，连“参考文献”也未见列。而口语色彩浓厚的《太平经》中被动句式很丰富，保留了不同历史层面的被动句式用法，值得描写和分析。本文计划对《太平经》中的有标记被动式进行穷尽性调查，并将它们和同期以及前后期的文献语料做比较，说明异同，解释原因。

（三）有助于科学的汉语语法史的建立

杨伯峻先生1986年在为何乐士《〈左传〉虚词研究》撰写的序言中提出：专书、专题研究很有意义，它们“给汉语语法史的研究奠下基石。有无数块这类基石，便铺砌成建筑汉语语法史的坚实地基。不这样，汉语语法史的高楼大厦便是建筑在泥沙上。”冯利华（2003）认为：“脱离了中古道书，中古汉语研究就不能达到全面深入的研究境地。”有感于《太平经》的语法研究比较薄弱的现实，本文愿尽微薄之力。

二、研究构想与方法

（一）关于本文进行《太平经》被动式研究的构想

1. 研究构想

东汉至隋时期，由于书面语的发展、[①] 汉语本身明晰性要求的增强和梵语等外族语言的影响，有标记被动式在被动式中的比重大大超过了上古时期。据张延俊（2006：100），上古时期《论语》出现被动式约136例，其中有标记被动式只有6例，仅占4%；而中古时期《世说新语》出现被动式约200例，有标记被动式约70例，占35%；汉译佛经《百喻经》出现被动式约83例，有标记被动式约63例，占76%，比例更高。中古汉语被动式的讨论曾经是汉语语法史研究的一个热点，但可惜的是，在中古汉语研究上也极有语料价值的东汉道教文献《太平经》

---

① 孙永忠（2004）在论述“类书创始于曹魏”的观点时提到：综观古今任何一项发明，都必须具备两个前提，一是当时社会强烈的需求，二是产生这种发明的物质基础与技术条件。纸的大量使用就是类书创始于曹魏的基础条件之一。其实纸的大量使用也是书面语发展的一个外在表现。而书面语较口语对语言的明晰性要求要高些。

未进入他们的视线。

学界已经认识到：如果我们不对东汉这一过渡时期予以足够的重视，就很难看清中古巨变的来源。《论衡》、东汉佛经和《太平经》分别是中古时期代表作品，具有同期其他语料不可比拟的典型价值，但是目前为止尚没有人对它们进行系统全面的共时语法分析。当然，个案、零散的描写，是进行系统描写的基础，非常必要；但如果拘泥于发现某一种特殊句式、特殊用法，不作系统深入的研究，不利于全面认识《太平经》的语法面貌，也不能勾勒一种句法内部句式的区别、互补以及历时的消长、替换的面貌。目前学术界将佛经与中土文献作比较的研究已有不少，① 借鉴他们的研究方法和成功经验，我们把《太平经》同《论衡》与东汉佛经的有标记被动式进行比较研究，希望能找出三种文献使用有标记被动式的异同，对中古汉语有标记被动式的描述提供更多有用的材料。

语言是一个系统，“汉语被动式是一个完整系统”② “专书语言数据相对来说本身也是一个系统。”③ 鉴于此，本文拟对《太平经》本经 57 卷 126 篇中具有结构特征的有标记被动式 360 例进行讨论。主要有“於”字式、“见”字式、“为”字式、“所”字式、“被”字式、“蒙”字式、“得”字式、“受”字式等 8 种。《论衡》中的被动式研究可参考唐钰明（1987）和曹小云（1999），④ 而东汉佛经的被动式研究主要参考高列过（2003）。

2. 研究构想可行性

将《太平经》和东汉佛经放在一起比较研究，是考虑到《太平经》和东汉佛经分别属于两种不同的宗教，其内容、术语和讲说方式有所不同；从成书过程来

---

① 如：李平《〈世说新语〉和〈百喻经〉的动补结构》，载《语言学论丛》第 14 辑，1987 年；陈宝勤《东汉佛经和〈世说新语〉中“都”的用法》，载《语言研究论丛》第 7 辑，1997 年；何亚南《汉以前佛经与传统文献词语通释二则》，载《古汉语研究》2000 年第 4 期；胡敕瑞《〈论衡〉与东汉佛经词语比较研究》，巴蜀书社 2002 年；朱力《〈太平经〉与东汉佛经判断句比较研究》，四川大学 2005 年硕士学位论文。

② 张延俊（2006）“内容提要”。

③ 何乐士（1998）。

④ 根据曹文中的分散资料相加，《论衡》有标记被动式的出现次数是 164 次，而不是如他自己所说的 163 次。

看，一是中土文献，一是外来文献经过翻译整理。① 但它们都是东汉时期的作品，前后相差时间不是很长，可当作同期语料来看待；② 又都是宗教文献，以争取群众为共同目的，在用语上都尽量使用当时的俗语；③ 且译者大都有名有姓，篇目又大致可考，可以保证比较是建立在材料可信的基础上。东汉佛典数量颇丰，约 38 万字，内容既有经藏中的小乘，又有经藏中的大乘。因此将两种文献放在一起比较研究是可行的。

将《太平经》和《论衡》放在一起比较研究，除了二者都是东汉中土文献外，还有以下原因：（一）《论衡》材料真实可靠，作者和作品篇目大致可考，材料内容丰富。《论衡》的作者王充系会稽上虞人，生于建武三年（27），和帝永元中（97）病卒于家。《论衡》一书包罗万象，“上至黄唐，下臻秦汉而来”，“幼老生死古今，罔不该详”。④《四库全书总目提要》和刘盼遂《论衡·自纪》以为《论衡》当在百篇以外，而历来著录的都是 85 篇，其中第 44 篇《招致》有目无书，实存 84 篇。全书约 22 万多字，不失为一份丰富的语料。《太平经》现存 57 卷，字数约 23 万，二者“旗鼓相当”。（二）用语浅显，口语成分较多。《论衡》一书因其浅露易晓，向来被讥为“谈助之言，可以了此书矣”，⑤ 语虽含贬义，但从“谈助”的评语中，我们可以了解到《论衡》用语通俗的一面。作者王充“淫读古文，甘闻异言”“伤伪书俗文多不实诚，故为《论衡》之书”“事众文饶”“所论百种”。

---

① 佛典的译者主要是外来僧人，他们来自不同的地方。安世高、安玄来自安息：安世高（又名安清），本为安息国太子，由于宗仰佛教，他放弃王位，辗转来到中国，建和二年（148）定居洛阳；安玄是一位优婆塞，大约在光和四年（181）以商人的身份来到洛阳。支娄迦谶（又名支谶）、支曜来自月氏，支谶在桓帝末年（约 167）来到洛阳，支曜在灵、献二帝间来到洛阳，比支谶稍后。康孟详是康居人，也在灵、献二帝间来到洛阳。竺大力、昙果是印度人，大约在献帝时期来到洛阳。除外来译人之外，汉地僧人严弗调等人也参与了佛典的翻译。东汉译经的数目，历代经录的著录多寡不一，《大正藏》收录的东汉译经多达 96 种，其中有不少是值得怀疑的。经过吕澂、许理和［荷兰］等中外学人的共同考订，其中有 29 种被公认为东汉作品。

② 向熹先生在俞理明《太平经正读》的“序”里提出：《太平经》成书于东汉安帝、顺帝时期，即 107—144 年。杨寄林（2002：6）则认为《太平经》最终写定于东汉桓帝延熹八年（165 年）。而东汉佛典翻译时间为约 150—200 年。

③ 佛典最早由民间传入，其主要的宣传对象也是普通大众；最初的译者又都是外来僧人，他们通晓的是当时的汉语口语，并不具备深厚的文言功底；且译经之事又属首创，没有文言的范例可供参考。这些因素都决定了东汉佛典具有很强的口语性质。特别是早期安世高、支谶的译经谨守“敬顺圣言，了不加饰”的翻译方针，用语力求质直，不求文饰。

④ 语出《论衡·自纪篇》。因为“惟人性命，长短有期，人亦虫物，生死一时”，所以“垂书示后”。参见《论衡校释》第 4 册《自纪篇》第 1209 页。

⑤ 袁崧《后汉书》语。参见《论衡校释》附编三《论衡旧评》，见第 4 册第 1241 页。

不尚华文、语贵浅近，这是《论衡》作者有意追求的，因为他痛恨“虚妄之言胜真美”，认为“《论衡》者，论之平也”，主张“口则务在明言，笔则务在露文”“言无不可晓，旨无不可睹”，并明确表明自己作书是“直露其文，集以俗言”。而《太平经》作为中国道教的第一部经籍，其宣讲对象主要是下层民众，为宣扬教义的方便，该书采用对话体写成，包含了许多口语成分，它“假托神人降于人世，以大道诏示六方真人纯等。纯等常有疑滞，则以之转问神人。故书中几乎全为神人与真人问答之辞。其文平铺直叙，反复解释，不多引书卷，不多用典故，文极朴质，不尚沈华，故襄楷言‘其文易晓’也。”① 能够较好地反映东汉时期语言的真实面貌，是研究东汉语言的一部极其珍贵的语料。二者用语通俗，且王充是会稽上虞人，即今浙江人；②《太平经》的集体创作群体基本是黄河下游地区即今山东人，③ 一南一北，方言可能会在无意间流露，在文字上则有所反映。④

此外，《论衡》与《太平经》是中土文献，佛典是外来译经；《论衡》多用对句，《太平经》仅存 57 卷以对话为主、散句为多，早期安世高、支谶的译经基本上采取散句；⑤《论衡》与《太平经》的作者是土生土长的汉人，汉语修养好，佛典的译者大都是外来的僧人，汉语水平不一。由于三种材料存在着以上诸多差异，反映在语法上的差异也就可能越多，因而也就越有可比性。

蒋礼鸿先生曾经指出：“研究古代语言，我以为应该从纵横两方面做起。所谓横的方面是研究一代的语言……所谓纵的方面，就是联系起各个时代的语言来看

① 汤用彤《读〈太平经〉书所见》，见《汤用彤选集》第 191 页，天津人民出版社 1995 年。

② 据《王充年谱》，王充 28 岁时曾“到京师，受业大学，师事扶风班彪。好博览而不守章句。家贫无书，常游洛阳市肆，阅所卖书，一见辄能诵忆，遂博通众流百家之言。”据《自纪篇》，王充 60 岁时曾经“诣扬州部丹阳、九江、庐江”。虽然王充自己也认为“夫文由语也”“口言以明志，言恐灭遗，故著之文字。文字与言同趋”，但王充的母语应该是家乡（会稽上虞）话，属吴越方言。参见《论衡校释》第四册《自纪篇》及附编二《王充年谱》。

③ 造作《包元太平经》甘忠可是齐人，西汉时齐郡即今临淄一带；其信徒夏贺良重乎人，西汉时重乎属于幽州渤海郡；丁广世是容丘人，西汉时容丘属青州东海郡；郭昌是东郡人，西汉时东郡为青州东郡，即今濮阳一带；李寻是平原人，西汉时平原属青州平原郡。得“神书”的于吉是北海人，东汉时北海国与齐国是相邻的郡国；宫崇是琅琊人，东汉时琅琊属琅国。这些地方，都在燕齐境内。帛和是辽东辽阳人，亦接近燕齐。自战国以至秦汉，燕齐一带多方士、神仙家，方仙道、黄老道在这一带绵绵相传，到甘忠可时，演变而为原始“太平道”。从《包元太平经》到《太平清领书》，乃是原始“太平道”在这一带民间长期传播、逐渐发展的结果，后者的原本是前者。参见李养正（1983）。

④ 如胡敕瑞（2002：104—105）通过对“小雅/小男”（小儿义）的分析，认为《论衡》中的“小雅”只是个方言词，原因是王充系会稽上虞人，故作品间用方言。

⑤ 从支曜的译经开始，四字整句才渐渐增多，康孟详等人的译经几乎通篇都采用四字句，语体倒是与《论衡》更相近。

它们的继承、发展和异同。”① 从纵的方面研究不同时代的语言自然离不开比较，从横的方面研究一个时代的语言也离不开比较。《论衡》《太平经》和东汉佛经相隔并不很久，可以看作是共时的材料，拿三种共时材料的语法来做系统的比较，这种研究以前还很少有人做过，我们的比较是一种尝试。

（二）研究方法

借助前文提及的关于《太平经》和道教的各类读本、刊物、论文及论著，再参考已有研究成果（主要指第 8 页表 1-2 的 67 篇文章），阅读《太平经》的难度会有所降低。本文拟选文物出版社、上海书店、天津古籍出版社 1988 年重新影印的明正统《道藏》本第 24 册 pp. 311-601 为底本，参考《太平经合校》和《〈太平经〉正读》等的编校成果，对《太平经》的有标记被动式进行专题研究。汉语历史语法研究的不断深入，离不开汉语历史语法研究理论与方法的支撑和指导，本文拟使用的方法有以下几种。

1. 穷尽描写与统计分析相结合

何乐士（1999）认为：“必须逐例分析、归类，这是能否进行科学归纳、描写的先决条件。”量变引起质变。“只有把定性分析与定量分析结合起来，才能使语言研究建立在科学的基础之上。”鉴于此，本文拟对《太平经》的相关语法问题做多角度、多层次的立体调查，然后是对材料的穷尽式描写。计算机等现代化检索工具对句法研究帮助不大，调查与分析基本上得靠手工操作，但穷尽式调查与描写是专书研究的基础，不可躲避，只能尽力而为。

2. 共时研究与历时比较相结合

专书语法研究必须跟断代史研究的整个截面联系起来，要跟同时期的其他文献做比较。专书语言研究也离不开历时的比较。共时比较可以为专书语言在一个时代横切面上定位，历时比较则可以为专书语言在汉语史的纵轴上寻找恰当的位置。专书语言的穷尽描写＋共时比较＋历时比较→三位一体的立体研究，这是汉语史研究的本质特点决定的——没有史的观念，专书语言研究容易失去方向，也很难有深度。本文将根据具体情况采取相应做法，以期把问题解释清楚。

蒋礼鸿先生曾说：“无论是纵的和横的，都应该有较广泛的综合。”② 我们对

① 蒋礼鸿《敦煌变文字义通释·序目》，上海古籍出版社 1997 年。

② 参见蒋礼鸿（1997）。

《太平经》中的有标记被动式进行描写，就必须联系中古时期的各种语言材料（如中土文献《论衡》和汉译佛典），这也就是蒋先生所说的横向研究，通过一点一滴的个案研究汇总成一个阶段的研究，再来看这时期的语法特点与前后时期有什么不同，从其凸显出来的个性为汉语史分期提供充分的理据。

3. 语义分析与语用分析相结合

实践证明：如果离开必要的语义分析，有时候语法研究就会陷入缺乏说服力和解释力的尴尬境地。汉语中形同实异的句式时时可见，如不注重句子结构成分之间的语义关系或语义特征的分析，它们之间的差异就无法分清，遑论分析和解释？语言是人们交际的工具，要符合交际中的经济原则和礼貌原则，且总是朝着精密化和越来越适应交际的方向发展演变。《太平经》中有三种文体，即问答体、散文体（说教体）、对话体（会话体），对话问答篇目的字数占总字数的77.3%，比例之大非同小可。某些语言现象如省略、三字连文非语用分析不能解释，有些被动式的分布也与语用大有关系。

4. 其他方法

汉语史研究不能仅满足于平面地描写出历时演变，还要深入地分析研究导致演变发展的深层原因——为什么在“这”个时候，如“这”般地发展演变了？原因和机制是怎样的？句法变化发展的原因到底是什么？我们不仅要知其然，还要知其所以然。知其所以然是有难度的，这也是研究的价值所在。历史语法研究的深入发展使人们意识到，语法的理论体系是语法史研究的指针，好的语法理论体系可以使我们观察到更多的语法演变事实，并且有助于对语法的演变做出合理的解释。本文将适时地、有选择地引进语法化理论、语义指向理论、功能语法理论、认知语法理论以及普遍语法原则等理论，来解释《太平经》有标记被动式研究中将面临的许多问题。

另外，《太平经》的主要编著者均是齐地（今山东境内）人，[1] 地域的因素可

---

① 参见本文第32页脚注③。

能在语言上有所反映，东汉的方言分布也许必须考虑进去。[①] 这与当今学界提倡“汉语史研究与现代汉语方言研究的结合”在精神上是相通的。[②] 但限于时间和精力，本文在这方面的想法没能付诸行动，尝试性研究也只能期待来日了。

需要说明的是，与东汉中土文献和佛经的有标记被动式进行对比是本文的主要内容之一。由于学力尚浅，加之时间精力有限，对比时借鉴了前辈时贤的研究成果（均在文中注明）。本文论述的句法专题，学术界相关的研究成果有多有少。因此，各个句式用以对比的材料不完全相同。由于可供比照的内容有多或少的差别，因此各个结论的深入程度也不相同。

此外，笔者对汉以前和汉以后的语料均很少涉及，因而有些结论可能还有待于进一步的补充及修正。这些都是本文写作的重要遗憾，只能期待在以后的研究中得到弥补。

---

① 汉代扬雄《方言》就从词的地域来源上解释汉语方言词的语义特征，许慎《说文解字》也指出过191条方言特征词，其中所反映的方言区域或地点共68个。林语堂根据《方言》所引地名的分合推测汉代方言可分为14个区域，即秦晋、郑韩周、梁西楚、齐鲁、赵魏之西北、魏卫宋、陈郑之东郊、楚之中部、东期与徐、吴扬越、楚（荆楚）、南楚、西秦、燕代。刘君惠等以《方言》中词语的地域分布情况为主，结合历史人文方面的其他数据，将汉代方言区概括为：秦晋方言区、郑韩周方言区、赵魏方言区、卫宋方言区、齐鲁方言区、东齐海岱方言区、北燕朝鲜方言区、楚方言区、楚方言区、南楚方言区、南越方言区、吴越方言区等。参见张维佳《方言研究与方言视图的数字化》，载《中国语文研究》2004年第1期（又载曹志耘主编北京语言文化大学汉语语言学文萃《方言卷》，北京语言大学出版社2004年）。

② 徐通锵（1991：6，152）及汪维辉（2000：21）都有提及。

第一章　《太平经》中的“於（于）”字式和“见”字式

第一节　有标记被动式及其研究概述

一、关于汉语被动式的研究

汉语被动式是一种客观存在，是汉语中一种重要的语法现象。1956 年刘世儒在《语文学习》8 月号上发表了《被动式的起源》一文，真正揭开了汉语被动式研究的序幕。但过去的汉语被动式研究一般是考察主要被动式类型的生灭状况和使用频率的变化的，“汉语究竟是怎样通过句法来表现被动观念的，这仍然是一个谜。”① 蒋绍愚在为张赪《汉语介词词组词序的历史演变》（2002）一书写的序里说：“对于汉语特点和汉语演变规律的探求，仅仅靠现代汉语的研究是不够的；有不少问题，都是要把汉语的现状和汉语的发展历史结合起来才能做出正确的回答。而缺少了汉语这样一种重要的语言的演变规律的研究，普通语言学对人类语言的概括也难免是不完整的。”这种认识对我们进行汉语史专书专题研究具有一定的指导意义。

东汉至隋时期（25—618）历时近六百年，是我国历史上人口大变动、民族大融合、思想大解放、文化大发展的历史时期。该期本土文化与外来文化相互交流、相互影响，各种历史著作、科学著作、翻译著作、文学著作和语言文字学著作大量涌现，极力追求语言形式美的文风大行其道。中古汉语的主流是“通语”，它是在上古汉语“雅言”的基础上发展起来的，与“雅言”一脉相传，但同时又增加了新的语言成分。就汉语被动式来说，前一时期形成的被动式类型大多得到了很

---

① 薛凤生《古汉语中的主语省略与所谓的被动句型》，载黄正德主编《中国语言学论丛》第 1 辑，北京语言文化大学出版社 1997 年。

好的继承与发展，同时又创造了一些新的形式，吸收了许多新的因素，更好地满足了对语言繁简、雅俗、对称、变化和色彩等多方面的需要，推动了汉语语法的进步发展。对中古时期汉语被动式的研究开始于20世纪50年代，研究对象主要是“被”字式的出现时代以及感情色彩问题。20世纪80年代以后，有关中古时期汉语被动式的研究才真正开展起来：前期主要是类型研究，后期对中古时期被动式的研究变得更为全面、深入，特别重视对“被”字式的研究，特点是重视结构描写，也有类型的发掘和起源研究。近十年来，有关中古时期被动式的研究主要表现在专书研究方面，如张振德和宋子然（1995）、周日健和王小莘（1998）、梁光华（1998）、曹小云（1999）、萧红（1999）、张延俊（2003）、高列过（2003）、何亚南（2001）、王东（2004）。

二、关于“有标记”被动式

汉语被动式有两大类型：“无标记（unmarked）被动式”和“有标记（marked）被动式”。“有标记”是相对于“无标记”而存在的。

（一）关于“无标记”被动式

无标记被动式又称为“意念被动句”“观念被动句”，有时又归入“受事主语句”。在《马氏文通》中属于“外动字单用，先后无加，亦可转为受动”的一类。无标记被动式曾被一部分学者视为主动式，因为它也是不含标记的；但其实在主动式与被动式的分别上，被动标记并不起决定性作用，主动式与被动式的分别主要在于某个短语是否具备“受事者·主动动词”这样的内部结构。

被动式这种“受事者·主动动词”结构形式之所以能够出现，与人类语言中句子的可分解性和语法成分搭配的灵活性是分不开的。① 人类语言经历了从单词到句子、从动词独语句到由动词和名词所组成的完备句的发展过程，形成了人类语言特有的一种由多种成分组成的层级体系，这种体系是可以根据需要加以拆卸组装的，这种特点就为被动式的出现创造了极为重要的内部条件。

被动式在发展过程中受到了主动式的重要影响，这是因为被动式的形成需要一定的心理基础和语言基础。从心理基础上说，它的形成应该是在摆脱完全自我中心的阶段之后，完全自我中心在语言上的表现就是完全以施事作为主语；从语

① 参见叶蜚声、徐通锵（1997：14—15）。

言基础上来说，它必须是在主动式比较成熟之后，最初的被动式是作为主动式的语用变异句出现的，否则，如果两种句式同时出现的话，就很难说哪种句式是主动句式、哪种句式是被动句式了，也就很难说清谁是基本语序类型了。①

无标记被动式是汉语中产生最早的被动式类型，在原始汉语中，它是唯一的被动式类型，到上古和中古时期，它在被动式中的比例有所下降，到现代汉语的书面语中，无标记被动式的出现频率常常会低于有标记被动式。其原因是：汉语无标记被动式是有缺陷的，其缺陷就是缺乏被动标记；缺乏被动标记，就意味着缺乏区别性和明确性，就不能明确表示出事物之间的被动关系，就不能够使被动式摆脱特定语境的帮助，从而不能适应书面表达的需要。②

人类现存的语言有数千种，但是就目前所见，在被动式类型的丰富性方面，还没有一种语言可以与汉语相比。汉语被动式不仅具有丰富性，而且具有系统性。③ 汉语被动式是一个完整的系统，各种类型之间是相互影响、相互作用和相互依赖的，洪诚等学者将无标记被动式视为汉语被动式的基本形式，认为其他被动式类型都是在它的基础上形成的。在无标记被动式和有标记被动式两种类型中，无标记被动式具有稳定性、全民性和能产性，属于基本类型，④ 而有标记被动式不具有稳定性、全民性和能产性，属于一般类型。无标记被动式的基本性首先表现在它有悠久的历史。无标记被动式是产生最早的汉语被动式类型，到殷墟西周时期已经发展得相当成熟。无标记被动式经过数千年的发展演变，到现在仍然是汉语尤其是汉语口语中常用的被动式类型。无标记被动式的基本性还表现在它具有普遍的适用性。有标记被动式在全民性上是无法与无标记被动式相提并论的。无标记被动式的基本性还表现在它具有很强的能产性。“於（于）”字被动式是通过无标记被动式添加引进施事者的介宾短语而形成的，其他有标记被动式则是在无标记被动式的同化作用下形成的。

---

① 从现代汉语和古代汉语的实际情况来看，主动式的使用频率高于被动式数十甚至上百倍，主动式历来都比被动式更为常用，无疑是汉语陈述句的主体。另外，儿童语言习得过程显示，汉族儿童 1.5 岁开始使用主动句，而被动式要到 2 岁才开始使用。所有这些都说明，被动式在形成过程中必然会受到主动式的影响。参见周国光（1997：256，261）。

② 在口语中，因为有具体语境的帮助，无标记被动式还是大有用武之地的。又由于口语是语言的主体，所以，无标记被动式比有标记被动式使用得更多。

③ 姚振武（1999）较早地将汉语被动式视为一种“系统”。

④ 关于无标记被动式的基本被动地位，洪诚（1958）、周斌武（1981）、林归思（1991）和申小龙（2001）都曾论及。

总之，汉语无标记被动式的形成过程是广义受事主语的一种选择过程，[①] 它形成的重要前提是人类句子的可分解性和句子成分搭配的灵活性，至于其具体构成方式则与汉语特殊的基本语序类型有一定关系。

（二）关于“有标记”被动式

有标记被动式的出现，与语言明晰性要求的增强，尤其是书面语的发展有直接的关系。从生成机制看，有标记被动式可分为两大类：第一类是组合类，即通过无标记被动式添加施事成分而成，如“於（于）”字被动式；第二类是改造类，由无标记被动式同化一部分发生特定变异的系动式、遭遇和遭受义动词谓语句等而成，如“见”字被动式、“为”字被动式、“被”字被动式等。汉语的“於（于）”字式，从形成方式上看是派生（或者称为“组合”）的，从形成途径上看是类化的。改造类是汉语有标记被动式的主体，这种有标记被动式形成的途径是无标记被动式的同化作用，同化作用的实现需要具备三个主要条件：（1）源句式（“源句式”就是作为来源的句式，下同）的宾语是一个及物动词或者可以理解为及物动词的动名兼类词；（2）源句式的主语可以理解为宾语中及物动词的受事成分；（3）源句式的谓语是弱动作动词。[②] 从汉语有标记被动式主要变体形成的总体情况来说，无标记被动式同化是最为基本的形成途径。

有标记被动式次要变体的生成机制主要是类化。在各种类型中，“为”字被动式的次要变体最多，而这些变体（包括“为AV”式）都是在“为V”式的基础上发展起来的，其手段是在“为V”中添加施事成分“A”或者“之”“所”“见”等。从形成动因上说，次要变体的形成与当时崇尚形式美的文风不无关系。由于这些变体中“所”“之”和“见”可以随便增减，使用灵活，可以成为调节被动式语言节奏的修辞手段，所以被广泛使用，近古以后，随着这种文风的减弱，这些变体也就很少使用了。

汉语有标记被动式在殷周时期开始萌芽，以后发展甚为迅速，类型由少到多，使用频率逐渐提高，这与它本身的特点和汉语书面语的形成与发展密不可分。其特点是含有被动标记，而含有被动标记就意味着它能够把被动关系明确地表示出

---

① 动词一般都是表示人类动作行为的，当人们选择动作的发出者作为主语时，句子就是主动式，当人们选择动作的对象作为主语时，句子当然就变成了被动式，除非以不及物动词作谓语（有些以不及物动词作谓语的句子属中动式），否则，要么是主动式，要么是被动式，二者必居其一。参见张延俊（2006：200）。

② 参见张延俊（2006：204）。

来，能够更好地摆脱特定语境的帮助，从而适应书面表达的需要。[①] 汉语被动标记的基本作用就是能够使被动关系表现得更为明确。在被动式中用于施事成分之前的被动标记属于介词，它与施事成分组成一个修饰谓语的介宾短语。而直接用于谓语动词之前（其后没有施事成分）的“见”“为”“被”等被动标记是助动词，它来源于动词，由于带强动作动词宾语而演变为助动词。

“不同词汇来源的被动标记具有不同的语法功能。”“不论哪种语言，被动式的共同特点就是把受事者置于主语的位置。”“被动式是一种语言的基本句式之一。”石毓智（2006：8—31）试图从跨语言的对比中来考察汉语被动式的发展规律。他发现“古今汉语被动式的词汇选择具有明显的规律性；不同的历史时期，往往倾向于选择同类语义特征的词，尽管具体的词语并不一致。”他认为：被动式的不同词汇来源，跟人们对同一事件结构的观察视点不同有关。面对同一事件结构，不同民族或者同一民族不同历史时期的人，关注的焦点有同有异，这会影响被动式语法标记的词汇来源的异同，也会影响到被动式标记成分的异同。但是“位于同一个语言共同体的人们在同一历史时期对事件的诠释（construal）方式具有稳定性，结果就会形成历史发展规律和跨语言之间的对应规律”。

钱宗武（2004）将今文《尚书》与甲骨文、金文以及先秦两汉文献的被动句进行历时共时比较研究，发现今文《尚书》中众多的语意被动句大都要凭借上下文的语境信息来判断，易生歧解，因此推论：语言交际功能促使形态被动式在西周以后得到充分的发展和丰富。他认为：今文《尚书》的被动句处于语意被动句向形式被动句的发展过渡阶段；“於（于）”字句表示被动是汉语形式被动句的最早形式，而汉语被动句产生的直接原因可能是基于修辞的需要，陈述者为了在汉字形式上突出动作行为的主动者。

关于有标记被动式的形成原因，何洪峰（2004）认为“汉语的语序结构类型是SVO型，汉语的话题结构是话题—述题。当受事做话题时，这两种结构是不一致的。这就导致有时必须用标记来标明句首的受事。”张延俊（2006）则提出“汉

① 有标记被动式在汉语中的发展与印欧语言的影响也有一定的关系。在佛教经典的汉语译文中，有标记被动式的出现频率高于本土文献，说明印欧形态语言对汉语书面语的影响。参见朱庆之（1993）。

语被动式特殊的语用价值是被动式不断发展的根本原因”。[①] 多种有标记被动式的存在，对于表现不同感情、避免语言重复、运用对偶修辞、表现雅俗不同情景和表现不同地域色彩等方面均有一定意义。张延俊认为有标记被动式从来源上基本分为组合类和改造类两类：前者是在无标记被动式上添加一个施事成分组成，其心理基础是类化；后者是由主动式、系动式的一些变异句转化而成，其心理基础是同化。由于主要被动标记的不同，有标记被动式又形成了多种类型，每个类型一般都包含一个以上的变体。由于语言经济性要求的作用，只能有一种被动式类型会成为主流类型：汉语被动式经历了以“於（于）”字式为主流类型，以“为A所V”式为主流类型，以“被AV”式为主流类型的几个阶段，主流类型的形成与更替，显示了“适者生存”规律在语言进化发展历史中的存在。

关于有标记被动式类型替换的原因，屈承熹（1993）提出了“模糊性和最佳条件”。关于“最佳条件”，他说：“当两种形式相互竞争时，一种在形成中给语法整体造成的额外损失最小的形式，会最终得势。我们称其为‘最佳条件’，也可暂时将其解释为一种结构对语言的语法整体的最佳效果。”张涤修（1984）对“被”字式的优势有全面的论述，他说：“‘被’比‘於（于）’字具有更确定的表被动意义；与‘见’字相比，它由于能引进施事者而愈显得功能齐全；同‘为……所……’式相当，然更接近口语。”唐钰明（1988）也对“被”字式取代“为”字式的原因作过解释，他说，“‘被’字句比‘为’字句更有利于表达被动语义”，“‘为’字本身丰富的内涵（可做介词、主次、系词和实义动词），却使它比较容易发生歧义。”何亚南（2001）则对“见”字被动式遭遇淘汰的原因作了比较详细的说明。

三、汉语被动式不等于被动句[②]

本文分析的是《太平经》中的有标记“被动式”。需要说明的是，汉语被动式不等于被动句。

饶长溶（1990）将被动式与被动句进行了比较，认为被动式与被动句不同。

---

① 汉语被动式具有将受动者作为话语中心、突显动作行为、保持前后句子主语一致性、使句子结构更为稳定、使语义更为明确和结构更为严密、增强谓语动词动作性、增强语句生动性等多种作用。参见张延俊（2006）“内容提要”。

② 参见饶长溶（1990）、杨宗兵（1996）。

被动式跟短语相当，与被动句不是属于同一级语法单位，它与被动句的区别是：它不具备句子所带的语气，它既可以充任句子主干独立构成被动句，也可以在主动句中充任某个成分。在现代汉语中具有单独成句、作宾语、作主语和作定语等多种作用。杨宗兵（1996）则对古代汉语“被动结构”和“被动句”进行了辨析，认为被动结构和被动句不是等同的，二者属于不同的层次和平面，不能混淆二者而统称被动结构为被动句。被动句与被动结构在表达“与主动相对的被动”这个意义上二者无别，但被动句是分析被动结构在句中充当谓语时所用的概念，从数量上比较，古汉语中的被动结构比被动句要多，即被动句仅是被动结构中的一部分，被动结构的范围、数量大于被动句，只有被动结构作全句（或分句）谓语的特殊句子才是被动句，被动结构作宾语、定语不能称为被动句。

第二节 《太平经》中的“於（于）”字被动式①

一、“於（于）”字被动式研究概述

（一）关于“於（于）”字式的被动式性质

关于“於（于）”字式的被动式性质，本文持肯定意见。②“於（于）”字式是指在无标记被动式的基础上后加施事成分的结构形式，施事成分往往用“於（于）”引出。与无标记被动式相比，它的优点是具有区别性和明晰性。

（二）关于“於（于）”字式的产生、发展与衰微

1985 年，唐钰明等学者在于省吾先生研究的基础上，得出了“先秦汉语被动式的起源，应上溯至商代”的结论。后来，董莲池（1998）具体指出：“于字被动

---

① “于”和“於”都是介词，段玉裁《说文解字注》、陈奂《诗毛氏传疏》等均认为两者为古今字，学者对其分用或混用也有种种说法。何乐士（2000：85）把“于”“於”的发展变化划分为四个阶段：有“于”无“於”；“于”占绝对优势，“於”开始出现；“于”略少于“於”；“于”变为极少数，“於”占绝对优势。柳士镇（1992：246）认为这种状况的形成很可能同各书成书的时代与编著者所处的地域有关；在两者并用的载籍中，“于、於”也有一个粗略的相对分工。郭锡良（1997）认为“‘于’、‘於’的区别是时间的先后，而不是语法作用的不同”。本文在一般行文时用“於（于）”表示，在引用具体例句时则据实际情况用“于”或“於”。

② 否定它是被动式的理由是，“於（于）”字兼职过多，“於（于）”字既可以引进施事成分，也可以引进处所、对象等。但汉语中还未见专职的被动标记，其他被动标记也都是兼职的，我们因此认为用上述理由来否定“於（于）”字式的被动式性质是不妥的。参见张延俊（2006：29）。

式的起源时限应当断自晚商的武丁时期。”

“（於）于”字式出现于晚商时期，在西汉之前一直是汉语被动式中使用频率最高的有标记被动式类型，① 在与“为”字式和“见”字式的对比中处于绝对优势。在现存所有远古时期的汉语文献中，“（於）于”字式只有40例左右；春秋秦汉时期，“於（于）”字式作为有标记被动式的主流类型，普遍使用于各种文献中。

西汉之前“於（于）”字式的优势地位不是偶然的，它与当时西汉之前汉语中引进处所、对象的介词短语一般后置的句法环境有直接的关系。语言是一个系统，系统中的某种变化会导致连锁反应。由于谓语动词之后表示动作起点、经由和施事的介宾短语的减少等原因，“於（于）”字式的使用频率逐步降低，到中古时期，“於（于）”字式在使用频率上明显呈现出由高转低、急速下滑之势。

“於（于）”字式在经过上古时期的繁荣以后，中古时期便进入严重衰退阶段，② 到近古基本趋于消亡，真正意义上的“於（于）”字式在近古时期的口语中已经退出历史舞台。“於（于）”字式是汉语历史上第一个退役的有标记被动式类型。

二、《太平经》中的“於”字被动式及其在语法史上的位置

（一）《太平经》中的“於”字被动式

《太平经》中的“於”字被动式有12例，约占《太平经》有标记被动式总数的3.3%。如：

1. 故孝子事之宜以本，乃后得其实也。生时所不乐，皆不可<u>见於死者</u>，故不得过生，（过生）必为怪变甚深。（卷三十六《事死不得过生法》，三九〇中）

2. 二月、八月，德与刑相半，故二月物半<u>伤於寒</u>，八月物亦半<u>伤於寒</u>。（卷四十四《案书明刑德法》，四〇六中）

3. 万里之外、百重之内，虽欲往通言，<u>迫胁於比近</u>，不得往达也。（卷

---

① “於（于）”字式的发展还表现在其他方面。参见张延俊（2006：81—83）。

② 38万字的东汉佛经竟未见1例“V於（于）A”。参见高列过（2003）。

八十六《来善集三道文书诀》，四六九中)[1]

4.（子欲乐知其审，此若冬至之后，天当大寒杀人；乃以五月初，始见阴气于井中，为其清，日日益剧，到冬至后，乃大寒伤杀人。）不可无衣也，贤者预防也，则独得大乐，不伤於寒而无忧；其懈惰不力，不预备之，则独饥寒而穷矣，此之谓也。（卷九十《冤流灾求奇方诀》，四七九上）

5. 夫邪文邪辞，系灾之根也，子欲重知其明审信效，比若人以邪文相记於君，比若人以邪言相恶，则怨咎日兴众多，人亦自相怨咎相恶，君亦听之，反失正，聪明不达，为天地所非，治危。（卷九十六《守一入室知神戒》，五〇三上）

6. 天地之性，阳好阴，阴好阳，故阳当变於阴，阴当变於阳。（卷九十八《男女反形诀》，五一五上）

7. 天为设禁，使不犯耳；而故犯之，戒命於天神，可以久与人等也？……不顺作逆，而求久生，是行当可久见於天神？日月星辰，安肯久照？（卷一百十四《见诫不触恶诀》，五七一中）

8.（故自克念过负，恐不解除，复为众神所疏记，而有簿文闻太上也。……）唯诸天神时原不及，教其进退，当承天意，不可有失而小不善闻於太上之君耳。（卷一百十四《有功天君勑（敕）进诀》，五七五中）

9. 尽说之，积文多，反且眩瞀於文，则失其纲纪，令其文乱难理。（卷一百十六《音声舞曲吉凶》，五八三上）

据柳士镇（1994），《世说新语》中介词“于”字出现48次，“於”字出现297次，其中引出被动句的施事者的用法，《世说新语》中只用“於”，不用“于”。[2]时代上比《世说新语》早的《太平经》，只有12例“於”字被动式，没有“于”字被动式。

---

① 《太平经》中“比近”出现7次，指的是周围的、附近的（人物或国家等）。其中4例充当定语，2例充当宾语，1例充当主语。例3上文是：“故人民虽见天灾怪咎，骇畏其比近所属而不敢妄言，为是独积久，更相承负。……人尚皆骇畏且见害于比近所系属者，不敢语言泄事。”例3中“比近”指的就相当于上文的“比近所系属者”。

② 柳士镇（1992：246）在论述“‘于’、‘於’用法的异同”时已经提到：魏晋南北朝时期载籍中，引出被动句的施事者时，一般均多用“於”而少用“于”。

以上 12 例“於”字结构，除例 8 外，有 11 例充当句子主干，语法功能比较单一。

与“（於）于”字式在殷墟卜辞和西周金文中一般表示积极性语意不同的是，《太平经》中这 12 例“於”字式感情色彩以表达消极和中性语意为主。[①]

分布比较集中：丙部 3 例，己部 5 例，庚部 4 例。它们几乎全部是问答或对话中，口语色彩很浓。

作为汉语有标记被动式的最早形式，“（於）于”字式的形成是远古人民对于上天恐惧和敬畏的体现，产生的直接原因可能是基于修辞的需要，能够提高被动式的清晰度，增强被动式的表现力。《太平经》中这 12 例“於”字式的施事成分多是有生命的人类，如天地神祇（包括“死者”[②]）和“比近”；也就是说，施事成分 83.3%是有生命的、有支配力的。

中古时期的“於（于）”字式，施事者、主语受事者和谓语动词语义角色基本限于人类，生命级别较高。《太平经》中这 12 例“於”字被动式，主语受事者均为人类，生命级别较高。谓语动词类别丰富，不仅有表示感知方面的动词，还有表示对待、支配、作用等方面的动词。施事成分既有有生命的天地神祇（包括“死者”）和“比近”，又有无生物，无生物中有的是自然现象（如“寒”），有的是具有能够影响他人的特性的、比较抽象的事物（如“文”），所指范围扩大了；施事成分的语法结构也复杂化了，如者字结构“死者”，偏正短语“天神”和“太上之君”。

时代特色（如词汇的双音化）悄悄留有痕迹，如例 3 中的动词“迫胁”和施事“比近”，例 6 中的施事“天神”，以及例 9 中的动词“眩瞀”。

（二）《太平经》中的“於”字被动式在语法史上的位置

1.《太平经》中“於”字被动式使用频率低于东汉平均值

“於（于）”字是先秦时期一个最主要的介词，其出现频率远远高于其他介词，[③] 它的位置状况在一定程度上反映了当时汉语句法组合的整体倾向，“於（于）”字式主流类型地位的形成与这种语言背景有很大关系。“於（于）”字式

---

① 判定被动句情感倾向，若观察角度不同，得出的结果也不一样。本文的判别标准是从句子主语，即受事者的角度来考察其情感倾向。参考李临定（1980）、袁宾（2005）。

② 在道教世界里，“死者”也是有知觉、有意志且能发挥作用和影响的。

③ 参见何乐士（2005：256—258）。

在春秋战国时期快速发展，这与当时西汉之前汉语中引进处所、对象的介词短语一般后置的句法环境有直接的关系。① 到中古时期，由于谓语动词之后表示动作起点、经由和施事的介宾短语的减少等原因，“於（于）”字式的使用频率逐步降低。②

据唐钰明（1987）的抽样统计，“於（于）”字式在先秦、西汉、东汉和六朝四个时期被动式总数中所占的比例分别是：58%、27%、11%和1.1%。从这4个数字足以看出“於（于）”字式逐渐消亡的趋势。《太平经》中的“於”字被动式有12例，约占《太平经》有标记被动式总数的3.2%，大大低于东汉时期的平均值。

2.《太平经》及中古时期“於（于）”字被动式衰退的原因解释

对于“於（于）”字式衰退的原因，唐钰明（1985）作过很好的说明。他认为，“‘於（于）’字式作为被动结构在表达施受关系上有所不足，不能满足语言日益精密的需要”，具体是，“第一，‘於（于）’字用途广泛，既可以介引施动者，也可以介引受动者，因而仅凭‘於（于）’字还往往不能判断某句是否被动式，还要进一步考察前面的动词是否具有被动意念的外动词，也就是说，在很大程度上仍要靠意念来判断”；“第二，即使‘於（于）’字前面是具有被动意念的外动词，这种句式也不见得就是被动式，还得进一步考察‘於（于）’字介引的是否施动者，特别是所介引的是处所名词之时。”③

除了以上原因之外，“於（于）”字式衰退还与处所补语的临摹化和数量减少有关。在汉语史上，居于谓语动词之后的“於（于）”字介宾短语，由于语言临摹性规律的作用，从上古时期开始发生重要变化，表示动作行为场所、起点和经由的那部分开始迅速减少，④ 而表示动作行为着落点的那部分则没有变化，从而使处所补语变得更具临摹性。中古时期处所补语的变化还表现在用例数量的锐减

① 据张赪（2002）研究，“先秦时期引进场所的介词词组一般位于中心成分后，只有很少的用例是位于VP前的，具体到每个介词来说，‘于’基本位于中心成分后。”关于“于”字引进对象的情况，她说：“大多数位于中心成分后，有少数位于VP前。”参见张赪（2002：31－35）。

② 据唐钰明统计，中古时期部分文献中“於（于）”字式的用例数量及在有标记被动式用例中的比例分别是：《论衡》28个，21%；《汉书》24个，4%；《三国志》5个，1%；《三国志裴注》8个，2%；《世说新语》2个，3%；《洛阳伽蓝记》0个，0%；《颜氏家训》0个，0%。

③ 如“被围于赵”之类，是借“于”的表示处所的功能而绕着弯子说它的主体的，不是一种表示动作施行者的普遍的方法。参见太田辰夫（2003：227）。

④ 参见何乐士（2005）、张赪（2002）。

上。锐减的原因主要是“於（于）”的省略，因为“於（于）”字省略以后，一部分表示着落的处所补语就转变为处所宾语，从而导致了处所补语数量的进一步减少。处所补语的临摹化和数量减少导致了“於（于）”字式的衰微。

在春秋战国以前，处所补语中的介词“於（于）”（或“乎”“在”）字一般不省略，省略“於（于）”的现象从春秋战国时期开始出现。到汉代以后，这种省略“於（于）”或“乎”的用例才变得常见。到中古时期以后，处所补语的比例更是低于处所宾语。那为什么会发生介词“於（于）”的省略呢？蒋绍愚（1999）在回答“西汉时‘於（于）＋L’中的‘於（于）’为什么可以不要？”这个问题时说：“这是语言系统中的另一种变化的结果。在先秦，实体名词与处所名词是不分的。如‘积土成山’（《荀子》）和‘藏金于山’（《庄子》），前者的‘山’是实体名词，后者的‘山’是处所名词，但形式上没有区分。所以处所名词前面必须加上介词‘於（于）’，才能和实体名词区分开来。到西汉，很多处所名词后面加上了‘F’（F代表‘上’‘中’‘下’等方位词），所以前面不要‘於（于）’也可以和实体名词区分了。因此，其格式变成了‘V＋（O）＋・＋LF’（这一点李崇兴1992年已经指出）。”“‘於（于）’这个标记的消失，就动摇了‘於（于）＋L’一律后置于动词的这一‘抽象原则’。”由于“於（于）”的省略，造成了谓语动词之后成分的混乱，促使“抽象原则”的崩溃和“临摹原则”的建立，[①] 促使谓语动词之后表示动作起点、经由和施事的介宾短语的逐步减少，趋于消亡。

张延俊（2006：105）认为，有F不应该是省略“於（于）”的唯一原因，可能还有下面两个原因：“一部分可能是出于语言韵律需要。……也有可能是出于语言经济性的需要。……作为一个虚词，‘於（于）’的作用是表示一定的语法作用，不能够增加语言的词汇意义，用与不用，都不会影响语言的信息量，用了它，语法关系会显得更为明确，不用它，语言则显得更为经济。”

---

① 参见何乐士（2005）、张赪（2002）。

第三节　《太平经》中的“见”字被动式

一、“见”字被动式的萌芽、发展与衰退[①]

“见”字式是一种古老的被动式，它最早是由《马氏文通》提出的。“见”字本来是一个表示感知的弱动作动词。[②] 在“见服”和“见厌”等结构中，由于“服”和“厌”属强动作动词，而“见”属弱动作性的感知动词，受到人的认知心理的影响，“服”和“厌”被突显为前景图形，而“见”被忽略为背景衬托，且“见”的意义到西周时期已经很复杂、泛化，在这种情况下，受认知心理的影响和汉语单音节动词谓语句的类化作用，“见”字或者被忽略为一个没有任何意义和作用的羡余成分，或者被忽略成为一个被动标记。

“见”字式由于多加了一个被动标记“见”字，能够区别主语与谓语之间的被动关系，所以比无标记被动式更具有清晰性，适应语言尤其是书面语发展的需求，具有广阔的发展前景，因此，到秦汉时期，“见”字式便发展成为一种常用的有标记被动式。在商周时期，“见”字被动式的用例极为有限，合起来也不超过 10 例，进入春秋战国时期以后，“见”字式开始成为一种常用的有标记被动式，它的使用几乎遍及各类文献，在有些著作如《荀子》中，其使用频率甚至超过“为”字式。“见 V 于（于）A”是“见”字式的变体。

萌芽于西周时期的“见”字式在春秋至西汉时期获得了巨大的发展，在有标记被动式中，使用频率仅次于“於（于）”字式和“为”字式。但是进入中古以后，“见”字式的势头变弱，并逐步走向衰微。据唐钰明（1987），西汉时期该式占当时被动式总数的 6%，而东汉只占 0.6%。在《三国志》《三国志裴注》《水经注》等部分文献中，“见”字式的使用频率还没有明显的降低，仅次于“为”字式，处于第二位，但是在《搜神记》和《世说新语》等文献中，则低于“为”字式和“被”字式，下降到第三位（在《搜神记》和《世说新语》中分别只有 6

① 参见张延俊（2006：64—68）。

② 早在远古时期的殷墟卜辞中，“见”字已经是一个集“监视”“观察”“召见”“接见”“朝见”“拜见”等多种意义于一身的多义词。总之，甲骨文中的“见”字已经是一个词性虚空、词义宽泛的弱动作动词。

例），在38万字的东汉佛经仅见2例，[①] 在《百喻经》等文献中竟一例不见，下降到了极点。总之，中古时期“见”字式在使用频率上的衰退是非常明显的。

“见”字式中古时期开始衰退，到近古时期基本上退出了口语，在《朝野佥载》等八种材料中，“见”字式仅有5例，且多见于唐五代时期的文献之中。“见”表被动的助动词用法在现代汉语中逐渐不用了，用法也很受限制：只像“见笑”“见怪”“见教”那样，和极少数的动词配合，已经“前缀化”了，应该是古汉语在某些较文的表达形式中的残留。[②]

二、《太平经》中的“见”字被动式

据张延俊（2006：119），中古时期的几部文献中，“见”字式使用次数及所占有标记被动式的使用频率分别是：《汉书》53个，占16%；《论衡》33个，占26%；《三国志》161个，占36%；《三国志裴注》125个，占30%；《世说新语》6个，占8%；《洛阳伽蓝记》2个，占6%；《颜氏家训》3个，占6%。合计平均占15%。据高列过（2003），东汉佛经23万多字，共163例被动句，而仅2例“见V”，未见“见V于A”式，“见”字式只占1.2%。

《太平经》中的“见”字式使用情况有所不同。

《太平经》中此类被动式最多，占《太平经》有标记被动式总数的55.6%；有200例，而且丰富多样。[③] 总的来说，《太平经》中“见”字式根据带不带施事成分可分为两大类。每类又可细分为数种不同的小类，下面分别描写并举例说明。[④]

（一）不带施事成分的“见V”式，184例

1. “见V”式有184例，占“见”字式的92%

从文献调查的情况来看，“见V”式产生晚于“於（于）”字式，大约是在春秋战国之交。《太平经》中“见V”式是上古汉语被动式的沿用，在动词前加表示被动的助动词“见”，构成具有形式标志的被动式。据曹小云（1999），《论衡》中此类被动式仍占总数的32%，是该书中运用数量次多的被动式；据何亚南（2001），《三国志》和《三国志注》中，此类被动式仍占总数的37%。而《太平

① 此2例是“见V”，未见“见V於（于）A”式。参见高列过（2003）。
② 参见太田辰夫（2003：190）
③ 《太平经》中“见”字式如此之多的原因在下面“5.3”会分析到。
④ 另还有“见为”式4例没算在内，见第90—91页例102—105。

经》中此类被动式最多，有 184 例，占“见”字式的 92%，[①] 占该书有标记被动式总数的 51.1%。如：

10. 夫女，今得生，不见贼杀伤，故大乐到矣。（卷三十五《分别贫富法》，三八四下）[②]

11. 既饮既食，天统阴阳当见传，不得中断天地之统也。（卷三十六《守三实法》，三八七中）

12. 吾乃上辞于天，亲见遣而下，为帝王万民具陈，解亿万世诸承负之谪也。（卷三十九《解师策书诀》，三九三上）

13. 不首情实，考后首，便见下。（卷一百十二《有过死谪作河梁诫》，五六四上）

14. 为人弟子见教而不信，反为过甚深也；但不及者，是天下从古到今所共有也。（卷四十七《上善臣子弟子为君父师得仙方诀》，四一四上）

15. 真以心求进索生，唯大神原省语言，使见四时五行生成，复见日月难报，想不见中弃。（卷一百十《大功益年书出岁月戒》，五四七中）

（1）“见”后动词大多是单纯动词

单纯动词多为单音节光杆动词，有 89 例；双音节动词有 55 例；同义连文的三音节动词 6 例。合计 150 例，占“见・动”式的 81.5%。

单音节光杆动词的例子有 89 例之多，举 2 例：

16. 是比若良善肠之人也，虽见冤，能强忍须臾，心不忘也，后会害之；恶人不能忍，须臾交行。（卷四十五《起土出书诀》，四〇九中）

17. 天之格法，父母见贼者，子当报怨。（卷六十五《断金兵法》，四四

---

① 王力（2000：275）脚注②指出：“从史料上看，‘见’字句以施事者不出现更为常见。”

② 《太平经》中“贼”出现 154 次。其中 115 例是组合形式：盗贼 59、寇贼 1、寇盗贼 3，共 63 例，基本用为名词，仅少部分“盗贼”用为动词；贼杀 9、贼害杀 1、贼杀伤 2、奸贼 1、嫉贼 2、残贼 2、害贼杀 1、贼伤 16、贼病 2、克贼 7、贼害冤 1、贼害 7、贼伤病 1，共 52 例，全部用为动词。单用“贼 39”，既有动词用法，又有名词用法。本例是用为动词，伤害、杀害的意思。此例中“贼杀伤”是所谓的“三字连文”。

三上）

双音节动词有55例，内部结构基本是并列式的，举2例：

18. 故天者与四时并力，天行气，四时亦行气，相与同心，故逆四时者，与天为怨；地者与五行同心并力，共养凡物，未当终死而见伤害，与地为大咎；圣贤与仁同心并力，故游居常尊道而贵德，倚附仁而处，如人好夺而不仁，与圣贤为怨仇。（卷四十九《急学真法》，四二六下）

19. 夫门户乃主通事，今下户不上行，返上门通门而下，知为下辞会见断绝，不得上行也。（卷八十六《来善集三道文书诀》，四六八中）

同义连文的三音节动词有6例，内部结构也基本是并列式。其一例见上例10，再举2例：

20. 此四时五行天地之神精，见尊重爱，莫不说喜，使人吉利。（卷七十二《不用大言无效诀》，四六七中）

21. 天主善，主清明，不乐欲见淹污辱。（卷一百十七《天咎四人辱道诫》，五九〇下）①

单音节、双音节、三音节动词，它们在“见·单纯动词”类“见·动”被动式中所占百分比如表2-1：

表2-1 《太平经》“见·动”被动式中“单纯动词”的音节情况

类别	单音节动词	双音节动词	三音节动词
例数	89	55	6
占“见·单纯动词”百分比	59%	37%	4%

不难看出，词汇已经在渐渐双音化，但“见”字式中的动词主要是选择单音

① 《广韵》“淹”下曰：“渍也，滞也，久留也，败也。”《方言》第十三：“湯、淹，败也。”“湯”同“漫”。《庄子》与《吕氏春秋》等文献中都有“漫”为“污”义的用例。如《吕氏春秋·诚廉》：“与其并乎周以漫吾身也，不如避之以洁吾行。”高诱注：“漫，污也。”“淹”在《太平经》9见，9例均出现在卷一百十七《天咎四人辱道诫》。其中：淹污辱恶1，名词性结构，指不洁食物；淹污乱1，动词性结构；淹污辱7，动词性结构，4次用于主动结构、3次用于被动结构，“淹污辱”都指玷污、污辱。“淹”的这种用法在他书未见，估计有方言因素。就《太平经》中“淹”字，笔者拟另文专论，此不展开。

节的。造成这种现象的原因可能与汉语音律讲究偶音节有关。一个单音节的“见”，配上一个单音节的“动”，正好组成一个双音节的“见·动”。而三音节的基本是同义连文，由于不太符合汉语词汇发展规律，在汉语史上仅留存在文献中。

（2）“见·动词短语”3种23例

“见”后动词有的是动词短语。除偏正关系的动词短语外，这些动词短语有的是连动短语，有的是动补短语，有的是动宾短语等。其中连动短语5例，动补短语4例，动宾短语14例。下分述之。

①“见·连动短语”，5例

22. 善哉！子之言。子果见使主问是邪？（卷九十三《国不可胜数诀》，四九五上）①

23. 是故今天上欲调风雨，具生万物，乐得善人，故吾见遣下简索之也。（卷一百十七《天乐得善人文付火君诀》，五八八上）

②“见·动补短语”，4例

24. 其不能平其治者，治不合天心，不得天意，为无功于天上，已到终，其魂神独见责于地下，与恶气合处。（卷四十《努力为善法》，三九五下）

25. 有证：乃日月为其大明，列星守度不乱错行，是天喜之证也；地喜则百川顺流，不妄动出，万物见养长好善也，即是地之悦喜之证也。（卷八十六《来善集三道文书诀》，四七二上）

③“见·动宾短语”14例，又分两种

A.“见·一般动宾短语”，8例

26. 愿闻一小界，见示说此无极之国。（卷九十三《国不可胜数诀》，四九七中）

① 同卷同篇上文有“噫！善哉，天乃使子主问是邪？咄咄！可骇哉。咄咄！可骇哉。”可帮助理解。

其中有“见·（动词·之）”2例，如：

27. 愚生而随俗，为愚积久，不知邪止（正）所在，故不重见丁宁解之，殊不解也。（卷九十一《拘校三古文法》，四八三下）

28. 中复为止，亦见考之，不首情实，考后首，便见下，故进止亦见考之。（卷一百十二《有过死谪作河梁诫》，五六四上）

例27中的“之”指代的是物，是直接受事者；而例28中的“之”指代的是主语、是人，是间接受事者，是对主语的复指。二者所指代的内容和性质是不一样的。

B.“见·（字/名/谓/为·宾）”，6例

宾语是主语（受动者）的某种称呼，① 如：

29. 上士得吾道，学之不止，可为国之良臣，久久得其要意，可以度世，不复争讼、事视权也；中士学吾道，可以为良善小臣，可以竟其天年；小人学吾道，可以长谨，父慈、母爱、子孝、兄长（良）、弟顺、夫妇同计，不相贼伤，至死无怨，魂神居地下，尚复长不复见作事，不见名为恶，子无夭年戮死者也。（卷四十九《急学真法》，四二五下）

30. 道理人莫不共知之，而自易不为善，污先人之统，负于后生之子，遂见字为凶贼人之类也，人莫肯与其交语，行人不欲与同道。（卷六十七《六罪十治诀》，四五一上）

31. 此子何过？承负父母之恶，尚或见谓为盗贼之子，或遂得死亡焉。（卷六十七《六罪十治诀》，四五一上）

32. 汝等乃居地上，尚见谓为痴狂乞匃者，不中帝王之师，安而中天上之师哉？（卷一百十七《天咎四人辱道诫》，五九一上）

---

① 有人称之为“内容宾语”，如张延俊（2006）。

（二）带施事成分的“见”字式，16 例

1. “见 V 於（于）A”式，12 例

此式是“见”字式和“於（于）”字式的组合运用。该式产生的原因，可能跟“见”与动词之间一般不能插入动作行为的施事者有关。[①] 从某个角度看，“见”字式存在着先天缺陷：即单纯使用“见”字式，句中无法出现动作行为的施事者；为了弥补这一缺陷，在上古汉语中，常在动词后用介词“於（于）”引进施事者，于是形成“见 V 於（于）A”式。这一式是战国后期逐渐应用开来的。该式的产生，弥补了单纯“见”字式一般不能引进动作行为施事者的不足。

据何亚南（2001），汉代以后，汉语的被动式得到很快的发展，较多比“於（于）”字被动式（包括“见 V 於（于）A”式）更具有形式区别意义的被动式应运而生；到了魏晋时期，被动式更加丰富多彩，“於（于）”字式（包括“见·V 於（于）A”句式）处在了被淘汰的位置。又据唐钰明（1987），两汉以后，该式日趋消亡。而成书于东汉晚期的《太平经》却还有 12 例，即：

33. 善物畏见伤於地形而不生，至为下极贫。（卷三十五《分别贫富法》，三八三上）

34. 今吾乃见遣於天，下为大道德之君解其承负、天地开辟以来流灾委毒之谪。（卷四十一《件古文名书诀》，三九九上）

35. 从见教於师之后，不敢犯非历邪，愉愉日向为善，无有恶意，不逆师心，是为上善弟子也。（卷四十七《上善臣子弟子为君父师得仙方诀》，四一四上）

36. 人尚皆骇畏且见害於比近所系属者，不敢语言泄事，乃相勑（敕）教共背天地，与共断绝，不通皇天后土所欲言也。（卷八十六《来善集三道文书诀》，四六九中）

37. 又凡民臣奴婢，皆得生于天，长于地，得见养理於帝王，以此三事为命。（卷八十六《来善集三道文书诀》，四七一中）[②]

38. 天文圣人之辞，尚乃有短长，故上皇之气见圄於邪辞误言，未尝得

---

① 后文第 56—57 页例 45—48 是比较特殊的用例，是类化的产物。

② 参见第 149 页对例 225 的分析。

来也。（卷九十一《拘校三古文法》，四八二下）

39. 常以月尽朔旦见对於天、主正理阴阳、是尊卑之神吏，魂魄为之愁，至灭乃已。（卷九十六《六极六竟孝顺忠诀》，四九九下）①

40. 或有初覩神，反十十相应，久久反日不中者，见试於神道，故使不中也。（卷九十六《守一入室知神戒》，五〇二中）

41. 此无可让也，非吾而使子见佑於天也，子为善，自然行得之也。（卷九十六《守一入室知神戒》，五〇四上）

42. 故其罪泄见者，时时见诛於帝王，以称天心，以解民之大害也。（卷九十八《为道败成戒》，五一三上）

43. 但心思欲进，而有忠诚之信，所为所作，承奉不敢失小差，恐为众神所白，见过於上，有不竟年命之寿。（卷一百十《大功益年书出岁月戒》，五四九下）

44. 虽去，但悉见欺於邪神佞鬼耳。（卷一百十七《天咎四人辱道诫》，五八九上）

这 12 例"见 V 於 A"式中的"於"全不作"于"。

这 12 例"见 V 於 A"式分布不均而是集中：丙部 3 例，已部 7 例，庚部 2 例。这种分布规律同第一章第二节"《太平经》中的'於'字被动式"的分布接近。这 12 例仅 1 例出现在说教体中，其余 11 例都出现在问答或对话中，占 91.7%。看来"见 V 於（于）A"与口语文体有一定的关系。可能是基于修辞的需要，陈述者为了突出、强调动作行为的主动者，提高语言的表现力。

钱宗武（1998）认为，"于"字式的形成是远古人民对于上天恐惧和敬畏的体现，这一点在《太平经》中又得到了反映。恐惧和敬畏是因为施事者多高高在上、具有高度决定性和支配能力，具体到《太平经》中的"见 V 於（于）A"式，施事成分或是具有绝对生杀予夺大权的"天""帝王""上"或"邪神佞鬼"，或是先知先觉的"师"，或是具有杀伤力的"地形"，或是具有影响力的"比近所系属者"。对受事主语来说，有 8 例动词表达的是很明显的不如意的事情发生了，即感情色彩偏消极意义。

---

① 参见第 56 页脚注①。

另外，这12例“见V於A”式中的动词有11例是单音节动词，“见V”构成偶音节，符合词汇双音化的趋势与潮流。施事成分的语法结构也复杂化了，比如双音节的“地形”“帝王”和“神道”，还有四音节的短语“邪辞误言”“邪神佞鬼”，更有复杂的者字结构“比近所系属者”。

2.“见AV（O）”式，3例

“见”字被动式一般靠在动词后面加“於（于）A”的方式引进施事宾语，但也有例外。《太平经》中有施事前置的用例，即“见AV（O）”，共3例。如：

45. 愚生见师严敕，自力强说三事，三事不中明天师意，为过责甚重，恐复有罪不除也。（卷四十七《上善臣子弟子为君父师得仙方诀》，四一四上）

46. 有力，不肯力作，可以致富为仁，反自易懈惰，见父母学教之，反非之。（卷六十七《六罪十治诀》，四五三中）

47. 不奉，复见先人对会，祠官责之不祠意，使鬼将护归家，病生人不止，先人复拘闭，祠卜问不得。（卷一百十四《不可不祠诀》，五七三中）①

例45“见师严敕”与例47“见先人对会”，都是“见·施事·动”结构；而例46则是“见·施事·（动·之）”结构——是“见·施事·动”与“见·（动词·之）”的组合运用，比较复杂。因为例子很特别，就多说几句。

“见AV（O）”结构是如何产生的？它应该是受其他可在动词前面引出施事的被动式的类化作用而产生的。“为A所V”式在中古时期获得了巨大的发展和高度的繁荣，并取代“於（于）”字式在有标记被动式中的主流地位，一个相当重要的原因是它适应句法结构的历史性调整，具体表现之一就是“为A所V”式的施事成分是居于谓语动词之前的，这符合语言临摹性原则。早在20世纪50年代，

① 《太平经》中“对”有审问、拷问义。本例及例39，两例都见于“见”字被动式。《汉语大词典》（缩印本）上册第1289页有“对问”条，义项④“指受审问”，举的是《朱子语类》和《水浒传》的例子，例证滞后。审问、拷问义应该是由“会见”义引申而来，或说是在特定场合的语义。“对”的“会见”义见于东汉文献中，如《论衡·问孔》：“盗泉、胜母有空名，而孔、曾耻之；佛肸有恶实，而子欲往。不饮盗泉是，则欲对佛肸非矣。”又如《论衡·问孔》：“公山不扰与阳虎俱畔，执季桓子，二人同恶，呼召礼等，独对公山，不见阳虎，岂公山尚可，阳虎不可乎？”还见于后汉其他文献中，如《说文·人部》：“付，予也。从寸持物以对人。”“对”犹“见”也，许慎于说解中常用时语。《诗经·陈风·东门之池》：“彼美叔姬，可与晤歌。”毛传：“晤，遇也。”郑笺：“晤，犹对也。”郑笺以今语释古语。《汉语大词典》书证引《北齐书》，滞后。参见胡敕瑞（2002：141）。

洪诚（1958）就说：“被动句不表出施事词则已，如果要表出施事词，施事者本有居于动词前面的要求……”① 这实际上触及了被动式施事成分的临摹性问题。

“见”字式如果要引出施事，主要是借助在动词后面加“於（于）A”的方式引进施事宾语，所以“见 AV”结构并不多见。后代也有极少数带前附施事成分的“见”字式用例，如《初学记》第十二卷引华峤《后汉书》“桓荣字春卿，以少傅迁太常，明帝即位，尊以师礼，甚见帝重”，《礼记·檀弓》“晋献将杀其世子申生……”之郑注“欲使言见谮之意”之孔疏“‘欲使言见谮之意’者，重耳欲使申生言见骊姬所谮之意”，《孔雀东南飞》“转头向户里，渐见愁煎迫”。②

3.“见 A 所 V”式，1 例

48. 有豫知来事，远恶趣善，不犯所禁，复得见天道所师化，无不从之化者。（卷一百十《大功益年书出岁月戒》，五五一下）

这例出现在庚部，是受“为 A 所 V”式影响和类化的结果。详见第二章第二节“二、(3)”对例 106 的分析。

4. 小结

施事是客观存在的。施事成分的出现与否决定于语用需要。“见”字式中的施事，在对话或上下文等语用环境中经常省略，听者或读者依据常识不会有歧解，《太平经》中“见”字式就大量出现在对话中。但陈述者为了突出、强调动作行为的主动者，仍会让施事成分出现。《太平经》中就有 16 例（如表 2-2），占“见”字式总数的 8%，占该书有标记被动式总数的 4.4%。

表 2-2 《太平经》中含施事成分的“见”字被动式大致情况

类别	“见·V·于·A”	“见·A·V（O）”	“见·A·所·V”
次数	12	3	1
分布	丙部 3 例，己部 7 例，庚部 2 例	丙、丁、庚部各 1 例	庚部 1 例
备注	施事后加	施事出现在动词前面	

① 参见《洪诚文集·雒诵庐论文集》第 122 页，江苏古籍出版社 2000 年。

② 参见张延俊（2006：118—119）。

试比较：

49. 夫有知，不肯力学正道，以自穷，见教，反笑之；有能，不肯力学施，见教，反骂詈之……（卷六十七《六罪十治诀》，四五三中）

50. 从见教于师之后，不敢犯非历邪，愉愉日向为善，无有恶意，不逆师心，是为上善弟子也。（卷四十七《上善臣子弟子为君父师得仙方诀》，四一四上）

51. 愚生见师严敕，自力强说三事，三事不中明天师意，为过责甚重，恐复有罪不除也。（卷四十七《上善臣子弟子为君父师得仙方诀》，四一四上）

与无标记被动式相比，“见”字式由于多加了一个被动标记“见”字，能够区别主语与谓语之间的被动关系，这样就比无标记被动式更具有清晰性，而“见V於（于）A”式不仅具有清晰性，还能够提供施事者的相关信息，增加语言的容量，满足语言接受方对于施事者信息的需求，适应语言尤其是书面语发展的需求，弥补了单纯“见”字被动式一般不能引进动作行为施事者的不足。到秦汉时期，“见”字式便发展成为一种常用的标记被动式。但随着时代的发展，汉语被动式的表达系统在发生着不断的变化。中古汉语中，用“於（于）”字介进动作行为施事者的被动句正在迅速从被动句表达系统中退出。[①] “於（于）”字被动式的衰微，直接动摇了“见”字被动式介进行为施事者的句式基础，“见”字式的先天不足更加暴露，“见”字式在与其他句式的竞争中处于劣势地位。另外，据吕叔湘（1943）、王洪君（1991），“见”字在东汉以后发展出指代性副词的新用法，而在这种用法产生之前，“见”字是被动句的明显的标志性成分：两种用法并存，引起了对“见V”结构的歧解。这种理解的不确定性，使“见”字在上古汉语中作为被动形式标志的功能到了中古汉语受到了极大的损害。“为”字式（尤其是其主要变体“为A所V”式）符合语言临摹性原则，适应句法结构的历史性调整，在中古时期获得了巨大的发展和高度的繁荣，并取代“於（于）”字式在有标记被动式中的主流地位，这不能不对“见”字式产生影响。“见AV（O）”和“见A所V”式就是类化的产物。

① 原因分析参见本章第二节“二、（二）2”。

（三）“见”字式在《太平经》中不仅使用频率高，而且使用自由度高

“见”字式到秦汉时期发展成为一种常用的标记被动式，它的使用几乎遍及所有文献，它的语法功能也趋向完备。① 《太平经》中的“见”字式不仅使用频率高，而且使用自由度高。使用自由度高主要表现在“见”字式可降级使用——一是充当复句的分句，二是充当句子的成分。因为“见”字式充当分句的情况在早期并不少见，到《太平经》中就很常见了，但充当句子成分（谓语外）的例子较少见到，所以下面就第二种情况略加讨论。

1. 充当谓语，尤其是“能愿动词＋‘见’字被动式”结构充当谓语

《太平经》中“见”字被动式充当谓语的比较多。其中有16例是能愿动词＋“见”字式被动句，比较特别。能愿动词主要是“当”，有13例；另3例是“应当”“宜”和“会”。如：

52. 夫门户乃主通事，今下户不上行，返上门通门而下，知为下辞会见断绝，不得上行也。（卷八十六《来善集三道文书诀》，四六八中）

53. 今若王者治服人，岂当见逐索邪？（卷九十三《方药厌固相治诀》，四九二下）

54. 此邪恶尽应当见去，天地人民万物之大病已除也。（卷九十六《守一入室知神戒》，五〇三下）

55. 有气之乡而向尊者，欲见乐；无气之乡衰死者，不宜见乐。（卷一百十六《音声舞曲吉凶》，五八六上）

2. 充当定语、宾语等句子成分

充当定语的例子不太多，如：

56. 生自命好生，不顾财色，见活之人，常思与同久，何时当妄行不道、无心之意不报重恩乎？（卷一百十一《善仁人自贵年在寿曹诀》，五五六上）

例56中“见活之人”指的是“生”自己，原表示受事主语的成分转为中

① 参见张延俊（2006：83—87）。

心词。

充当宾语的例子比较多些，其中又以充当心理感知（如意愿、认知、恐惧等）类动词的宾语为多，有36例。如：

57. 夫天文乱，欲乐见理，若人有剧病，欲乐见治也。（卷五十一《校文邪正法》，四三四上）

58. 人尚皆骇畏且见害于比近所系属者，不敢语言泄事，乃相勑（敕）教共背天地，与共断绝，不通皇天后土所欲言也。（卷八十六《来善集三道文书诀》，四六九中）

59. 真以心求进索生，唯大神原省语言，使见四时五行生成，复见日月难报，想不见中弃。（卷一百十《大功益年书出岁月戒》，五四七中）

36例中的心理感知类动词出现次数分别是：念$_{1}$①、欲乐$_{3}$、恐$_{8}$、乐$_{1}$、欲$_{10}$、愿$_{1}$、想$_{1}$、惟$_{1}$、贪$_{2}$、唯$_{4}$、思$_{1}$、乐欲$_{1}$、畏$_{1}$、骇畏$_{1}$等。有的心理感知类动词比较有时代特色，如“欲乐”，《汉语大词典》失收。“欲乐”在同时期其他文献几乎不见，但在《太平经》中出现频率相当高，还有同素异序词“乐欲”，及口语中的省略说法“乐”或“欲”等。

（四）关于“见”字式的几点讨论

1. 被动标记“见”后的形容词临时活用为动词，不及物动词则活用为及物动词

“见V”表示被动，所以“见”后的名词临时活用为动词的如：

60. 死命以至，不见棺木，毕埋土中，须治生有钱财，乃当出之。相贫之家，财去人走，何时可合？家室分离，不能复相救，遂不见棺木，为无棺

---

① 右下角的数字表示此类用法的统计次数，下同。

椁之鬼，浮游无家，亦无复食之者。(卷一百十四《大寿诫》，五七八上)①

"棺"一般作名词用，棺材义，读 guān；同时，"棺"还有动词用法，以棺殓尸的意思，读 guàn。②"木"在上古汉语中有棺材、棺椁义，如《左传·僖公二十三年》的例子："如是而嫁，则就木焉。"另外，从《礼记》郑玄注、《后汉书》李贤注可以看出，"木"的棺材义渐渐为人们不熟悉，所以有注释的必要。本页脚注①中例（B）中"无有衣木"的"木"就指的是棺材。"棺木"连言意为棺材、棺椁，这样的例子在载籍中可以见到。③ 而例 60 中"不见棺木"相当于（虽然即使也被埋但）不被用棺材安葬，④ 名词"木"临时活用为动词，"以棺殓尸"之义。另外，从叙述角度是否一致这一点来看，例 60 两处"不见棺木"前的主语应该都是受事主语，这一点也支持"不见棺木"中的"木"活用为动词，"棺木"是临时性的动词性结构。"棺木"同义连用，"不见棺木"四字一顿，与上下文的整齐句式也相和谐。

形容词临时活用为动词，如：

61. 故上古时人深知天，尊道、用道、兴行道，时道王。中古废不行，即道休囚，不见贵也；中古兴用德，则德王。(卷六十五《兴衰由人诀》，四四四中)

62. 大神乃开导大分明，生等比众多，独见异，使有开思，是恩极重，何时教（报）大神乎？(卷一百十《大功益年书出岁月戒》，五四七中)

---

① 为帮助理解，先来看两例：(A) 不念真（其）后更为贫人，收无所得，相随流客，未及贱谷之乡，饥饿道傍，头眩目冥，步行猖狂，不食有日，饿死不见葬。(卷一百十二《有过死谪作河梁诫》，五六二下)(B) 此恶人之行灭乃上（止），亲属患之，名为蔽子，死不见葬，无有衣木，便见埋矣。(卷一百十四《不孝不可久生诫》，五〇七中）——从例（B）"死不见葬，无有衣木，便见埋矣"来看，"埋"与"葬"是有区别的。据《论衡·讥日篇》，"夫葬，藏棺也；敛，藏尸也。初死藏尸于棺，少久藏棺于墓。"《吕氏春秋·孟冬纪·节丧》也说"葬也者，藏也"，"善棺椁，所以避蝼蚁蛇虫也"。据《风俗通义》，在经济条件允许的情况下，某人病危时，家人一般会"制衣棺器送终之具"。也就是说，"葬"是肯定有棺材的。"棺椁"是"鬼"的"家"，而"饿死不见葬"或"不见棺木，毕埋土中"的"鬼"，势必"浮游无家，亦无复食之者"。

② "棺"作动词用的如：(1) 春为父而生之，夏为子而养之，秋为死而棺之，冬为痛而丧之。(西汉·董仲舒《春秋繁露·基义》)(2) 孔子径庭丽级，被棺敛者不省。(《论衡·对作篇》(3) 以棺未藏者，不可不祠也。(《太平经》卷一百十四《不可不祠诀》)(4) 后卓故部曲收所烧者灰，并以一棺棺之，葬于郿。(魏·王粲《汉末英雄记》)

③ 如《齐民要术序》："僮种为不其令，率民养一猪，雌鸡四头，以供祭祀，死买棺木。"

④ 也就是所谓的"纔得被土"。见《太平经》卷一百十二《写书不用徒自苦诫》。

63. 人居世间，作孝善而得寿，子孙相续，复见尊官重禄，是不作善为孝所致邪？（卷一百十四《不可不祠诀》，五七三上）

例61、62是意动用法，例63是使动用法。

不及物动词则活用为及物动词，如：

64. 处（剧）者致灾，中者衰落，下者见病，无有休息。（卷一百十四《不承天书言病当解谪诫》，五七九下）

2. “见”字被动式中否定词的位置

对“见・V”的否定，有时借助否定词来实现。否定词（如“不”）的位置以出现在“见・V”前为常，即“不・见・V”，有32例。如：

65. 天之戒书，乐见发扬，不欲见藏也。（卷九十《冤流灾求奇方诀》，四八〇中）

66. 无功而求安，何从不见欺邪？（卷第一百十四《九君太上亲诀》，五六九中）

67. 生人久视有岁数，命尽乃终，后为鬼，尚不见治问。（卷第一百十四《不孝不可久生诫》，五七〇下）

68. 是皆贪非一家之财，以自增益而坐之，得罪定死乃休，无续世之人，乃使先去者不见享食，是汝过非？（卷第一百十四《不承天书言病当解谪诫》，五八〇上）

“不”等否定词的出现位置也有例外，有3例。如：

69. 使神见自责悔人，还上天，道言：“有悔过人啼泪而行，未曾有止时，恐见不活，以故自责。”（卷第一百十一《善仁人自贵年在寿曹诀》，五五四下）

试比较：

70. 不敢乃望在天君左侧也，见活而已。（卷一百十《大功益年书出岁月戒》，五五〇中）

71. 当死之时皆恐惧，近知不见活，故天诚矜之怜愍，为施防禁，犯者坐之。（卷第一百十二《不忘诫长得福诀》，五六五上）

72. 藏（赃）多罪大，便见不活。（卷第一百十四《病归天有费诀》，五七九中）

《太平经》中，“不·（见·V）”与“见·不·V”，其状语“不”的语义指向都是结构中的“V”。“不·（见·V）”与“见·不·V”出现次数的比例是32∶3。“见·不·V”其实是状语“不”在“见”字之后，而习惯的、常见的用法是状语（包括“不”）在“见”之前。其中原因可能是“见”字式的产生环境是连动短语作谓语的无标记被动式，① “见·V”结构出现的频率高因而更容易被接受，或说“见—V”已由句法性质一变而成构词性质，② 一般不宜拆开，若加状语等附加成分就加在前面。

“不”字居于被动标记之后的现象在中古时期其他文献也可见到，如：

中书监刘放、令孙资久专权宠，为朗等素所不善。（《三国志·魏书·明帝纪》裴注引《汉晋春秋》）

汉嘉太守黄元素为诸葛亮所不善。（《三国志·蜀书·杨洪传》）

汉先时为馥所不礼，内怀怨恨。（《三国志·魏书·董卓传》裴注引王粲《英雄记》）③

可能是“被动标记·不·V”不符合汉语的语感，使用得不普遍，渐被淘汰了。曹小云（1999）也曾提到过《论衡·程材》中的例子：“守古循志，案礼修义，辄为将相所不任。”认为“一般的被动式中否定词总是放在‘为’、‘被’之前，构成‘否定词·为（被）·名·所·动’式”，是所谓的“优势语序”，而“此例否定词直接置于谓语动词之前”，“这种表达法”“一直是极其罕见的”。董志

① 参见张延俊（2006：65—66）。

② Cokoski（1978B：148），转引自薛凤生（1997）。

③ 参见何亚南（2001：156）。

翘（2000：347—348）提到“中世汉语”中曾出现过“N2 被 N1 不 V”，但因为“越出了汉语的正常轨道，故亦未为后世继承”。所举例子有：

至晚侍者问：“和尚被这僧不肯了便休?”（《古尊宿语录》卷一“大鉴下三世”）

洽谓孝绰曰：“某宅东家有好地，拟卖，被本主不肯，何计得之。”（《太平广记》卷二六五“刘孝绰”条，出《嘉话录》）

《董解元西厢记》第一卷中有一否定词置于“被”字之后的例子：

（张生）觑着莺莺，眼去眉来，被那女孩儿，不睬！不睬！

袁宾（1987）认为它是近代汉语中的 5 种“特殊被字句”之一。现代汉语的语序是这样，即使在中古时期也以状语在“见”前为常。①

据统计，包括 32 例“不·（见·V）”在内，《太平经》共有“状语·(见·V)”的结构 73 例，而包括 3 例“见·不·V”在内的“见·状语·V”结构仅见 5 例，“状语·（见·V）”与“见·状语·V”二结构例数之比是 73：5。

值得一提的是，《太平经》此类结构中的状语的语义指向都是结构中的“V”，状语用词有：独、不、当、亲、犹、皆、正尚、悉共、复、尚、无、并、更、重、反复、悉、尽、欲、特、久、长、得、时、数、便、遂、辄等。比较集中的是“不 35”和“当 13”等。

3.“见”字被动式的感情倾向

① 胡敕瑞（2002：123—125，131—134）两次提到“反面扩充”。认为“扩充是指由综合变为分析，简单来说就是原来由单音词表达的某些义位，解析为由复音词来表达。扩充可以分为正面扩充和反面扩充。……反面扩充是从否定的方面进行解析”；反面扩充是创造新词的一种极为经济的方式，因为它只需要在某个形式上再添加一个否定的标记就可以构成新词语。佛经中出现了不少类似的否定说法，如“不好”“不少”等等。“词化是指一些本来不是词的形式由于经常连用的缘故而凝固成词”；“不世”经常连用，结果断取（省略后面动词）出来而形成了一个词。同时指出，“不世”之所以能凝固成词，可能与东汉时代反面扩充词语大量产生有关。由于“非一”“不同”“不少”“无数”等否定型词语的大量涌现，使“不世”的形式易于接受。一大批由否定词构成的虚词如“不必”“未必”“不须”“未曾”等也在这一时期形成或定型，其中不少是由非词形式凝固成词的。“被动标记·不·V”的偶现可能与这个语言大背景有一定的关系。一切语言现象都有一个从言语个例到语言事实的过程，但“被动标记·不·V”没有发展成熟时就被淘汰出局了。

据统计，12例“见·动·於·宾”被动式中，对受事主语来说，有8例“逆意”动词；184例“见·动”式被动句中，动词本身表“逆意”的有67例。又考察“不·见·V”与“见·不·V”，其“V”大多是顺意的，则35例“不·见·V”与“见·不·V”中又有大约一半是表示“逆意”的。综合看来，《太平经》中的“见”字被动式表示逆意已占相当比例。这不是“见”字被动式与生俱来的特点，而是在长期的使用过程中形成的。

《太平经》“见”字被动式多叙说与帝王或“天”有关的事情——《太平经》的大部分篇幅都是“天使”的对话，对话一方是“见遣于天”的“（天）师”，他“见信而见遣下语”，“下与真人共议天下，分别其曲直，使德君与贤者俱思惟之，使可万万世传，后生者歌诵以为常法而不复忘也”；对话另一方是“见使主问是”的“六真人”。① 在封建社会里，皇帝的意志是不可违抗的，被皇帝召见或召问都是一种特殊的恩荣；道教世界里，“天”更是至高无上的尊者，不仅先知先觉，而且拥有无上的权力，生老病死甚至活多长都由“天”决定，天之使者也权力不小。语言是思想的流露，“见”字被动式不离他们唇吻，言语中下意识地夹着、嵌着“见”字被动式就不奇怪了。这可能是《太平经》中“见”字被动式占有标记被动式比重最大的原因之一。

另一原因可能与本书的成书过程有关。《太平经》成书目的是“为大道德之君解其承负，天地开辟以来，流灾委毒之谪”，使“灾害都扫地除去，其治洞清明，状与天地神灵相似，故名为大洞极天之政事也”。② 书的基本性质是政治性的。所以要编写本书，是因为河雒文图及其他神书以及圣贤经传，内容虽极充分，但“各长于一，而俱有不达”；且“各作一事，亦复不同辞，是故各有不及，各有短长”，“不能悉除天地之灾变”，③ 有加以统一的必要，即《太平经》企图建立统一神学。这就决定了本书成书的方法是综合已有各种科学迷信，去其矛盾和重复，择其要言善言，加以改编，而不是与之相对立，或完全另起锅灶——这使《太平经》具有“神学大全”或“神学法典”的性质。为了建立这个神学的体系，编辑者多方搜罗，广泛寻求，以至“下及奴婢，远及夷狄，皆受其奇辞殊策，合以为

① 参见第二章第二节“二、（二）2”及第四节“二、（四）1.（2）”。

② 参见《太平经》卷四十一《件古文名书诀》。

③ 参见《太平经》卷四十一《件古文名书诀》。

一语，以明天道”。[①]《太平经》不是作为一种全新的、前所未有的道教“教义”出现的，也不是众多的道教徒在不同时间不同地方自发创作的，而是综合已有的神学迷信而形成的——其内容庞杂就是由这种情况决定的。《太平经》内容虽极庞杂，却又是经过有计划的选择的。文中多处文字表明它的编辑或编写是有计划和组织的，是在统一的指导思想下，由一个集体（众贤明）逐渐完成的。这可能是“神学大全”《太平经》中的“见”字被动式较多的另一原因吧。

4.“见为”式4例

“见”字被动式也会出现变异形式。“见”字本来是一个主要的被动标记，但是在《庄子·至乐》“烈士为天下见善矣”和《太平广记》第三百八十卷“韦延之”条“被人见讼”中，“见”字已经失去了作为被动式主要标记的作用，因此，“见善”和“见讼”可以视为“见”字式的变异形式。这种变异形式的发生原因是，“见”字式没有一般前附加施事成分，语言的表达者为了能够首先传达施事者的信息，便将“见”字式和“为”字式、“被”字式进行套用。[②]

当“见”“为”都是被动标记时，在语言用户眼中就是同义（语法意义）词了；既然是同义词，就可并列使用，同义连文的“见为”也就出现。详见第二章第二节“二、3.2.2‘见为’式4例”。

5.“见”字式在各部的分布情况

表2-3 《太平经》“见”字被动式在各部的分布情况

类别 / 分布	见V	见V於A	备注（类化产物）	次数	比重（%）
丙部	21	3	“见AV”1例	25	12.5
丁部	9	0	“见AV”1例	10	5
戊部	2	0		2	1
己部	37	7		44	22
庚部	115	2	“见AV”1例，“见A所V”1例	119	59.5
合计	184	12	4	200	100

《太平经》内容庞杂，却又是经过有计划的选择的。尤其是庚部，与其他几部

① 参见《太平经》卷九十一《拘校三古文法》。
② 这种变异形式的产生，还导致了“见”字指代词用法的形成。参见王洪君（1991）。

基本以对话为主、口语色彩极浓很不同，它基本是说教体，语言相对流畅和书面化，显然经过细致的加工整理。加工时可能会有意“仿古”，于是“见”字式就频频出现。这可能是庚部“见”字式特别多的一个原因吧。①

三、《太平经》中“见”字被动式在语法史上的地位②

萌芽于西周时期的“见”字被动式在秦汉时期已经发展成为一种常用的有标记被动式，有使用频率提高、主语生命度降低、施事成分结构复杂化、状语成分的丰富化等表现。但是进入中古以后，“见”字式的势头变弱，并逐步走向衰微。从“见”字式的使用频率、语法结构和适用范围上看，中古时期“见”字式基本上处于停滞不前甚至萎缩的状态，已经临近其发展的尽头，并逐步退出历史舞台。“见”字式的衰退以至消失与“见”字式本身的结构③和“见”字的语义特点有关。④

引进施事成分是有标记被动式的主要职能，不能引进施事成分，就意味着它不可能发展成为新型健全的有标记被动式。“见 V 於（于）A”式是“见”字式跟“於（于）”字式的套用，而“见 V 於（于）A”结构不适应汉代以后汉语新的句法格局：西汉之前“於（于）”字被动式具有压倒优势，但中古汉语中，用“於（于）”字介进动作行为施事者的被动式正在迅速从表达系统中退出，这直接动摇了“见”字式介进行为施事者的句式基础。随着“於（于）”字被动式的消失，带施事成分的“见 V 於（于）A”失去了它存在的平台。另外，“见”字被动式的主语在生命级别上有严格限制，即它只能是具有高生命度的人类或人类组织，在

---

① 关于庚部，第四章第二节“4. 庚部有标记被动式特例分析”将专门探讨。

② 参见张延俊（2006：64—68，83—87，117—118，153，219—220）。

③ “见”字式一般有两种形式，即“见 V”和“见 V 於（于）A”式，但带施事成分的“见 V 於（于）A”式是不适应汉代以后汉语新的句法格局的。参见何亚南（2001：146）。

④ 被动语法标记“见”的前身——动词“见”字，本来有“见到”义，这就决定了“见”字式形成初期主语的生命度特征，那就是表示有生命、有意志的人类。到春秋战国时期，“见”字式主语的生命度开始出现一定的变化，国家之类的概念进入“见”字式，“见”字语义进一步虚化。虽然国家与人物密不可分，但国家与人物毕竟不同，人物能实施“见”的行为而国家不能，以国家作“见”字式的主语，反映“见”字式主语范围扩大，“见”字语义进一步虚化。另外，殷周时期“见”字式的施事成分仅限于名词，到春秋战国时期以后，随着“见”字式本身的巨大发展和“於（于）”字式的影响，由短语充任的施事成分开始出现，施事成分的语法结构变得复杂起来。但从“见”字施事成分的生命度来看，中古时期仍限于有生命和有意志的人类，没有非生物类。另外，“见”字“盛行于魏晋六朝”的“指代用法”，对其被动用法也是一个很大的冲击。参见王洪君（1991）、何亚南（2001：146）。

整个上古时期都是这样的，到中古时期也基本上是这样的，例外的情况很少。“见”字式的语义特点规定了它不适合于非生物主语，只适合于主语为人类的场合，这无疑限制了它的进一步发展。

从唐钰明的系列论文所调查的先秦至南北朝的数十种文献来看，除了《百喻经》未见“见”字式以外，其他文献中都出现了“见”字式而且使用频率较高。再仔细分析，会发现这些文献有一个共同点——文言成分较多。[①] 据曹小云(1999)，在《论衡》中“见·动”式52例，“见·动·于·宾”式3例，共55例“见”字式，占《论衡》有标记被动式总数164例的33.5%。据何亚南（2001），在《三国志》和《三国志注》的被动式中，“见”字式的使用频率仅次于“为”字式，占被动式总例数的37%，比“为”字式只少了10个百分点。表面上看，“见”字式的使用仍处在全盛期，但透过表面却隐约可以看到这种句式即将走向衰微的迹象：据唐钰明（1987），在《搜神记》《世说新语》等一些口语成分较重的中古文献中，“见”字式均已完全销声匿迹了。

虽然“见V”式在东汉已经趋于衰落，中土文献的使用频率是19%，比较“白”的典籍的出现频率是4%，[②] 但《太平经》中“见”字式使用频率却高达55.1%，这不能不归结于它的文言色彩比较浓。另外，《太平经》200例“见”字式竟有119例出现在庚部中，占《太平经》有标记被动式的33.1%，这又更能说明庚部的文言特色。[③]《太平经》“见”字被动式的特殊性已经引起我们对该书的注意。

---

① 胡敕瑞（2002：106）就认为：《论衡》未必如人们所想象的那样是东汉口语的反映，因为与同期佛典相比，它的用词显然更文言化、也更陈旧。

② 据张延俊（2006：119），中古时期的几部文献中，“见”字式使用频率合计平均占15%；据高列过(2003)，东汉佛经“见”字式只占1.2%。

③ 原因分析参见第四章第一节“二（二）”及第二节“四”。

第二章 《太平经》中的“为”字式、“所”字式和“被”字式

第一节 名动词转类概述

一、名动词转类研究的必要性

名动词转类关系到汉语的本质特征，一直吸引着语言学者们的研究兴趣。

一般说，指称与陈述是一对对立的范畴，名词与动词之分，本质上就是指称与陈述之分。但二者又有统一的一面。语言中广泛存在的名词、动词的互相转化，实际上就是这种统一性起作用的结果。词类转变是语言中普遍存在的现象，在古汉语中尤为多见。名动词类转变的顺序问题也就是孰为本类孰为转类的问题。这是一个最为基本的问题，只有把这个问题弄清楚了，才有可能对名动词类转变的本质特点有一个清醒的认识。

朱德熙先生于1983年发表了《自指和转指》一文，提出了语言中的指称成分和陈述成分可以相互转化的观点，并着重讨论了先秦汉语中谓词性成分指称化的两种类型：自指和转指。陈平（1988）指出：“现代语言学的调查证明，名词与动词存在于古往今来的所有语言之中。就最典型的事物而言，他们都占据一定的空间。行为动作则与此不同，它们最显著的特点表现在时间方面。名词的特点往往同空间特征有关，动词的特点往往同时间特征有关。”张伯江（1994）进一步指出：“名词与动词是两个最基本的词类。其他词类大多是从这两个词类里分化出来的，共时的菜单现也可以看出（它们）介于（名动）两者之间。”这实际上是对词类活用机制的一种探索。此后，有关词类活用、词类漂移（游移）、古今汉语谓词性成分名物化的文章陆续发表，形成了一个引人注目的现象。在古汉语里，谓词性成分指称化的途径比现代汉语丰富，形式标记也比现代汉语多，并且现代汉语

指称化的标记“的”来源于古代汉语，因此，古代汉语谓词性成分指称化的现象应该受到古汉语语法学界的重视。宋绍年（1998）认为，在谓词性成分转化为名词性成分的范围内，转指加频率可以作为确定某成分语法性质的标准。转指和自指的概念是同句法成分的提取概念密切相关的，转指即提取了句法成分，而自指却未提取句法成分。汉语（包括古今汉语）里没有纯粹的名词化标记，只有指称化标记。①

在汉语历史上，被动式的不同句式之间曾经历一场激烈的竞逐，有些由微而盛，有些则被取代。先秦汉语流行的被动式有“V（於）于A”“见V”“见V（於）于A”“为AV”等，在秦汉之交又兴起“为A所V”。“被V”在先秦已有但罕见，且其中的V可分析为已名词化。在两汉之际，“见V”和“为A所V”并行而进。到东晋时，其中的“见V”才渐为“被V”所取代。“被AV”虽在东汉已经萌芽，但在六朝时这个句式并不发达，进入隋唐，其势才压倒“为A所V”。也只有“被AV”兴盛之时，“被”字被动式的发展才算基本完成。②

讨论“为”字式和“被”字式等被动式的发展，必然涉及名动词类转变的问题。张延俊（2006）认为，从生成机制看，“为”字式、“见”字式、“被”字式等是改造类有标记被动式，即由无标记被动式同化一部分发生特定变异的系动式、遭遇和遭受义动词谓语句而成。改造类是汉语有标记被动式的主体，这种有标记被动式形成的途径是无标记被动式的同化作用，同化作用的实现需要具备三个主要条件，其中一个就是“源句式”的宾语是及物动词或者可以理解为及物动词的动名兼类词。

姚振武（1999）说：“‘为（N）V’虽然是指称式，但它可以用来表陈述，因为说‘（栾黡）为诸侯笑’（《左传》）（栾黡成为诸侯嘲笑的人）也就意味着‘栾黡被诸侯嘲笑’。”周法高（1956）指出了“为”字被动式的特点：“‘为……所……’的被动式本来是由近乎判断句的用法演变来的。而单用‘为’字的被动式，有时也和判断句的用法相近。”即，“为”字被动式一方面具备了被动式的身份，而另一方面又具有判断句的性质。

刘世儒（1956）说：“（侵、辱等）这种动词还是名词性的，是拿来充当宾语

① 参见宋绍年（1998），下文还要再介绍。

② 魏培泉（2000）认为“到东晋时，‘见V’才完全为‘被V’所取代”。“完全”的说法不准确。

的，不是用来充当谓语的；谓语仍用‘被’来充当。”

太田辰夫（1958）认为，“被”原是动词，名词放在“被”的后面作宾语。但在有些例子中，“被”后面的词语可以理解为名词，但也不是不能理解为动词。这是由于在汉语中多数抽象名词本身也就是动词，[①]“被”已经是助动词了。即使“被”是动词，它后面的宾语也多是抽象名词，不太用普通名词。但是名词能带修饰语，所以作为“被”的宾语的名词带修饰语的也多起来了。比较：

《世说新语·德行》：“鼠被害，尚不能忘怀。”→《世说新语·方正》：“亮子被苏峻害。”

《贤愚经》：“本作何缘，今现得道，被毒而死？”→《孛经抄》：“民被其毒，王不觉知。”

例中的“害”和“毒”是名词，但也可以看作动词，可以说是名词性较弱的。但是，“苏峻”之类作为名词却是固定的，代词“其”作为独立词的倾向从相当早的时候起就已很显著。和修饰语作为名词是固定的这一点相反，被修饰语的名词性却比较弱，也很容易被用作动词，这样的结果，主客就颠倒了，原来是修饰语的变成了主语，而原来的被修饰语变成了它的述语。[②] 这就是现代汉语用“被”的被动句的起源。[③]

薛凤生（1997）也说：“‘被攻’跟‘被谤’（按：指“忠而被谤”之“被谤”）很明显都是动宾结构。就是说，尽管‘攻’跟‘谤’都是动词，它们都是前面动词的宾语。因而，这两句字面上都可以分析为：‘遭受—攻击’跟‘遭受—诽谤’。”从来源上说，把“被侵”等理解为动宾结构无疑是正确的，当然，从受到汉语无标记被动式同化影响这个角度来看，也完全可以视为“被”字式，实际上，现在许多人也正是如此看的。

张文国（2005）首次采用“功能筛选法”，并参考各种词性的构词能力，对古

---

① 比如：(1) 信而见疑，忠而被谤。(《史记·屈原贾生列传》) (2) 错卒以被戮。(《史记·酷吏列传》)

② 胡敕瑞（2002：270—271）提到：“在《论衡》和上古汉语中，有一些双音结构词语，其中说明状态的素材通常放在被说明者的后面；而在佛典中这些词语结合序位正好颠倒，说明状态的素材一般放在被说明者的前面。这些词语仿佛是由一种陈述的结构转为修饰的结构，这种现象值得深入研究。”

③ 参见太田辰夫（2003：226—227）。

汉语名动词类转变的顺序问题做了深入的探讨，认为：词类转变的性质，即是兼类还是活用，取决于名词的词义特征和意义活动范围。理论上，作为一种语法现象，词类转变的发生与否取决于语言的内部因素，如词义的引申方式、意义的活动范围以及词语的语义特征等。语言的这些内部因素决定了某类词能否发生词类转变；如果能，这类转变又是怎样实现的，其稳定性又有多大，词类转变的范围有多大，等等。但是，在某一具体文本中，词类转变用还是不用，用得多还是少，却不取决于语言的内部因素，而是取决于语言的外部因素，如作者的用语风格、文体的形式要求以及文体的内容特点等。在这一点上，尤其以词类活用最为显著。①

名动词转类实在是太关键了，所以再介绍几篇相关文章的主要内容。

二、几篇相关文章的主要内容

（一）陆俭明《关于词的兼类问题》（1994）

陆俭明先生（1994）指出，现代汉语里有四类动词同名词有纠葛：一是“锁”类，包括“锄、犁、磨、锯”等；二是“代表”类，包括“编辑、导演、翻译、参谋、裁判”等；三是“报告”类，包括“汇报、申请、通知、计划”等；四是“研究”类，包括“调查、分析”等。陆先生把前三类处理为同音词，第四类仍处理为动词。陆先生确定词的同一性的标准是同义原则，这种确定词的同一性的原则及上述词类处理是合理而正确的。如果我们换一个角度看问题，就会看到，在同义原则背后似乎还有一个规律在起作用，这就是陈述转化为指称。前三类动词出现在以主宾语为主要代表的名词的语法分布上，往往指称化了，“锁”转指动作的工具，“代表”转指动作的施事者，“报告”转指动作的内容。正因为出现了转指化，人们才承认它们产生了新的意义，进而承认了它们的名词性质。“研究”类也可以出现在以主宾语等名词的句法分布上，但在这些句法位置上“研究”类只发生自指化，而不会出现转指化，所以人们不承认它产生了新的意义，进而“研究”类也就不可能转化为名词。

---

① 参见张文国（2005：148—165）及戴庆夏“代序”。张文国的做法和观点都很有启发性，下文“二、4. 张文国（2005）”还要再次提及。

（二）宋绍年《古代汉语谓词性成分的指称化与名词化》(1998)

在古代汉语里，也有类似陆俭明（1994）所述前三类动词的情况。古代汉语中谓词性成分转指化的现象比现代汉语更加广泛。问题的关键在于出现的频率，出现频率高的可以承认它们同音词的地位，出现频率低的只能归入活用。在谓词性成分转化为名词性成分的范围内，转指加频率可以作为确定某成分语法性质的标准。至于出现在主宾语位置上，只发生自指化的谓词性成分，仍然是谓词性的。

对“N之VP”(即“之”字结构）性质的认识分歧由来已久，不少人认为它是偏正结构，即名词性成分。[①] 吕叔湘先生（1959）指出：“这里的‘之’的作用可说是化句子形式为主谓短语。”我们认为，“之”是自指化的形式标记，“N之VP”是自指化的主谓结构，因而它不是名词性成分，而是谓词性成分。同“N之VP”密切相关的是“其VP”。其＝名词＋之，“其”和“之”同样是谓词性成分自指化的标记，“其VP”也是一个自指化的主谓短语。

在讨论了谓词性成分无标记的指称化现象和有标记的指称化现象后，宋绍年认为把主宾语位置上的谓词性成分一律看作名词性成分，是名物化的偏颇；把“者、所、之、其、的”等指称化标记一律认作名词化标记，从而把指称化和名词化完全等同起来，似乎也是一种偏颇。这两种倾向在不同程度上都离开了汉语的特点。

（三）姚振武《“为”字的性质与“为”字式》(1998)

姚振武（1998）对“为”字被动式及“为”字的性质有深入的探讨，认为：从春秋晚期的“为（N）V”到战国末年的“为N所V”，体现的是由指称式到语句（被动式）的转变；指称式与语句在语用平面的兼容性，是导致它们互相转化的主要原因之一。“所”字的介入使“为（N）V”式用于陈述获得了自己特有的形式，从而有了极大的自由，真正的被动式乃告产生。

整个春秋战国时期，经常进入“为（N）V”式的及物动词只有“笑、戮（僇）、禽（擒）”等少数几个，而这几个动词所表示的行为在当时各国之间是经常发生的，这就使“为（N）笑/戮（僇）/禽（擒）”这种形式具有某种熟语的性质，指称的性质比较明显。而“所”字的介入，使能够进入此式的动词性成分呈爆发性的增长，仅对《史记》的统计就有“败、杀、执、夺、围、苦、笑、禽、

① 张世禄（1959）称“N之VP”为“偏正化的主谓结构”。

得”等二十余个，几乎没有限制。显然，这是语句正式确立的一个标志。

由“戮（僇）、笑、用”等为主要动词的“为V”式先秦出现比较频繁，常常被认为是语句。从现代的角度看，它们的“为”都可以换上“被”，而且很通顺。这也许是它们被看作语句的主要原因。但经过仔细观察，我们发现它们可以在语境中与其他指称性成分形成连文、互文，还可以扩展成指称性成分，这说明二者性质是一致的，即均为指称式。我们还可以在前面加上介词“以”，形成“以……为……”或“以为”式，而这是只有指称性成分才能进入的句式。

至战国晚期，出现了“为N所V”，但此时的“为N所V”式尚属凤毛麟角，据唐钰明（1985，1987）对战国晚期包括出土文字数据在内的9种典籍的穷尽性调查，仅得7例。而时至西汉，仅一部《史记》中就有86例，可以说是爆发性的。无法否认“为N所V”式是语句的，也就是说，它是真正的被动式。①

“为N所V”式显然是从“为（N）V”式发展来的，但这种发展不是一种简单的扩展，而是对“为（N）V”内部变异要求的一种满足。当时语言中缺乏一种专表受动语义关系的语句，因此有时把这种指称式用于陈述是十分自然的；但这种用法由于受到句式本身的限制，必然是很不自由的。“为（N）V”式表陈述的需要与形式上的制约相互作用，终于迫使形式本身做出调整，以满足陈述的需要。这种调整就是“所”字的介入。“所”字使用的直接原因就是大量纯粹动词进入“为”字之后的位置：由于纯粹动词不能像动名兼类词那样兼表动作行为的对象，所以语言表达者为了要表示动作行为的对象，就理所当然地在动词之前使用了一个“所”字。“所”的添加是系动式影响的结果——是为了保持宾语的名词性和所

---

① 理由如次：(1) 许多“为N所V”，其上下文只能容纳陈述性成分，而不能容纳指称性成分。尤其是有的“为N所V”例后带了处所状语，而指称式不可能带处所状语。(2) 判断句如果主语和表语具有同一性，则其间的“为”往往可以省略，这是指称式的一个规律。如果“为N所V”是指称性的，则其主语、表语必具有同一性，“为”字也应该可以省略，但事实上却绝不省略，可见它不是指称式。“（N）V”式的“（N）V”有赖“为”字才能指称化，所以“为”不能省略。与此相关，以“N所V”直接作表语的判断句，主语和表语之间却不能插入“为”字。在我们的考察中，从未见有过“N为N所V”与“N，N所V”互为异文的资料。因为前者是语句，后在者是指称式，界限是分明的。(3) “所V”在绝大多数情况下只能指称受事，这就使“为N所V”只用于受事主语句，而不能用于任何其他类型的句子，这也是它与“为（N）V”式的一个重要区别。(4) “为N所V”式也绝不像“为（N）V”式那样能进入“以……为……”这种典型的指称式中。也就是说，没有“以N为N所V”这样的句式。如果“为N所V”是指称性的，却不能形成此式，这是说不通的。基于以上几点，我们认为，“为N所V”只能是语句的，是真正的被动式。参见姚振武（1998）。

在句子的系动性。① 当“为……所……”结构被视为被动式之后，“所”字也就完全失去了它原来的指代作用，而成为一个只能协调韵律的语法成分。

“为N所V”中的“为”已不是通常意义上的“为”，“所”也不是通常意义上的“所”，二者相结合共同转化为真正的被动式（语句）的标记。这一点还可以得到以下事实的证明，即其中的“为”可以由“被”来取代，形成“被N所V”式。这一事实大致发生在晋末。②

“为N所V”式爆发性地产生之后，“为（N）V”继续作为指称式与“为N所V”式保持区别。至少在西汉时期这一点是明显的。《史记》中“为天下笑”出现凡二十余次，从不作“为天下所笑”。“为天下笑”在先秦常常指称那些由于过失而遭到失败的国家或个人，有熟语的性质。太史公去古未远，知道真实情形，所以严守这一传统。与此相应，“为诸侯笑”“为天下戮”等先秦常用语，《史记》也不作“为诸侯所笑”“为天下所戮”。③

中国文人历来好仿古，对“为（N）V”之表指称，如果不经过系统深入的考察，单凭对某些句子的语感，确实是比较难看出来的。据考察，“为（N）V”表指称，在先秦是严格的，两汉也基本严格，魏晋时有少量表陈述的出现，可能与类化、省略等因素有关，也不排斥仿古的可能。再往后，尽管连“为N所V”式本身都被“被”字式取代了，“为（N）V”表陈述却并未绝迹，不过这完全是文人的仿古之作，不宜当作活的语言对待的。

（四）张文国《古汉语的名动词类转变及其发展》(2005)④

上文“一、名动词转类研究的必要性”已经提及张文国（2005）首次采用“功能筛选法”，并参考各种词性的构词能力，对古汉语名动词类转变的顺序问题做了深入的探讨，并首次讨论了文体与词类转变的关系，此不赘述。

1. 先秦汉语中，“特征义”决定了名词能否经常用作动词

张文国通过研究发现，先秦汉语中，“特征义”决定了名词能否经常用作动词。具有静态特征义的名词一般只能作名词使用，而具有动态特征义的名词则经

---

① “所”字是上古汉语中一个极为常见的助词，一般用于谓语动词之前和主语之后（即主谓之间），指代动词所指向的对象或与动词有关的时间、地点、工具、方式、原因、结果等名词性成分。

② 姚文引唐钰明（1987），认为这一事实大致发生在六朝末。其实应当更早一些，在晋末既已发生。

③ 当然，“为N所V”式与“为（N）V”式并存，可能还有音节上的原因。

④ 参见张文国（2005：122—130，354—357）。

常用作动词。具体是：虽然一“体”可以具有许多“相”“用”，但却只有一种“相”或一种“用”才能使此“体”与彼“体”区别开来。换句话说，它是此“体”特有的最显著的特征，与此“体”的关系最密切最固定。一说到此“体”，人们最先想到的就是此“体”的最显著的特征，即其最显著的“相”或“用”。既然如此，人们就可以拿体词来表示其最显著的特征，即体词很容易向相词或用词转变。可见，体词是转变为相词还是用词，取决于该词本身的显著特征。具体到名词身上，“体”之显著特征实际上就是名词概念义的特征义素；体词能拿来表示其显著特征实际上就是拿名词来表示其特征义。名词的词义本来包括特征义素与类属义素两部分，但是它可以偏移到特征义素一边，只用来指称特征义。

名词的词类转变本质上取决于名词的词义特征。特征义来自人或事物的形貌性态的名词，一般只能作名词使用，或用作形容词；而特征义来自人或事物的动作行为的名词，则能经常用作动词。可以说，是特征义决定了名词有无动用的可能。但是，某“体”的本质特征是什么，是来自“相”还是“用”，是来自哪一方面的“相”或“用”，这些都取决于造词之初人们对客观事物的认识水平。随着历史的发展，人们对客观事物的认识水平也在不断深入，对“体”的本质特征的认识也可能发生变化。后人对名词概念义的解说就不一定符合造词之初人们对事物本质特征的认识。名词的特征义难于确定时，我们可以反过来考察名词的用法。名词如果经常用作动词，就说明了其特征义很可能来自动作行为；如果一般只用作名词，其特征义则来自形貌性态。

2.“名动词”是先秦汉语特有的一种词类

如何判断名动兼类和活用是一个老大难的问题，张文国认为：“这个问题必须结合语义、语用、词频等才能解决，绝对不能只靠语法功能。”在对古汉语名动词类转变现象做了大量分析研究后，他总结归纳，确定了判断名－动兼类与活用的五条原则。五条原则科学明确，可操作性强。但是，按此标准，先秦汉语中，单音节名－动兼类词占名词总数的20%，这个比例已经相当高了；而且，更为重要的是，“这些词用作名词与用作动词虽有先后之分，但并没有主次之别。很明显，它们不同于以名词用法为主的名动兼类词，而是名动两种用法已经融为一体。从这个角度说，把它们单列为一类是十分必要的。我们姑且称之为‘名动词’，它是先秦汉语特有的一种词类。”这个结论的得出甚为重要。“名动词”这个独特词类的确立，将十分有助于进一步认识先秦汉语语法，尤其是词类的本质特点。

张文国认为，“汉代以后，‘名动词’走上了两条不同的发展路线：一是在仿古文中，‘名动词’得到了无条件的继承与模仿，以致被盲目地‘发扬光大’，产生了许多临时的‘名动词’，亦即名词活用作动词。二是在比较接近口语的文献中，‘名动词’逐渐向名词或动词的单一词性分化。”“名动词”的发展变化在汉语语法发展史的研究上具有十分重要的价值，值得进一步研究。

张文国指出：“研究表明，先秦汉语中，名词活用作动词的现象大部分是由于盲目模拟‘名动词’而产生的。”“文体特点也是名词活用作动词现象产生的一个间接原因。”“另外，拈连顺带也能产生名词活用作动词的现象。”

（五）张延俊（2006）对“为”字式、“被”字式等的有关论述①

张延俊认为，从生成机制看，有标记被动式可分为两大类：组合类，如“於（于）”字式，通过无标记被动式添加施事成分而成；改造类，如“为”字式、“见”字式、“被”字式等，由无标记被动式同化一部分发生特定变异的系动式、遭遇和遭受义动词谓语句而成。改造类是汉语有标记被动式的主体，这种有标记被动式形成的途径是无标记被动式的同化作用，同化作用的实现需要具备三个主要条件：（1）源句式的宾语是一个及物动词或者可以理解为及物动词的动名兼类词；（2）源句式的主语可以理解为宾语中及物动词的受事成分；（3）源句式的谓语是弱动作动词。

从春秋到西汉，“为”字式在发展中形成了多种变体形式，“为V”“为AV”式是两种主要变体，其余等属于次要变体。战国中期以后“为A所V”式变体出现。在“为”字式的各种变体中，“为A所V”式发展得最快，“为V”“为AV”式次之。“被”字式的主要变体形式是“被V”式与“被AV”式，它们是在无标记被动式的同化影响下形成的，而“被A所V”式和“被A之所V”式属非主要变体形式，它们是在“为”字式的两种变体——“为A所V”式和“为A之所V”式类化影响下形成的。柳士镇（1992：327）就曾指出：“这种影响集中表现为‘被’字式由于受到‘为’字式的类化作用，而相应地产生了各种纷繁的结构形式。由于‘为’字式的发展居于主动地位，因而与之相比，相应的‘被’字式总要显得晚近许多。”

---

① 参见张延俊（2006：87—89，90—94，97—99，204）。

1. 关于“为”字式及其变体

通过对被动式的历时考察和研究，张延俊提出：当系动式中系词“为”的宾语或宾语中心语被理解为及物动词的时候，这个系动式就会被视为被动式；“为”字被动式经历了主动式——系动式——“为”字被动式的演变过程。在战国中期以前，即在“为A所V”式出现以前，“为”字式还处于萌芽状态，具体表现在：(1) 能够用在“为（N）V”中的动词（V）数量太少。在春秋和战国前期的文献中，可以被理解为“为”字被动式的用例有数十例，但是谓语动词只局限于“戮、禽、笑”等极少数几个；(2) 谓语动词的及物性不强。“戮、禽、笑”等在上古汉语中，它们既可以用为动词，也可以用为名词。“为”字被动式真正成熟于《庄子》时代——战国中期以后，因为从这个时代开始，出现了“受事主语·为·施事成分·所·及物动词”式，即所谓“为A所V”式，“为”字式的谓语开始由真正纯粹的动词充任，而此前基本上是由动名词充任的。

据现代学者研究，“为”在甲骨文中是“从手从象”之形，其意为“做”，后来引申为“从事、制作、治理、治疗、学习、研究”等，在句中充任及物动词谓语，所在结构（短语）为主动式。《广雅·释诂》：“为，成也。”“成”就是“变成”“成为”，这是“为”字进一步引申出来的语义，后来又在“变成”“成为”的基础上虚化出一种系词的用法，[①] 其实，“变成”“成为”也属于关系词的范畴。以“为”作系词的系动式在先秦汉语中也是常见的。在这些“为”字系动式中，如果“为”的宾语是一个既可以理解为名词、又可以理解为动词的动名兼类词，那么它就具备了可以被视为“为”字被动式的条件了。

薛凤生（1997）也认为，“为”是一个及物动词，意思是“做、作为、当、承当”；其引申义为“变成”。因此，作为一个动词，它总携带一个宾语。从发话者的主观认知来说，要是他认为A跟B两个事物之间的关系是固定的、恒常的，那么相当于英文中的一句“A is B”（A是B），用古汉语来说，就是“A，B也”；要是他觉得二者的关系是暂时的、相对的，那么他就用“A为B”的形式。如果我们忽略了这种不同，那么“为”所负载的微妙的语意涵蕴就会丧失无遗。我们一旦充分了解了“为”字的语意涵蕴及其句法要求，那就很容易看到，当语汇动词（lexical verb）充当“为”的宾语时，这个宾语动词的作用便不是动词，其功能只

① 参见洪诚《洪诚文集·雒诵庐论文集》第1—34页，江苏古籍出版社2000年。

相当一个名词性的成分。

总之，“为”字被动式是由“为”字系动式转化而来的，转化的条件主要是它带动名兼类词，而“为”字又是一个弱动作动词，转化的途径是汉语无标记被动式的同化。[①] 在“为A所V”式变体出现之前，“为”字式的谓语一般由动名兼类词充任，因此处于萌芽时期；从“为A所V”式变体开始，纯粹动词开始进入“为”字式，于是“为”字式便进入成熟时期。另外，从“为”字式谓语和施事成分的语法结构、主语和施事成分的生命度以及“为”字式的语法功能来看，到西汉时期，“为”字式已经成为一种比较成熟的有标记被动式类型，其中“为A所V”式发展最快，在《史记》中已经超过其他变体甚至类型，居于第一[②]，为东汉至隋时期的高度繁荣奠定了基础。在“为A所V”式的带动下，不带“所”的“为”字式也变得更为成熟起来，谓语也不再限于那几个常用的动名兼类词，而出现了一些纯粹动词。

2. 关于“被”字式

“被”字，《说文解字·衣部》释为“被，寝衣也”，在上古时期的汉语中一般用为动词，义为“覆盖”，所以刘熙《释名·释衣服》认为“被，被也，所以被覆人也”。在上古汉语中可以引申为“穿戴”“装扮”“披”等意义。“被”字最初在主动式中充任谓语，带受事宾语或者工具宾语。“被”字可以用于“於（于）”字被动式（有时隐含“于”字）中，这时的“被”字表示“被覆盖”。受汉语主动式的类化影响，这种简略的“於（于）”字被动式很容易转化为受到义动词谓语主动式。在受到义动词谓语主动式中，当宾语是一个纯粹名词时，所在短语是不会转化为被动式的，而当宾语是一个动名兼类词时，所在短语就会具备在汉语无标记被动式同化作用下，转化为“被”字被动式的条件。

总之，名动词转类关系到汉语的本质特征，关系到对“为”字式、“所”字式和“被”字式等的描写与解释，所以专立一节作以上探讨。

---

① 汉语被动式同化作用的实现与人的注意力转移有一定关系。根据认知心理学的观点，人类的知觉场始终被分成图形和背景两部分，图形这部分知觉场，是看上去有高度结构的、被知觉者所注意的那一部分，而背景则是与图形相对的、细节模糊的、未分化的部分。但是，随着注意点的改变，图形和背景也是可以相互转化的。注意点之所以会发生变化，这与客观事物的特点和变化有关。一般来说，运动着的事物容易引起注意。人的注意点之所以会从“为”转移到及物动词，这与及物动词的强动作性有关。

② 据唐钰明（1987）统计，“为”字式及其变体的使用次数在《史记》中分别是：“为V”式12例，“为AV”式34例，“为A所V”式70例。

第二节　《太平经》中的“为”字被动式

一、“为”字式概述[①]

上一节我们对“为”字式的产生、兴起和发展以及产生机制等已有所介绍，此从略。[②]“为”字被动式经历了主动式——系动式——“为”字被动式的演变过程。系动式本身的语义和“为”的词性都有利于系动式转化为被动式；“为”字系动式转化成“为”字被动式的条件主要是它带动名兼类词，而“为”字又是一个弱动作动词，转化的途径是汉语无标记被动式的同化。

在战国中期“为A所V”式出现以前，“为”字式的谓语一般由动名兼类词充任。战国中期以后“为A所V”式变体出现，标志着真正纯粹的动词开始进入“为”字式，标志着“为”字式开始逐步走向成熟。到西汉时期，“为”字式已经成为一种比较成熟的有标记被动式类型并获得迅速发展：使用频率提高到43%，超过了占比例27%的“於（于）”字式，上升至第一位。进入中古时期之后，“为”字式的使用频率又进一步提高到66%，高出“被”字式51个百分点，居各种有标记被动式类型之首。该期“为”字式包含多种变体形式。各种变体的“为”字式汇聚起来，俨然一个数世同堂、人口众多的大家族。在“为”字式的各种变体中，最基本的变体是“为V”式，其余变体是在它的基础上添加施事成分和“之”“所”“见”“而”而成。

张延俊（2006：129）分析了“为A所V”式变体获得巨大发展、并最终取代“於（于）”字式在有标记被动式中的主流地位的原因：

第一，“为”字作为被动的形态标志比“於（于）”字更明确。

第二，适应句法结构的历史性调整。由于补语等成分的发展，句子谓语动词之后的位置变得拥挤，介宾短语的生存空间缩小；由于谓语动词后介宾短语中“於（于）”字省略造成的语义混淆和语言临摹性的需要，表示动作行为起点、经由和施动的介宾短语不再适合居于谓语动词之后。“为”字式能够适应这种结构调

---

① 参见张延俊（2006：87—89，90—94，100，119—129，153—154，201，217—218）。

② 参见上节“二、（五）1关于‘为’字式及其变体”。

整的要求，因为它的施事成分是居于谓语动词之前的。

第三，与不含施事成分的“为 V”式相比，含有施事成分的有标记被动形式“为 A 所 V”式更具有明晰性，因此更容易被采用。

第四，与不含有“所”字的“为 AV”式相比，含有“所”字的“为 A 所 V”式更适应中古这个特定历史时期内汉语发展的特殊需要。众所周知，中古汉语仍然是单音词为主的，而当时的文风又是极力讲究音节整齐对应的，“为 A 所 V”式中的“所”字正可以与“单音动词”组成一个双音节的“所 V”结构，这种双音节的“所 V”结构完全可以适应在以单音词语为主的语言背景下追求语言形式美的现实需要。①

“为”字式（主要是“为 A 所 V”式）近古时期进入衰退期，仅在讲究典雅的书面语中还有一定的生存空间。②

二、《太平经》中的“为”字被动式

从春秋到西汉，“为”字被动式在发展中形成了多种变体形式，“为 V”“为 AV”式是两种主要变体，其余等属于次要变体。到了西汉时期，在“为”字式的各种变体中，“为 A 所 V”式发展得最快，“为 V”“为 AV”式次之。那么到东汉，《太平经》中“为”字式的情况如何呢？

《太平经》中有“为”字被动式 69 例，占全书有标记被动式总数的 19.2%。其中完整的“为 A 所 V”式有 33 例，另 36 例基本上是其前身或以它为基础的变式。见表 3-1。

---

① “为”字式在近古时期已经从口语中消失了，只在讲究典雅的书面语中还有一定的生存空间。“为”字式（主要是“为 A 所 V”式）的衰退可能与“为”字式的特殊结构有关。“为 A 所 V”式的结构特点是在谓语动词之前附有一个“所”字，由于“所”字可以与单音动词组成双音结构“所 V”，所以它可以在以单音节词汇为主的语言背景下满足语言用户追求韵律和谐整齐的需要，但是当语言不再过分追求韵律的和谐整齐时，尤其是当汉语的结果补语和状态补语发展起来以后，“为 A 所 V”式也就不再能够适应现实的需要了，这样，“为”字式也就自然而然地退出了口语。

② 唐钰明（1988）曾指出“为”字式退出口语的原因，认为“为”字在语义和用法上具有多样性，在语意表达上具有不明确性，对形同实异的“为×（之）所×”式的歧解，使它在与“被”字式等的生存竞争中必然处于劣势。

表 3-1 69 例"为"字被动式在《太平经》中的分布情况

格式	例数	占"为"字式百分比（%）
"为 V"式	6	8.7
"为 AV"式	23	33.3
"为 A 所 V"式（包括变式 7 例）	40	58.0
合计	69	100

（一）"为 V"式 6 例

该式的特点是不带施事成分；主语所指事物全部为人类，没有动物和非生物，生命度很高。在"为 V"式的谓语中，既有单音光杆动词，也有并列式的动词组合，动词组合的使用具有时代特色。如：

73. 今太上中古以来，多失道德，反多以威武相治，威相迫胁，有不听者，后会大得其害，为伤甚深，流子孙。（卷八十六《来善集三道文书诀》，四六九中）

74. 天今良平气俱至，不喜人为嫉贼，吾知天上有此言，今敢不下道之？不言恐为嫉贼，害在吾身。（卷一百十八《天神考过拘校三合诀》，五九四上）①

前文提到"为"字被动式经历了主动式——系动式——"为"字被动式的演变过程。当系动式中系词"为"的宾语或宾语中心语被理解为及物动词的时候，这个系动式就会被视为被动式。但是汉代以后，"名动词"走上了两条不同的发展路线，其中一条是在比较接近口语的文献中，"名动词"逐渐向名词或动词的单一词性分化。此条路线代表了先秦汉语的"名动词"在自然语言中的发展方向。②这可能就是口语色彩较浓的《太平经》中"为 V"式不多的原因吧。

（二）"为 AV"式 23 例

该式的特点是带施事成分，施事者基本为天地神祇或人类，都是有生命的或

① 关于本例和例 75 中的"贼"，参见第 59 页脚注②。

② 参见张文国（2005：355）。

被赋予生命。如：

75. 夫天上大神非贼人可为，便使人还此害克，故无大福也，当生反死，转为天贼也。（卷七十一《致善除邪令人受道戒文》，四六三上）

76. 故此四人者，皆共污辱天正道，甚非所以兴化而终古为天上天下师法者也。（卷一百十七《天咎四人辱道诫》，五八八下）

一般认为“为”字被动式最早由“为 V”被动格式演化出来的。“为 V”的特点是“为”字紧贴在动词前面，中间不能插进行为动作的施事者。当“为”进一步虚化成为被动标记以后，“为 AV”式也随之产生。“为 AV”式中的“A”与“V”到底是什么关系呢？柳士镇（1992：323）认为：“被动句中的施事者与被动动词之间在逻辑事理上也是一种主谓关系。”可能受太田辰夫（1958：227）的启发，[①] 张延俊（2006：120）认为：“施事者与被动动词之间的关系也可以理解为施事性修饰语和中心语之间的关系。”本文觉得这两种看法都有道理。[②]

1. “为 A（其/之）· V” 8 例

该式的特点是其中的“A”都是代词。其中“为其 V” 7 例。如：

77. 治百中百，治十中十，此得天经脉谶书也，实与脉相应，则神为其驱使；治十中九失一，与阴脉相应，精为其驱使；治十中八，人道书也，人意为其使；过此而下，不可以治疾也，反或伤神。（卷五十《灸刺诀》，四三一中）

---

① 前文第二章第一节“一、名动词转类研究的必要性”曾提及太田辰夫（1958）。太田辰夫（2003：227）论述了现代汉语用“被”的被动句的起源，认为：“被”原是动词，它后面的宾语也多是抽象名词，而汉语中不少抽象名词本身也就是动词。名词能带修饰语，所以随着语言的发展，作为“被”的宾语的名词带修饰语的也多起来了。修饰语基本是名词或代词“其”等，表达的是固定的事物。和修饰语作为名词是固定的这一点相反，被修饰语的名词性却比较弱，也很容易被用作动词，这样的结果，主客就颠倒了，原来是修饰语的变成了主语，原来的被修饰语变成了它的述语。

② 历时、共时的角度不同，看法也会有异。柳、张二说法，一是从被动句成熟后来说的，一是从过程来说的。偏正说是演变过程中的东西，主谓说是成熟后的东西。何乐士（2000：102）曾指出：“随着语法研究的深入，从汉语史的角度来看，似不宜笼统地把每部书都只作为一个研究单位，而应从实际出发对某些重要的历史古籍作深入具体的分析。”笔者支持何先生的观点，认为确实“不宜笼统地把每部书都只作为一个研究单位”，因为语言发展具有渐变性，《太平经》中的语言就有许多是过渡性质的。关于这以点，下文论述“为/被/其 V”中的“其”时还会再次论及。

78. 时以行客，赁作富家，为其奴使。（卷一百十四《大寿诫》，五七八中）

例中施事成分“其”为代词。用代词“其”来充任“为”字式的施事成分是本期新生的语法现象。柳士镇（1985）说：“第三人称代词‘其’字在上古以充任定语为常……这种充任‘为’字式被动句中施事者的功能，与它在魏晋时兼可充任主宾语的用法相一致，当为中古初期之语法现象。”据郭锡良（1980），先秦没有真正的第三人称代词。汉以后，指示代词“其”的使用范围开始扩大，除了继续充当定语外，还可充当兼语和介词宾语，甚至独立作主语。到南北朝时期，“其”第三人称代词的功能差不多都已具备，有取代“之”的趋势。可以说，汉以后，“其”由指示代词继续向人称代词转化，在南北朝的口语中，“其”可能已经成为真正的第三人称代词。《太平经》中的这7例“其”充任“为”为字式被动句中施事者的功能，恰是“其”由指示代词向人称代词转化过程中的语言现象。

“为之V”1例。即：

79. 神为之使，不妄白上，乃得活耳。（卷一百十二《写书不用徒自苦诫》，五六一上）

此例中“神为之使”的“之”指代的应该是“天”，“神为之使”表达的是“神被天使”的意思。“被天使”的神就是上文所谓的“天神”，也是下文将分析到的“天使”。

2. “为天使”“为天地使”等10例

80. 夫地为天使，人为地使，故天悦喜，则使今年地上万物大善；天不喜悦，地虽欲养也，使其物恶。地善，则居地上者人民好善，此其相使明效也。（卷四十《分解本末法》，三九六上）

81. 是故古今神真圣人为天使，受天心，主当为天地谈语。（卷五十三《分别四治法》，四三七中）

82. 过重谪深，四十年矣，乃得复上为诸神使，中者三十，下者其十，夺其所主，各有分理。（……仙士……出入表里，慎无误失，详谛所受，被天奉使，不可自在，当辄承命，不得留久，辄有责问不顷时矣。）（卷一百十二《写书不用徒自苦诫》，五六一上）

例中施事成分为“天”“地”“诸神”等特定事物。“天使”，意为天帝所使之神，天帝的使者。①《太平经》中大部分篇幅都是“天使”的对话，——对话双方“天师”（明师）与“（六）真人”都是天之使者。② 因此，例80、81、82均可看成“为”字判断句。但“天使”“诸神使”是既可看作偏正关系的又可视作主谓关系的。据柳士镇（1985、1992），“为……所……”式被动式在形成过程中受到过以“为”字作判断词、“所”字结构作宾语的判断句的影响，即“为……所……”式被动式与“为……所……”式判断句有渊源关系。可见，“为AV”式被动式也受到“为”字式判断句的类化。《太平经》中的“（主语）为天使”，就处在“为”两式的临界上——理解上是两可的。比较：

83. 此人上为天吏，天精神为其君长，君与吏相为使，吏者职在主行。（卷四十二《九天消先王灾法》，四〇一上）③

84. 故人生各有命也，命贵不能为贱，命贱不能为贵也。子欲知其审实，若鱼虽乘水，而不因水气而蜚，龙亦乘水，因水气乃上青云为天使乎！（卷七十一《致善除邪令人受道戒文》，四六三下）

例83中的“天吏”和本页脚注③中的“天神”都是偏正关系的名词性语法成分，例84中的“天使”同样可以看成与“天吏”和“天神”一样性质的语法成分，即视“（龙）为天使”为“为”字式判断句，“使”即名词“使者”之意。但“（龙）为天使”中，龙是“天使”（名词），“天使”（天的使者）就是被天“使”的人或物（龙），龙就是“被天使”的受事。这也就是我们把例80、81、82等处

① 《左传》《史记》及晋干宝《搜神记》等都有用例。

② 请看几例：（1）今吾乃见遣于天，下为大道德之君解其承负、天地开辟以来流灾委毒之谪。（卷四十一《件古文名书诀》，三九九上）（2）有疑者，为复来共议之，既见信而见遣下语，实畏天威，无可惜也。（卷九十《冤流灾求奇方诀》，四七九下）（3）吾亲见遣，为是事下，吾不敢有所匿而忿天也。（卷九十一《拘校三古文法》，四八一上）（4）天乃使子问是邪？（卷九十三《国不可胜数诀》，四九五上）

③ 又如：“熟念无置，行成天神矣。”（卷一百十二《写书不用徒自苦诫》，五六一上）

理为被动式的原因。

（三）“为A所V”式及其变体40例

1. “为A所V”式33例

这是完整的“为A所V”式，是中古汉语被动式的主流类型。《太平经》中的33例“为A所V”式，占“为”字被动式用例总数的47.8%，占该书有标记被动式总数的9.2%；动词仍以单音节为主，只有8例是双音节动词。它们在各部的分布情况如表3-2。

表3-2 33例“为A所V”被动式在《太平经》中的分布情况

分布＼类别	“为A所V”式		“为A所·双音节动词”式	
	例数	百分比	例数	百分比（%）
丙部	4	12.1%	1	12.5
丁部	1	3.0%	0	0
戊部	3	9.1%	0	0
己部	9	27.3%	5	62.5
庚部	16	48.5%	2	25
合计	33		8	100

“为A所·单音节动词”式、“为A所·双音节动词”式各举1例：

85. 凡人所以有过责者，皆由不能善自养，悉失其纲纪，故有承负之责也。比若父母失至道德，有过于邻里，后生其子孙反为邻里所害，是即明承负之责也。（卷三十七《试文书大信法》，三九〇下）

86. 故自克念过负，恐不解除，复为众神所疏记，而有簿文闻太上也。（卷一百十四《有功天君勑（敕）进诀》，五七五上）

（1）施事成分的构成

施事成分一律由名词或名词性短语充当，未发现由代词充任的。不过，有5例施事成分是“旁人2”“傍人2”和“人1”，有旁指意味，比较特别。如：

87. 为一人议，中悔而止，或为旁人所止，上书便在方道中止，意以其所匿事罪之。（卷八十六《来善集三道文书诀》，四七四中）

88. 解人怨仇，多施酒脯，甘美自恣，当时为可，后为人所语；轻口骂詈，咒诅不道，诈伪诽谤；盗人妇女，日夜司候，邀取便者，卖以自食；衣履欲好，竞行鬬（斗）辩，不从道理，欲得生活，何从得久！（卷一百十二《衣履欲好诫》，五六四下）

33 例中有 16 例施事成分是单音节，17 例是复音节的，二者之比是 16∶17。单音节施事成分 16 例主要是：天 2、邪 3、下 1、道 1、神 5、人 1、鬼 1。双音节施事成分有 13 例，占 33 例施事成分的 39.4%。这 13 例双音节施事成分，采用并列法构词的是：邻里 1、天地 1、鬼神 1，采用偏正法构词的是：三统 1、大邪 1、旁人 2、傍人 2、狂邪 1、大神 1、天神 1、众神 1。① 有的施事成分则比较长，如：

89. 狱者，天之治罪名处也，恐列士善人欲为帝王尽力，上书以通天地之谈，返为闲野远京师之长吏所共疾恶，后返以他事害之，故列宿乃流入狱中也。（卷八十六《来善集三道文书诀》，四六八下）

90. 天上地下中和之间，皆自有主，为有知之人作相之法所抵，思生者与天道同愿，恶者自亡年，可不慎哉？（卷一百十二《贪财色灾及胞中诫》，五五九中）

（2）施事成分的生命度

从施事成分所表示的生命度来看，除了“邻里”“旁人”等人之外，大多指的是神仙世界里的神灵地祇，少数指的是无生命的“风雨”等。② 例如：

91. 夫南山有大木，广纵覆地数百步，其本茎一也，上有无訾之枝叶实，其下根不坚持地，而为大风雨所伤，其上亿亿枝叶实悉伤死亡，此即万物草木之承负大过也。（卷三十七《五事解承负法》，三九二上）

① 由这些施事成分也可看出它们多出现在谈论神仙世界的语境中。

② 其实，在道教的神仙世界里，即使“风雨”等也是有生命的。

92. 是故昔者圣贤深知此为三统所案行，故其制法，不敢违离真道与德仁也。（卷四十九《急学真法》，四二六下）

93. 大猾邪常或乃来入人之腹中，动人之心，使人心妄为，故也时时怒喜，不能自禁止，皆为邪所误也。（卷七十一《致善除邪令人受道戒文》，四六三上）

94. 小人则且上入祆言而死也，或数争辩口而妄言也，或为鬼神所惊，因而病狂也。（卷九十八《神司人守本阴（荫）佑诀》，五一二中）

(3)“为A所V”式的感情倾向

《太平经》中“为A所V”式33例，基本表示与受事主语“逆意”的倾向，仅有5例表示“顺意”。出现在“为A所V”结构中表“逆意”的动词主要有：害、伤、误、断绝、疾恶、上、得长短、[1] 止、欺、惊、白、记、击、犯、语、疏记、恶。表“顺意”的如：

95. 真人幸独为天所私得寿，而学反未尽，乃及天禁，宜事者慎之。（卷六十七《六罪十治诀》，四五三下）[2]

96. 惟上古之人皆得天报应，有信可成，乃令受命，为神所护视，恐有毁缺。（卷一百十《大功益年书出岁月戒》，五四九上）

97. 此念恩不忘，为天所善，天遣善神常随护。（卷一百十四《孝行神所敬诀》，五六八上）

98. 天上名之为孝善神人，皆为神所敬。（卷一百十四《孝行神所敬诀》，五六八下）

99. 为天神所佑，而争欲危之，是谁过乎？（卷一百十四《见诫不触恶诀》，五七一下）

---

① 参见第三章第三节“二、(一) 1”关于“长短”的分析。

② 此“私”是偏爱的意思，和《战国策·齐策》“邹忌讽齐王纳谏”中几处“私”的用法一样。“私”表偏爱的意思在《太平经》卷五十三《分别四治法》还出现过一次：“故吾虽得独蒙天私久存，常不敢自保。”“蒙天私久存”与“为天所私得寿”的意思极其相近。参见《说文解字·老部》：“寿，久也。”另外，段玉裁《说文解字注》在“久”部注：“久多训长久……引申为迟久。迟久之义行而本义废矣。”

这5例所表示的意思都与道教信仰有关。能被“天”保佑，这是道教信徒的梦想。因为他们相信：有功之人受“天”保护，天”会派“天神”来保护好人及其子孙，天”及“天神”的意志是不可违抗的。

2. “为A所V”式的几个变式7例

当“为A所V”式渐渐成为被动式的主流后，它就具有了强大的生命力，表现之一就是：以它为基础产生的多种变式出现了。

（1）“为A之V”式、“为A之所V”式，各1例

100. 夫金银珍物财货，作之，用人功积多，诚苦且劳，当为国家之用，无故弃捐，去之土下，地又不乐得之，以为大病，以为大壮。（卷六十七《六罪十治诀》，四四九下）

101. 吏无大小，正卒因缘宜明其事，勿为民之所患。（卷一百十二《七十二色死尸诫》，五六〇中）

据柳士镇（1985）、何亚南（2001），形同实异的结构在古汉语中并不罕见，“为A所V”被动式尽管来源于以“为”作判断词的判断句，但由于语言的发展、语言大背景的变化，二者渐渐有了质的不同。中古汉语里的“为A之所V”被动式是“为A所V”被动式的变式，因为“为A之所V”式出现在“为A所V”式被动句渐趋成熟以后；而且这类句式的出现是文中调整音节的需要。① 例101停顿节拍是2＋（2＋2）；例100也是偶音节化的产物：为了2＋（2＋2）的偶音节节拍，“所”被略去，“当为国家之用”与前后的四字句、六字句在听觉和视觉上都浑然一体。②

---

① 据柳士镇（1985），《百喻经》中，“为……之所·双音节动词”式被动句共23例，不仅句型整齐，而且从其语义与作用上看，与“为……所”式被动句并无区别，还常常交替使用。

② 高列过（2003：28）指出：以往根据汉以后译经，认为“为A之所V”式中V以双音节为主，这实际上不是这个句式固有的特点。“为A所V”式与“为A之所V”式都是先表判断，后来都可表示被动，这两种功能在相当长的时期是共存的，在东汉佛经中亦是如此。“为A所V”式与“为A之所V”式成为较固定的被动句式之后，在发展中产生了不同的特征，对其进行重新分析是可以的，但据“流”而判定“为A之所V”式中的“之”为衬音成分，却并不妥当。高氏看法与柳先生有所不同，录此备考。

（2）“见为”式，4例[①]

“见”与“为”都是被动标记时，有“见为”连用的例子。又分三小类。

①“见为·所·单音动词”式，1例

102. 以为不然，见为所疑，不得久在，故复有言。（卷一百十二《写书不用徒自苦诫》，五六一中）

该例“见为所疑”的出现可能是句式整齐的需要。

②“见为·所·复杂动词短语”式，2例

103. 天师幸事事哀之，既阖示之，愿复见为达其所不及，恩惟明师师。（卷四十七《上善臣子弟子为君父师得仙方诀》，四一四上）

104. 小生聋暗（瘖），讫不知有过于天，今唯皇天明师，愿见为复重察察分别解之，冀蒙心得更开。（卷一百十七《天咎四人辱道诫》，五八八下）

例103、104出现的场合差不多，都是渴盼被人（“天师”“皇天明师”）教化，为表达此心情，语言不嫌啰唆。两例都是整个“见为·所·复杂动词短语”结构充当希冀心理动词“愿”的宾语。两个结构中的复杂动词短语都带宾语，不同的是：例103中的直接受事宾语“其所不及”是偏正短语，定语“其”是说话者自己，指的就是前面“哀之，既阖示之”中的“之”；例104中为了强调说话者“小生”自己希望被人赐教而茅塞顿开的心情，动词“解”前状语“复重察察分别”较长，复指主语的宾语倒是仅一个代词“之”。[②]

---

① 第一章第三节的“二、（四）4‘见为’式4例”曾提到这种情况。

② “为AV”式中谓语是动宾短语且宾语是代词“之”，是句首受事成分的复指宾语，这种用例在《史记·高祖本纪》中就有了：“吾，白帝子也，化为蛇，当道，今为赤帝子斩之，故哭。”例中“斩之”是一个动宾短语，其中“之”字是复指性短语。关于复指性短语，张赪（2005b）说：“先秦时期受事前置句谓语动词所带的宾语大多是复指句首受事成分的复指宾语，一般用代词‘之’，在全部80例带宾语的用例中，复指宾语有55例，占了69%。”先秦时期无标记被动式中已经出现复指性受事宾语，“为AV”式带复指宾语，显然与受这种形式的类化有关。

③“见为A所V”式，1例

105. 举选当得其人，生不敢当之，恐见为大神所非。（卷一百十四《天报信成神诀》，五七四中）

此式是“见V”与“为A所V”式的复合。与例103和104一样，此例也是出现在对话中，不避叠床架屋之嫌。

(3)“见A所V”式，1例

106. 有豫知来事，远恶趣善，不犯所禁，复得见天道所师化，无不从之化者。（卷一百十《大功益年书出岁月戒》，五五一下）

这是受“为A所V”式影响和类化的结果。一方面，从外部看，表被动的“见V”与“为V”没有差别；另一方面，“为A所V”式是东汉时期使用频率最高的被动句式，其生命力强，有极强的类化能力，所以就出现了例106这样的用法。

3.“为A所V”式（及其变体）小结

《太平经》中“为”字被动式有69例，其中完整的“为A所V”式33例，占“为”字被动式总用例的47.8%；而以“为A所V”式为基础的变式又有7例，占“为A所V”式总用例的17.5%。这7例的分布见表3-3。

其中有5例出现在对话中，可能与语用有关；这7例有5例出现在庚部①，可能与文体有关。“为A所V”式变体中“之”“所”和“见”字几个虚词共出并用，这对于增强语言被动色彩，尤其是协和语言音节韵律具有重要作用。这些变式满足了语言用户的需要，证明了自身出现和存在的可能性与必要性；这些语言事实也反映出“为A所V”式具有很强的影响力。

---

① 庚部篇幅较大，书面性较强，基本以“散文体”的说教内容为主，偶尔夹杂着一些对话。不像《太平经》中其他部多是“问答体”，一问一答，口语性较强。

表 3-3 以“为 A 所 V”式为基础的 7 例变式被动式在《太平经》中的分布

格式	例数	分布	出现在对话中次数
“为 A 之 V”式	1	丁部	1
“为 A 之所·V”式	1	庚部	0
“见为·所 V”式	3	丙部 1、庚部 2	庚部 2
“见为·A 所 V”式	1	庚部	1
“见 A 所 V”式	1	庚部	1
合计	7		5

（四）《太平经》“为”字被动式小结

1. “为 A 所 V”式在“为”字式中占主导地位

《太平经》中“为”字式共 69 例，占《太平经》有标记被动式总用例的 19.2%，其中“为 A 所 V”式（包括变式 7 例）有 40 例，占“为”字式用例的 58.0%：完整的“为 A 所 V”式 33 例，占“为”字被动式总用例的 43.4%，占“为 A 所 V”式（包括变式 7 例）总用例的 75.5%。而“为 V”式仅 6 例，占“为”字式用例的 8.7%；“为 AV”式 23 例，占“为”字被动式总用例的 33.3%。

唐钰明（1987）认为：“东汉之后，‘为 X 所 X’式取代‘於（于）’字式而成为占压倒优势的被动式。”孙良明（1989）根据东汉的注释书籍认为：这一时期的被动句，“最活跃的是‘为……所……’式”。这个句式也是《论衡》和东汉佛经最常见的被动式。据曹小云（1999），《论衡》中出现“为”字式 72 例，占被动式 164 例的 43.9%；其中“为 A 所 V”式 64 例，占 39.0%，占“为”字式的 88.9%。据高列过（2003），东汉佛经“为”字系列被动句式 137 例，约为 163 例被动句的 84%；其中“为 A 所 V”式有 91 例，约为 163 例被动式的 58.3%，占“为”字系列句式 66.4%。《论衡》、东汉佛经与《太平经》等三种东汉作品中的“为”字式使用情况不完全相同，但有一点相同的是，“为 A 所 V”式在“为”字式中占主导地位。①

关于以“为 A 所 V”式为基础的变式 7 例，分析见上面“（三）3‘为 A 所

① “为 A 所 V”式占主导地位，这是由于“为 A 所 V”式具有“为”字式其他变体不可比拟的优势。参见本节“一、‘为’字式概述”。

V’式（及其变体）小结”。

2. 关于施事成分

除了6例没带施事成分，63例“为”字式都带有施事成分（其中“为AV”23例，“为A所V”式33例，“为A所V”式变体7例），带施事成分的“为”字式占“为”字式用例总数的91.3%。“为”字式要么不带施事成分，要带施事成分则置施事成分于动词前面，这符合语言临摹性原则；置施事成分于动词前面，适应句法结构的历史性调整，也使谓语动词之后的位置不再因为补语等成分的发展而使生存空间相对拥挤。施事成分置于谓语之前，这种形式适应汉代以后汉语被动式施事成分倾向于置于谓语之前的历史潮流。不仅“适者生存”，大行其道，“为A所V”式还有一定的类化能力。①

值得一提的是，仅庚部就有“为A所V”式及其变体21例（其中“为A所V”式16例，变体5例），占“为”字式用例总数的29.4%，占带施事成分的“为”字式用例的33.3%。由于汉语有标记被动式的形成与语言明晰性要求的增强，尤其是书面语的发展有直接的关系，“为A所V”式及其变体如此集中地出现在一部中，应该与庚部的文体或内容有一定的关系。第一章谈到《太平经》“於（于）”字被动式12例，200例“见”字式仅16例带施事成分，占8%。② 不带或少带施事成分，可能因为多是对话，有语境可帮助“听”者理解；如再不懂，还可马上请教对方。而庚部多是说教，为了强调、更为了让读者少生误解和歧解，得表达得相当清晰才行。这就对书面语提出了要求，需要读者根据上下文就能看得明白。

关于施事成分再多说几句。“为A所V”式33例有17例施事成分是复音节的，占51.5%；中双音节施事成分有13例，占39.4%。双音节施事成分采用并列法构词的有3例，采用偏正法构词的有10例。有的施事成分则比较长。③ “为”字式施事成分语法结构的复杂化，说明该式被动标记“为”字和谓语动词之间的关系已经变得更为宽松，也反映了“为”字式的进一步成熟。④

---

① 具体参见本节“二、（三）2‘为A所V’式的几个变式7例”。

② 其中“见A于V”12例，施事成分后置；另4例是受“为”字式类化的产物，施事成分置于谓语动词前面。

③ 参见本节“二、（三）1.（1）”。

④ 参见张延俊（2006：123）。

施事成分生命级别较高，有“邻里”“旁人”等，更多的是神仙世界里的神灵地祇。“为A所V”式施事成分一律由名词或名词性短语充当，未发现由代词充任的。不过，有5例施事成分是“旁人2”“傍人2”和“人1”，有旁指意味，比较特别。而“为AV”式施事成分有代词，“为其/之V”共8例。

3. 关于感情色彩

上古时期，“为”字式一般用于消极场合，用于中性和积极场合的只有极少量用例。进入中古时期，用于积极意义和中性意义的语例大增，所占比例逐渐提高，如《世说新语》约有30个“为”字式用例，其中用于积极和中性场合的用例约有17个，占总数的57%。这类用例在同期其他文献中也是相当常见。[①]《太平经》中“为”字式的感情色彩则与此不太相类。它仍以表达消极意义为主，如“为A所V”式33例中仅5例表示“顺意”，其余28例基本表示与受事主语“逆意”的倾向。

第三节　《太平经》中的“所”字被动式

一、关于“所”字被动式

关于“所V”式，刘景农（1958：16）提出由“为……所……”式省略而成的看法。朱庆之（1995）则认为与梵文原典被动形式的影响有关，而高列过（2003：30—31）不太同意这种看法，认为“东汉佛经的‘所V’式被动句，是受梵文原典的影响，还是受与之相关的西域语言的影响？一时尚难以断定。”下面分别对以上两种意见作点评说。

（一）由“为A所V”式省略而成

谈论“所”字被动式就肯定要联系“为A所V”被动式。“为A所V”式显然是从“为（N）V”式发展来的。指称式与语句在语用平面的兼容性，导致它们可以互相转化。从春秋晚期的“为（N）V”到战国末年的“为A所V”，体现的也是由指称式到语句（被动式）的转变。整个春秋战国时期，经常进入“为（A）V”式的及物动词只有“笑、戮（僇）、禽（擒）”等少数几个，而这几个动词所

---

① 参见张延俊（2006：128）。

表示的行为在当时各国之间是经常发生的，这就使“为（N）笑/戮（僇）/禽（擒）”这种形式具有某种熟语的性质，指称的性质比较明显。而“所”字的介入使“为（N）V”式用于陈述获得了自己特有的形式，从而有了极大的自由，能够进入“为（N）V”式的及物动词几乎没有限制，① 使能够进入此式的动词性成分呈爆发性的增长。“所V”在“为A所V”式中之所以表现出陈述性，也是有其内在原因的。从表面上看，“所V”是个名词性成分，但它与真正的名词在概念内涵上是不同的。② “所V”是由陈述转化来的指称形式，它身上还带有陈述的因素。可以认为，在“为A所V”式中，“所V”中的两个因素在起作用，一是它一般只与受事有关，这一性质保证了该式只用于受事主语句，并有了形式标记；二就是上述这种概念内涵上的陈述性，而它的指称性则淡化乃至消失了。“为A所V”中的“为”已不是通常意义上的“为”，“所”也不是通常意义上的“所”，二者相结合共同转化为真正的被动式（语句）的标记。③

“所”本为助词兼有指代作用，“为A所V”式中“所”字使用的直接原因是大量纯粹动词进入“为”字之后的位置，而“所”的添加是为了保持宾语的名词性，是为了适应系词“为”的表语从动名词向一般动词扩展的需要。因此“所V”具有指称性，“为A所V”式中的“A”与“所V”是修饰语和中心语之间的关系。“为”字被动式经历了主动式——系动式——“为”字被动式的演变过程。当一部分“为”字系动式用例转化为被动式，“为”字可理解为被动标记，“所”后的及物动词被理解为被动式谓语之后，“所”字也就转化为一个能够表示一定被动关系和调节语言节奏的助词，“所V”具有陈述性，“为A所V”式中的“A所V”

---

① “所”介入、能进入“为（N）V”的及物动词几乎没有限制时，“为（N）V”差不多就成了“为（A）所V”。

② “所V”的功能在现代汉语中被“的”字结构所继承（朱德熙1983），因此，朱先生对“的”字结构的如下一段分析有助于我们更深刻地把握“所V”的性质。朱先生（1978）在说明“小王是第一个跳下水去的”和“第一个跳下水去的是小王”这两个句子时指出：当我们说这两句话的时候，“小王”和“第一个跳下水去的”在事实上是同一的，即同指一个人，可是“小王”和“第一个跳下水去的”这两个语言形式表示的概念则完全不同。“小王”是指称的对象，“第一个跳下水去的”则是从内涵上对这个指称对象的陈述。从语言形式着眼，“小王”可以叫指称形式，“第一个跳下水去的”可以叫分析形式。这一分析也完全适用于古汉语中的“所V”结构。参见姚振武（1998）。

③ 这一点还可以得到以下事实的证明，即其中的“为”可以由“被”来取代，形成“被N所V”式。这一事实大致发生在六朝末（唐钰明1987）。作为被动式，“为N所V”式与“被”字式完全一样，而“被”字式更具活力。至唐代，“为N所V”式就完全由“被”字式取代了。如果“所V”还是表指称而不是表陈述，那么这种替换不可能发生，因为“被”与表指称的“所V”在语义选择上无法兼容。参见姚振武（1998）。

是一种主谓关系。[1]

汉语有标记被动式形成的重要前提是句子的可分解性和句子成分搭配的灵活性。“之”“所”“见”和“而”等本来表示一定语法关系的职能虚词。随着“为”字式的发展成熟，“为”字式变体中“之”“所”和“见”字几个虚词往往共出并用，或根据需要添减，原有的语法功能受到削弱，其协调语言节奏的功能得到加强。同理，“为A所V”被动式中的“为”本身也可视情况来决定是否保留。如果不影响被动意味的表达，又能起到协和语言音节韵律的作用，则“为”字也可省略。

当“为A所V”成为典型被动式，“所V”在“（受事主语）为A所V”式中就表现出陈述性，那么“A所V”就相当于主谓短语，其中“A”虽还夹带有一点领有性，但更多的是表示一种施事性。因为汉语无标记被动式不含标记，主动式与被动式的分别主要在于某个短语是否具备“受事者·主动动词”这样的内部结构，被动标记并不起决定性作用，所以我们偶尔可以见到这样的结构——“（受事主语）A所V”，表示的是“（受事主语）被AV”的意思，“A”与“所V”是主谓关系，“所V”对“A”进行陈述，“A”是施事者；“（受事主语）A所V”同时还夹带一点这样的意味：受事主语成了A所V的东西，“A所V”与受事主语具有同一性，二者具有某种对等关系。按照薛凤生（1997），如果发话者主观认知上觉得二者的关系是暂时的、相对的，那么他就用“X为Y”的形式。但是，中古时期在崇尚形式美的文风影响下，“为”也完全有可能或有必要删除以协调音节。语言事实中就有这样的例子。[2]

（二）“所”字所处句法环境整体性质的改变和汉译佛典的影响

1.“所”字所处句法环境整体性质的改变

“所”在先秦的主要用法是与谓词性成分组合，使其转化成体词性成分。这种用法的“所”字可以看作名词化标记。秦汉以后，“所”字继续作为名词化标记外，又产生了一种新的功能，即表示被动。“所”字的这两种功能不仅在出现时间上有先后，“所”字的表被动的功能是由其名词化的功能演变而来的。这期间经历了一个重新分析的过程。据董秀芳（1998），发生重新分析的句法环境是含有消极

---

① 参见太田辰夫（2003：227）、柳士镇（1992：323）。
② 例见第102页“二、《太平经》中的‘所’字被动式”。

意味的、以扩展式“所”字结构“NP所VP”充当后项的判断句。这种判断句的前项，语义上相当于后项“所”字结构中动词的宾语，其语义结构可表示为：受事—施事—所VP。语义上的类同认知导致了结构上的类同分析，从而引起了语言用户对整个结构的性质的认识的改变。判断句的判断标记“者”“也”的失去，使得“所”字结构在重新分析的进程中又前进了一大步。“所”字被动功能的产生是由于其所处的句法环境的整体性质的改变促成的。当重新分析完成之后，语言用户就把“NP所VP”当作表被动的一种句法格式来使用了。重新分析必须建立在足够数量的语言材料的基础之上，“NP所VP”表示被动，可能受了汉译佛典的影响。

2. 从语言接触看汉译佛典的影响

（1）汉译佛典的影响

据高列过（2003），东汉佛经的翻译者除严弗调外都是胡人，母语不是汉语，汉语是他们的第二语言，他们对汉语的理解、使用必然受原典的影响，有些句式的使用带有中介语的性质。佛经语言的演变趋势是迅速向汉语靠近，东汉佛经经历了一个本土化并文言化的过程。34种东汉佛典中有“A所V（O）”式15例，约占163例被动句的9.2%。从对勘的角度看，可以发现“A所V（O）”式是受原典影响的句法现象。朱庆之（2001：13）指出：“由于翻译时采取逐字逐句对译的方式，原典句子结构的影响随处可见。”“所V”被动式就是在梵文原典影响下产生的。① 问题的关键在于：为什么选择了“所”来对译佛经原典的被动记号？高列过（2003）认为，选择“所”对译原典的被动记号，是受了中古最主要的被动句“为A所V”式的影响。笔者同意这个看法。上文“1. 由‘为……所……’式省略而成”已经提到“所”是表示被动的重要标志，佛经翻译者选用“所”，应该是基于这一点。② 同时，汉语承前省略的现象比较普遍，“A所V”被动式从形

---

① 胡敕瑞（2005）也认为：“好用音节助词‘所’是佛典用语的一个特点”，“所”在上古汉语中虽可放在动词（或动词词组）前，与其后附的成分构成“所”字结构，“所”是个具有指代意义的特殊代词，这种“所”可以和动词（或动词词组）构成一个“小读”，而“佛典中‘所’字这种特别的用法，是译者不谙汉语的误用呢，还是受了原典语法的影响？这个问题还有待于继续研究。但是不管怎么说，佛典中存在不少音节助词‘所’的用法是一个事实。”

② 这与梵文原典的绝对分词在汉语中以“已”对译在道理上具有相通之处。蒋绍愚（2001）指出，尽管汉语本有的“已”在对译梵文绝对分词之后性质发生了变化并被汉语接受，但我们认为，接受的前提是对译绝对分词的“已”与汉语本有的“已”在意义上接近。蒋氏的论述注重系统描写，从系统内部说明了佛经“V已”式结构的由来、特点和发展。

式上看是“为A所V”的省略，在具体的上下文中不大可能引起歧义，因而在汉译佛经中长期使用。

汉译佛经的语言面貌随着时代的推移逐渐定型，汉译佛经最引人注意的是它的新颖性。荷兰学者许理和先生①（1991，2001：295—296）认为，对昙花一现、充满悲苦的“似水年华”的清醒认识是汉代末期的时代主题，因此作为个人获救的一种激进的选择，信仰佛教具有普遍性。中国在2世纪以及接下来的几个世纪并不是我们所认识的后来各朝代那样的“儒家社会”，当时儒家思想只存在于极小的一群上层学者之中，社会上广泛存在的是各种乡土文化、乡土信仰和宗教活动。佛经术语中有许多汉语“对应词”似乎借自某种未知的中国宗教传说。早期汉译佛经语言独特，它并非来自任何先前的中国文学样式，不但与标准的先秦文言不相同，而且与早期道教著作中相当规范的古典汉语有着令人吃惊的差异。在汉代末期的一些城市中有一个由文吏书役、底层官僚和商人、艺人组成的中间阶层；这些普通的中国信教者只是受过初步的学校教育、没有进入上层文人圈子，但他们的文化程度已足以阅读这种词汇简单、不加修饰的经文。深受口语影响又带点文言色彩的粗劣的表达方式由于经常使用而日益被当成一种惯例，在3世纪，康孟详的译经已经形成了定型化的语言，② 中国佛教的“经典系统”——一种脱离于活语言的定型的佛经语言已经形成。佛经语言在术语和风格上的定型是几种力量产生作用的结果：古典汉语的影响主要表现在，由于诗歌化句式的影响而造成的变形形式③；散文和诗句交替形式本是印度原典的有机组成部分，这种强大的外国文学传统一经传入中国就不得不找到适合自己的表达手段，它必须加以调整

---

① 荷兰学者许理和先生对汉译佛经很有研究，其著述（1959、1977、1991）先后被李四龙、蒋绍愚和顾满林翻译、介绍到中国。《最早佛经译文中的东汉口语成分》和《关于初期汉译佛经的新思考》都是从语言学的角度着笔，很有参考价值。他（1991）把最初阶段的中国佛教喻为“一株来自异域而扎根于汉帝国废墟上的幼苗”，认为佛教不是道教的一种变体，不是“半道教式的混血儿”，而完全是有本质区别的另一种宗教形式，是独立于儒家之外的一种宗教形式。

② 高列过（2003）认为，安世高和支谶的译经占东汉译经的绝大多数，他们的译经的行文格式没有“四字一顿”的特点，反映口语的程度比较高。俞理明（1993：33—34）指出，受东汉晚期中土文献喜用四字句的影响，东汉佛经从支曜开始大量采用四字句。康孟详以后，四言成为译经的常体。

③ 众所周知，二三世纪的中国散文明显地倾向于用四言句。例如，当时荀悦（200）的世俗作品《申鉴》中四言句占全文52%，而三言句只占17.3%，五言句占15.5%；在一些佛经中，四言句也达到了同样的比例，而且在随后的几十年中随着中国化的“佛经风格”的发展而有明显的增长。

来适应汉语的固有特征①——逐步汉化的过程导致了个性鲜明的汉语表达形式的形成。

从整体上来说，佛经是来自异文化的入侵者，而早期佛经风格是一个从异域传入中国的“异己”文化形式逐渐被消化、中国化的过程，包含着明显的层次。这个中国化的过程就是“语言接触”（language contact）。下面试用语言接触理论来做点阐释。

（2）语言接触对汉译佛典的影响

邹嘉彦、游汝杰（2004）认为，“语言接触”是人类语言发展过程中常见的现象；研究语言接触是研究语言演变的重要途径，也是研究人类文化演变过程的一种方法。不同语言或方言本身不会接触，而是要通过使用的中介人，通过书面或口头互相接触沟通的。语言之间的接触既通过口头交流的途径，也通过文字翻译的途径。语言接触最常见的结果是词汇的互相借用，也可能造成语音成分和语法成分的互相渗透，从而改变语言的语音结构和句法结构。语言接触是语言或方言演变和发展的原动力之一。

语言接触本质上就是语言学习，② 学习的不同程度和深度直接关系到语言接触的深度、广度和结果。无论是获得或习得的语言，只要是同时并存在一个人头脑中的语言，都会发生接触。因此，语言的接触有两种含义：一种是指存在于一个人头脑中的两种或几种语言之间的相互联系、相互作用和相互影响，③ 另一种是指一个人使用两种或多种语言，④ 这是两种不同性质的接触：前者涉及语言思维，后者则关系到语言态度。无论内部还是外部接触，都会对接触的两种或多种语言产生影响；⑤ 语言接触而发生的语言之间的相互联系、相互作用和相互影响

---

① 由于梵语原文的影响，最初的译者们显然被动地处在这种外来文化“侵入”的影响之中束手无策，随后的几代译经者逐渐借用了中国文学风格上和结构上的一些特点，最引人注目的就是在散文中越来越多地运用诗歌化的四言句式，而这种句式是当时世俗文学的主要句式。

② 严格来说，语言的学习分两种：获得和习得。人类学习语言是分等级的，至少可以分为两个非常重要的等级：非系统学习和系统学习。系统学习至少还可以分为非熟练学习和熟练学习——其实，这是指学习的程度和深度。

③ 这是指结构层面上的接触，也即语言内部的接触。

④ 这是指应用层面上的接触，也即语言外部的接触。

⑤ 尽管这种影响的性质不同：内部接触产生结构上的影响，比如成分或手段的借用或渗透，甚至规则的改变，系统和结构的变化，直到两种语言混合产生一种新的语言；外部接触产生应用上的影响，比如产生语言兼通现象，即双语或多语现象，语言兼用和换用现象，即一部分人或全社会成员放弃使用自己获得的语言而使用另一种习得的语言。

像任何语言变化一样，是通过扩散实现的。[①] 也就是说，语言接触具有扩散性：语言的接触首先产生于社会的部分成员，接触的结果则由部分社会成员逐渐向全体成员扩散。接触产生于社会部分成员的学习，而并不需要所有使用乙语言成分而操甲语言的人都必须首先学习乙语言。可见，语言接触的产生和接触结果的使用不是一回事。另外，语言接触具有中介性：从结果来说，目的语受到基础语影响产生的中介状态会发生“固化”，原来的非稳定状态变为稳定状态，成为目的语的一种变异或变化形式。[②]

在两种存在巨大差异的语言之间进行翻译是高难度的，因为翻译人员基本都是只熟悉源头语言或目标语言，因此东汉佛经的语言面貌有中介语（interlanguage）的色彩，[③] 其原因是东汉译经者习得纯正汉语的可能性很小。首先，东汉译经者学习汉语的年龄过了“侧化期”（lateralization）。[④] 现有材料证明，东汉佛经翻译者除严弗调、康孟详情况特殊外，应当是在过了学习语言的“侧化期”之后学习汉语的。[⑤] 其次，东汉译经者没有受到良好正规的汉语教育。正规的第二语言教学是掌握目的语的重要途径。东汉译经者主要是通过实际的语言交流习得汉语，没有数据表明这些译经者从小受到良好的、正规的汉语教育。而即使有正规的第二语言教学，成人的第二语言学习中，错用目的语的情形还是

---

① 参见董志翘（2000a）。

② 语言教学重视基础语对目的语影响形成的中介语，而语言理论研究更关心目的语对基础语的影响所形成的基础语的“变异”或“变化”形式，因为这是两种不同性质的语言系统。参见瞿霭堂（2004）。

③ 即语言学习者在尚未掌握目的语而努力向目的语靠近时创造出来的一个系统。参见赵贤州、陆有仪主编《对外汉语教学通论》，上海外语教育出版社 1996 年。

④ 第二语言习得理论认为：“成年人学习第二语言时主要依靠认知机制，而儿童则更多地借助语言习得机制。这里涉及‘关键期假设’（critical hypothesis），即人的一生中有一段固定的时期比其他任何时期都更容易习得语言，过了这段时期以后，一般很难习得完美的母语。这段时期与大脑的‘侧化期’基本吻合。所谓侧化期就是大脑的语言功能在大脑左侧建立起来的过程，在这段时间内，大脑还处于发展阶段，具有可塑性。据此人们推断关键期大约在 0—12 岁时结束。”见 Diane Larsen-Freemen and Michael H. Long 著 *An Introduction to Second Language Acquisition Research*《导读・第六章》第 30 页（《第二语言习得研究概况》，蒋祖康导读），外语教学与研究出版社 2000 年。

⑤ 朱庆之（2001：10）也指出：康孟详是侨民，“会说地道的汉语应当没有什么疑问……但他在特殊的外来移民（大部分是商人）的生活环境中长大，在汉文化的素养上与受过严格传统文化训练的本土士大夫相比肯定会有一些差距。”

比较普遍的。[①] 可以推想，在没有正式的第二语言教育与学习的情况下，要习得纯正的汉语是非常困难的。

尽管我们要考虑个人的语言学习能力，但语言习得的过程具有共性。在佛经翻译刚刚开始的东汉，佛经翻译者在学习第二语言（汉语）的时候，母语的干扰是不可避免的。同时，他们不可能接受规范的第二语言教学。这些都对他们习得纯正的汉语构成障碍。再加之佛经的翻译克服的不仅是语言的障碍，更有文化的差异，因而东汉佛经语言具有中介语性质的成分是必然的。不过安世高、支谶以后，佛教的传播逐渐广泛，西域语言与汉语的接触、了解也日益增多，支曜之后的译经者汉语水平应当比较好；同时，在安世高、支谶的大量翻译之后，佛经翻译也积累了一些经验，译经语言开始规范起来。

东汉佛经翻译，担任主译的外国来华传教僧人多是粗通汉语，却先要由他们用受了母语很大影响的“洋泾浜”汉语将经典大意逐句翻译出来，再由担任助译的中土僧人适当润色。“硬译”不可避免，译文中肯定就会出现许许多多不合汉语习惯的汉外混杂型的语言成分，其中词汇方面占重要的部分，语法方面占次要的部分，“所V”式被动句就是后者的具体表现之一。据朱庆之（1995），汉译佛典中随处可见“……所V……”这类句式，说明这是一种很普遍的语言现象；而通过对汉梵佛经材料的对勘可知，这种句式应是原典语言[②]影响的产物：大凡带有被动标记的梵语词都被译成了“所V”。如果把“所V”看成原文被动态谓语动词“完整”的汉译，那么其中“所”这个字就是原文被动记号的汉译；原文当中并没有一个与汉语被动句里引出施事的介词“为”相当的部分，所以地道汉语必须使用的这个“为”也就不一定非得出现了，结果是汉译佛典语言中就产生了大量的汉外混合型的“所V”被动句式。

汉译佛典中存在许多不合汉语习惯的汉外混杂型的语言成分（包括“所V”被动句式），这种汉外混杂型的语言成分其实就是语言接触的产物；诗歌化句式的

① 鲁国尧（2000）指出：“我们在批改外国留学生的作文时会发现，他们往往利用类推率或因其他原因造成某些不见的词儿和语法格式……以今例古，在古代外籍人士撰写的汉文语料中，发现异于一般的现象，似乎不宜立刻都看成俗语词或俗语语法现象，还要考虑到作者是否错用了汉语。”参见鲁国尧（2003：670）。

② 汉译所据佛经原典均为印欧语所作，主要是梵语。梵语的被动是一种“态”而不是汉语的“式”，即汉语被动用特殊的语序和特定的虚词构成一种特别的格式，而梵语只是在其谓语动词后“粘”上一个特定的“记号”作为被动标记，而与其他因素没有直接的关系。

形成，不是汉语惯有风格对形成中的佛经惯用法单向渗入，而是受原典语言表达形式刺激而发展起来的新型风格载体。汉代末期信仰佛教具有普遍性，社会对汉译佛典的需求量较大，[①] 这使得这种不合汉语习惯的汉外混杂型的语言成分很快扩散开来，而它不能不反过来对汉语产生影响。[②]

二、《太平经》中的“所”字被动式

高列过（2003）认为中土文献不见“（A）所 V”式。事实不是这样的。该式用例确实较少见，所举例一般是《淮南子·说林》：“嗜欲在外，则明所蔽矣。”其他中土文献中可能还有用例，只是我们没有充分发掘而已。《太平经》中就有“A 所 V”被动式 12 例，[③] 占有标记被动式总数的 3.3%。它们是：

107. 夫恶者，事逆天心，常伤人意，好反天道，不顺四时，令神祇所憎，人所不欲见，父母之大害，君子所得愁苦也，最天下绝凋凶败之名字也。（卷四十九《急学真法》，四二三中）

108. 大恶之家，无大小，鬼神所憎。（卷一百十二《七十二色死尸诫》，五六〇上）

109. 思行天上之事，神灵所举，可得仙度久生，长与日月星辰相覩……（卷一百一十二《七十二色死尸诫》，五六〇中）[④]

---

① 道安认为最初的 40 年间就译出了大约 70 卷汉文佛经，表明当时中国有足够多的“用户”来支持这种行动。参见《关于初期汉译佛经的新思考》，荷兰莱顿大学许理和（Erik Zürcher）1991 年著、四川大学中文系顾满林译，《汉语史研究集刊》第 4 辑第 301 页，巴蜀书社 2001 年。

② 语言接触有方向性。接触的方向性决定于学习的目的性、应用的频率、熟练的程度和语言环境、文化背景的支持。基础语影响目的语从来就是语言教学研究的重要课题，而目的语影响基础语，历来不受重视，只作浅层级的研究，如一些语词、个别语音和语法成分的借用或渗透等。事实上，目的语影响基础语才是语言学研究的重要课题，因为它涉及语言的共时变异、历时变化和发展演变的规律。具体来说，如语言系统和结构改变的原因、语言的发生和发展、混合语的产生、语言的识别和方言的划分等重大的语言学问题，甚至语言思维等涉及语言哲学的问题。参见瞿霭堂（2004）。

③ 如果对“A 所 V”式是否表被动有疑问，《太平经》卷一百十四《孝行神所敬诀》的上文可帮助消除这一疑问。“此念恩不忘，为天所善，天遣善神常随护。”“不但天爱之也，四时五行、日月星辰皆善之，更照之，使不逢邪也。”“天上名之为孝善神人，皆为神所敬。”其中“为天所善”“为神所敬”都是公认的被动结构。

④ 该例的上下文分别是：“得天应者，天神举之；得地应者，地神养之；得中和应者，人鬼佑之。得善应善，善自相称举；得恶应恶，恶自相从。”“贪生者天之所佑，贪养者地之所助，贪仁者人共爱之，过此而为恶，必得贼。……天贪人生，地贪人养，人贪人施，为恶其祸不救。”可帮助理解。

110. 不者罚谪卖菜都市，不得受取，面目为丑，人所轻贱，众人所鄙。（卷一百十二《写书不用徒自苦诫》，五六一上）

111. 部吏正卒此（比）伍特（持）至旷野不洁之处，纔得被土，狐犬所食，形骸不收，弃捐道侧，魂神俱苦，适（谪）作不息。或著草木，六畜所食，何时复生？（卷一百十二《写书不用徒自苦诫》，五六二上）

112. 走行乞匃，复诸神灵，其神怒之，猛兽所食，骨肉了已，狐狸所啮，不归故乡。（卷一百十二《有过死谪作河梁诫》，五六三上）

这12例中有11例是四字句式，句式整齐，音节节奏基本是（1+1）+（1+1）的二二式。

12例中，有11例是表“逆意”的，感情倾向以消极意义为主。①

12例“A所V”中，2例出现在丙部，其余10例全在庚部，比较集中。

《太平经》中“A所V”12例，句式整齐、以四字为主的，出现在以劝诫、说教为主的庚部居多。这也许是早期汉译佛经“诗歌化的固定格式”对汉语的“反渗人”。“语法结构的渗透往往是相互的”，②“渗入”也就不是单向的，汉译佛经已在中国广为流传，其语言风格影响《太平经》，这种可能不是没有。③ 或是一股“合力”使然：其一是早期汉译佛经“诗歌化的固定格式”，其二是汉语的审美要求、世俗文学四字句式的文学背景，其三是汉语自身发展、语言用户“择善而从”。这三股力形成的“合力”，对《太平经》（尤其是庚部）编纂者的语言产生一定影响。

同是宗教，为了传教、为了被更多的人接受，佛道语言势必互相吸取、相互借鉴，取长补短。④ 另外，据林富士（1998）考证分析，《太平经》在六朝时曾经

① 据董秀芳（1998），“所”字表被动的功能是由其名词化的功能经重新分析演变而来的。发生重新分析的句法环境是含有消极意味的、以扩展式“所”字结构“NP所VP”充当后项的判断句。《太平经》中“A所V”被动式以表逆意为主，这与董氏观点相互印证。

② 参见唐钰明（1988）。

③ 黄增寿（2005b）认为：“‘甚大’作状语能在中土文献中出现，是佛经语言现象‘直接移植’的结果，而其不能真正融入汉语，则是因为与汉语的语法规则有抵触。”借鉴他的观点，《太平经》中的“A所V”可能是一种结构形式的“直接移植”。

④ 二十世纪末期，《道家文化研究》第13辑曾经以“佛教从道教中吸取了什么”和“道教从佛教没有吸取什么”为理念，推出了一册敦煌道教文献研究专号。（见陈鼓应主编《道教文化研究》第13辑，三联书店1998年）这反映出佛道的互相影响是存在的，甚至是大范围、大面积的。

散佚，后来可能经过南朝末年的茅山道士重新整理、编辑，因此，若干篇章或段落（限于说教体和会话体）有可能是出自六朝道士之手。如果此说可信的话，则《太平经》中的“A 所 V”更加可能是整理者受佛经语言广泛影响后的自然表现。

第四节 《太平经》中的“被”字被动式

一、“被”字式概述[①]

王力（1980：428）曾说：“一种新兴的语法结构是采取了和它相适应的词汇形式来表现的。”“被”字式经历了一般主动式——被动式——受到义动词谓语主动式——“被”字被动式四个演变阶段，这是对王力先生观点的绝好验证。

动词“被”由名词引申而来。“覆盖”义又再引申为“施及”义，这种意义的“被”字一般是用于好事方面的，即表示顺意的；“被”字用为动词还有“蒙受”“遭受”义，由“加于身上”而来，一般是表示逆意的。这两种意义是同一来源的，但应用时感情倾向有很大的不同。动词又再引申为介词。简示如下。

（名词“被”）——→动词“被”＋NP——→被＋VP——→介词“被”＋N＋VP

↘被＋（其·）NP↗

第一步——→第二步——→第三步

其中第二步到第三步很关键，是过渡阶段，“被”后的成分多是抽象名词，也就是动名兼类词、“动名转类词”。太田辰夫（2003：227）在论述现代汉语用“被”的被动句的起源时就认为：“被”原是动词，它后面的宾语也多是抽象名词，而汉语中多数抽象名词本身也就是动词。张文国（2005：316—30）对古汉语中的抽象名词的词类转变及发展进行了讨论。他将先秦 13 部文献中的四组抽象名词的出现次数和用法进行了统计，然后将它们与在两汉时期的表现（选取《史记》和《论衡》为代表）进行比较，发现古汉语中，与其他义类的名词相比，抽象名词用作动词还是比较稳定的。汉代以后，它们并不像其他名词一样已经全部或大多分化为名词或动词，而只是在少部分词语身上发生了这种向单一词性的分化。张文国认为这是由抽象名词既表示现象又表示过程的意义二重性决定的。抽象名词在

---

① 本章第一节“二、（五）2”已经论及“被”字式，此作补充。

从动词“被”到被动标记“被”的发展过程中起着重要作用。

“被”字式开始出现于战国时期，在东汉以前，用例少，频率低，形式单一（只有“被 V”式），结构简单（基本上不带宾语、补语和状语），处于萌芽阶段。东汉以后，“被”字式逐渐成熟，用例大增，在有标记被动式用例中占 15%（在《世说新语》中，“被”字式的用例数量和出现频率竟超过“为”字式），除原有的“被 V”式之外，又增加了“被 AV”式、“被 A 所 V”式、“被 A 之所 V”式等多种变体，结构也变得更加复杂，功能、感情色彩和基本成分的生命级别也获得了很大的发展。[①] 在“被”字式的四种变体形式中，“被 V”式与“被 AV”式是主要变体形式，它们是在无标记被动式的同化影响下形成的，而“被 A 所 V”式和“被 A 之所 V”式属非主要变体形式，它们是在“为”字式的两种变体——“为 A 所 V”式和“为 A 之所 V”式类化影响下形成的。[②]

进入中古时期以后，“被”字式逐渐成熟，使用频率不断提高，到近古时期，“被”字式在使用频率上进一步提高，唐五代时期，“被”字式已经遥遥领先于其他有标记被动式类型，成为汉语有标记被动式类型中的代表。[③] 关于“被”字式成为有标记被动式主流的根本原因，张延俊（2006：171—72，207—08）认为：“被”字语义、用法的明确性是最为重要的原因，这是它强于并且最终替代“於（于）”字式、“为”字式、“见”字式等类型的关键所在；“被”字式结构的完备性与感情色彩的中和性也是“被”字式在近古时期成为有标记被动式主流的重要原因。

“被 V”式是上古时期“被”字式的唯一类型，也是中古时期“被”字式的主要类型，但到近古时期，“被 V”式的用例数量急剧减少；而始见于中古时期的“被 AV”式早期用例甚少，入唐以后用例急剧增加，使用频率很快超出“被 V”

---

① 参见张延俊（2006：97—99，129）。

② 参见柳士镇（1992：327）。另据唐钰明（1988），“被”字式与“为”字式形式上相似，表明它是在“为”字句的影响下发展起来的；“被”字式在实际语言中最终取代了“为”字式，说明它具有“为”字式所不可比拟的长处。唐钰明先生通过定量分析发现，“被”字式在唐代口语中已经取代了“为”字式，成为占绝对优势的被动式，而“为”字式在唐宋以后则从口语中消失，成为相对停滞的书面结构。

③ 中古时期是“被”字式发展的重要阶段，使用频率直线上升，为近古以后的高度繁荣奠定了基础。从“被”字式用例的分布来说，一是本土文献使用多于汉译佛经；二是南方系著作多于北方系著作；三是口语性著作多于非口语性著作。近古以后，随着全国政治和文化中心从南方转移到北方，以及口语性作品影响的增强，汉语“被”字式便取得了完全统治的地位，语法结构和语义构成变得更为复杂，使用频率大幅提高，成为汉语有标记被动式的主流类型。参见张延俊（2006：132—138，160）。

式，居于“被”字式的首位，成为汉语有标记被动式的主体，直到现代汉语中，“被AV”式仍然是一种最为重要的被动式类型。① 关于“被”字式带施事成分，蒋冀骋、吴福祥（1997：600—601）指出：“被字句由不带施事宾语发展到以带施事宾语为主的阶段，自然是这种句式发展趋于成熟的一个标志。……我们觉得，被字句这个发展阶段的重要性，除了结构上为后来的［被＋N施＋V］的发展乃至成为被字句的主要形式奠定了基础外，还在于这种句子（［被＋N施＋V］）满足了被字句语义表达精密化的要求。因为言语交际中，如果需要指明某一受事对象遭受于何人（或何物）的处置时，或者说，当被字句中，施事为未知而需要指明的信息时，［被＋V］这一句式无法满足这一需要，而必须用添加另外的语法形式来补充，这样势必造成费辞多而意未精。可是，［被＋N施＋V］式则正好满足了这一语义表达的需要。也正是由于这种语义表达功能，使得［被＋N施＋V］在后代文献中发展较快，以至成为被字句的主要形式。”另外，“被”字式带不带施事成分与“语言环境”有着极为密切的关系，蒋冀骋、吴福祥（1997：601）说：“某一文献里被字句施事宾语的有无、隐显以及频度的高低可能还受其他因素（语用行为、语言环境以及文献体裁）的制约。”如果施事成分已在上文中出现，或在情节中比较明确，则无须再予指出，否则反而啰唆。本文赞同这种看法。

二、《太平经》中的“被”字被动式

《太平经》中共有“被”字57例，其中被动标记“被”18例（不包括过渡阶段的4例），占该书有标记被动式总使用次数的5.0％。② 但因为被动标记“被”由动词“被”虚化而来，是一个“连续统”，所以对动词用法的“被”字例句也顺便做一分析。

---

① 据蒋冀骋、吴福祥（1997）统计，《敦煌变文集》中共有198例“被”字式，其中113例“被AV”式，85例为“被V”式，“被AV”式占57％，大于省略式的“被V”式，这反映了“被”字式使用的一般情况。

② “被”字式开始形成于上古晚期，进入中古时期以后，“被”字式逐渐成熟，使用频率不断提高，发展势头非常强劲，在中古的《世说新语》中，其用例数量和出现频率赶上了“为……所……”式，且稍稍超出。

（一）动词“被”＋NP，24 例[1]

1. 动词“被”＋普通名词，2 例

113. 部吏正卒此（比）伍，特（持）至旷野不洁之处，纔得被土，狐犬所食，形骸不收，弃捐道侧，魂神俱苦，适（谪）作不息。（卷一百十二《写书不用徒自苦诫》，五六二上）

114. 复除者多，仓库无入，司农被空文，以廪食，夺禄除，中国少所用，人民仰国家，而不各施，有难生之期。（卷一百十二《有过死谪作河梁诫》，五六二下）[2]

两例都出现在庚部。例 1 中“被”用的是动词义“覆盖”。“被土”可看作省略了“于”的“于”字被动式，即它是“被于土”的省略，表达的是“（主体）被土覆盖”的意思。

2. 动词“被”＋代词“之”，1 例

115. 六子问事详善，不失天心，不负德君，是为有功于天地，万物莫不被蒙之也。（卷八十六《来善集三道文书诀》，四七二上）

双音动词“被蒙”，是词汇双音节化的产物。代词宾语“之”的使用应该是“被”普遍作动词的一个反映。

3. 动词“被”＋抽象名词（短语），21 例

116. 真人宜思其意，守此三行者，与天地中和相得；失此三而多端者，悉被凶害也。（卷三十六《三急吉凶法》，三八八中）

117. 今是末无过，无故被流灾、得死亡，夫承负之责如此矣，宁可罪后生耶？（卷三十七《五事解承负法》，四九二上）

118. 道书古今积众，所言各异，名为乱脉也；阳脉不调，反治阴脉，使

---

① 此 24 例是动词用法。对动词“被”顺作分析，是考虑到被动标记“被”是由动词“被”虚化而来，且这种虚化过程在《太平经》中表现得很明显。语言发展的渐变性在“被”字动态的虚化过程中得到体现。

② 这例的归类不太敢肯定，恐怕有问题，权且存疑。

人被咎，贼伤良民，使人不寿。（卷五十《灸刺诀》，四三一下）[①]

119. 夫地之有大德，专以顺天之道以好养万物，扰扰之属，莫不被恩德，养成其中者。（卷六十七《六罪十治诀》，四四八中）

120. 是故天爱上德之君，恐其不觉悟，复彼（被）是大灾，故遣吾下具言之。（己部九十一《拘校三古文法》，四八三上）

121. 若有一物伤，辄为不平也；二物伤，辄为被刑也；三物伤，辄为群物伤也；……十物伤，乃为大纲伤，天数终尽更数也。（卷九十三《敬事神十五年太平诀》，四九八上）

122. 长生之文，莫不被荣，万物岩牙部（剖）甲而生，垂枝布叶，以当衣裳；雾露霜雪时雨，以当饮食；生长自成，覆叶（华）实，令给人。（卷一百十《大功益年书出岁月戒》，五五一中）

123. 卯故言东方，正卯为东之中，春生荣华，夏长其实，无所不施，莫不被德，故名东星为仁，不忍中伤。（卷一百十一《有德人禄命诀》，五五三下）

124. 父母怜念，妻子被患，疏亲快之，比邻恨其晚死，流后生。（卷一百十二《贪财色灾及胞中诫》，五五九中）

125. 不欲为善……家无大无小，皆被灾殃，反呵罪于天。（卷一百十二《有过死谪作河梁诫》，五六二下）

126. 安坐，吾不敢有可匿也，匿之恐得天责，使吾久被重谪，无益于吾天年。（卷一百十六《音声舞曲吉凶》，五八四上）

21例的分布情况是：丙部3例，丁部1例，己部2例，庚部15例。71.4％出现在庚部，比较集中。庚部这15例句式比较齐整，多是四字句，可能是受世俗文学的影响，也可能是早期汉译佛经“诗歌化的固定格式”对汉语的“反渗入”使然。

凶害1、流灾1、咎1、恩德1、（是）大灾2、刑1、荣5、德2、恩施1、大

---

① “归咎于……”“咎由自取”是我们现在还在用的词语，其中的“咎”是名词性的了。据张文国（2005：329—300），“咎”在他所调查的先秦十三部文献中的使用情况是：名词用法43例，动词用法12例；到了两汉时期，《史记》中“咎”字名词用法8例、动词用法3例，《论衡》中名词用法9例、动词用法4例。可见“咎”在古汉语中是个名动兼类词。《太平经》中的“咎”也是个名动兼类词（或曰抽象名词）。

教 1、患 2、灾殃 1、恩 1、谪 1，顺意与逆意之比是 11∶10。灾祸、灾殃也罢，恩荣、恩德、恩施也罢，“抽象名词（行为名词）/代词”表示的事情无论“逆意”还是“顺意”，对于受事者来说都是不可避免、不可抗拒的。所以，在动词“被”前常常出现一些表示没有例外的词，如：悉、莫不、无不、皆、世世、岁岁等。

词汇双音化也影响了该结构。个别例中的动词双音化了，如“被受大教”与“被恩受命”四字结构中的“被受”。抽象名词以单音节为主，为补足音节之需要，偶尔有双音节的名词短语，如偏正关系的“流灾”“（是）大灾”“大教”“重谪”，并列关系的“凶害”“灾殃”等。此外，还出现了“被受恩施”这样的结构，其音节节拍是 2＋2。

（二）从“动词‘被’＋其·抽象名词”到“介词‘被’＋其·及物动词”

汉以后，代词“其”的使用范围扩大，在南北朝的口语中，“其”可能已经成为真正的第三人称代词。具体到《太平经》中的“其”，在上文一般都可找出先行词；“其”的功能是“两可”的：既可分析为定语、与其后的抽象名词构成偏正短语，作动词“被”的宾语；也可看成充任介词“被”的宾语，是其后行为动作的发出者，功能是充任“被”字被动式中的施事成分。这种理解起来“两可”的语言现象发生在此阶段、此类结构中的“其”字身上。“其”所处的语法位置以及高使用频率，使它蕴含了“重新分析”的可能。① 在语言用户的心中，与其把“其”看成定语，不如把它看成“被”的宾语更合适，而一旦默认它是“被”的宾语，“其”就完成了由指示代词向第三人称代词的转化。更重要的是，其内部组合紧密关系有了变化：“被＋其·抽象名词（短语）”→“被·其＋及物动词”。这非常重要，是“被”字被动式形成过程、发展长链中十分重要的一环。

1. 动词“被”＋其·抽象名词（短语），11 例

抽象名词可以复杂化，比如可以带领属性修饰语。第三人称代词“其”就可以出现在这样的句法环境里。以下 11 例中的“其”，都是作定语，与其后的抽象名词构成偏正短语作动词“被”的宾语。

127. 帝王虽有万人之善，犹复无故被其害也。（卷三十七《试文书大信法》，三九一中）

① 重新分析的条件之一是数量足够多，数量足够多也说明运用广、得到了语言用户的认可。

128. 南山有毒气，其山不善闭藏，春南风与风气俱行，乃蔽日月，天下彼（被）其咎，伤死者积众多。（卷三十七《五事解承负法》，三九二上）

129. 承者为前，负者为后；承者，乃谓先人本承天心而行，小小失之，不自知，用日积久，相聚为多，今后生人反无辜蒙其过谪，连传被其灾，故前为承，后为负也。（卷三十九《解师策书诀》，三九四下）

130. 今有一家有兴功起土，数家被其疾，或得死亡，或致盗贼县官，或致兵革鬬（斗）讼，或致蛇蜂虎狼恶禽害人。（卷四十五《起土出书诀》，四〇九上）

131. 凡书为天谈，十十相应者是也，十九相应者小邪矣，十八相应者小乱矣，过此而下非真，不可用也，名为乱天文地理，阴阳不喜，万物战鬬（斗），人民被其大咎也。（卷七十《学者得失诀》，四六〇上）

132. 故失道意，不能安其君王，天下恟恟，皆被其过。（卷九十三《国不可胜数诀》，四九七下）

133. 故自天地四时五行日月星宿，共以真道要德养万二千物，下及六畜粪土草，皆被服其祕（秘）道要德而以得生长。（卷九十七《妒道不传处士助化诀》，五〇九中）

134. 传，得恶，被其患，死生异处，无敢有言。（卷一百十二《贪财色灾及胞中诫》，五五九下）

135. 慎无贪杀，当时自可，后被其患。（卷一百十二《七十二色死尸诫》，五六〇中）

136. 慎之慎之，勿枉行刑，初虽劳意，后被其荣。（卷一百十二《七十二色死尸诫》，五六〇下）

137. 功劳当见，不与俗等，人以为无益于家，内被其荣，岂不善邪？（卷一百十二《有过死谪作河梁诫》，五六三下）

这11例抽象名词的出现次数分别是：害1、（大）咎2、灾1、疾1、过1、秘道要德1、患2、荣2。顺意与逆意之比是3∶8。这与行文或谈话的内容有很大的关系。另外，仅“祕（秘）道要德”比较特殊，是四音节的名词性组合，其余基本上是单音节抽象名词。这种短小的“动词‘被’＋其·抽象名词（短语）”也许是为了突出、强调受事主语的遭受性；结构短小也是语言口语性强的表现。这11例的分布情况是：丙部4例，戊部1例，己部2例，庚部4例。

2.“被（蒙）其德（教）化”，4例

语言的演变是渐变的，因此正处于渐变地带的语例往往有两解。张延俊（2006：120）认为“施事者与被动动词之间的关系也可以理解为施事性修饰语和中心语之间的关系。”而柳士镇（1992：323）则认为“被动句中的施事者与被动动词之间在逻辑事理上也是一种主谓关系”。①《太平经》中的“被”字既有动词用法又有介词用法，在某些具体的例子中，其词性颇难确定。如：

138. 吾道乃能上安无极之天，下能顺理无极之地，八方莫不悦乐来降服，扰扰之属者莫不被其德化、得其所者也。（卷四十六《道无价却夷狄法》，四一二下）

139. 夫天地阴阳之间，莫不被其德化而生焉。（卷七十二《斋戒思神救死诀》，四六四下）

140. 其善乃洞究洽于天地，其神乃助天地，复还助帝王化恶，恩下及草木小微，莫不被蒙其德化者。（卷九十六《守一入室知神戒》，五〇一下）

141. 请问太平气俱至，人民但当日相向而游，具乐器以为常，因以和调相化，上有益国家，使天气和调、常喜国家寿，天下亦被其德教而无咎。（卷一百十三《乐怒吉凶诀》，五六六中）

以上4例的分布是：丙部、戊部、己部和庚部各1例。“其德化”既可看作偏正短语，也可看作主谓短语。例138中的“被其德化”如果与“得其所”是并列关系，则可视“被其德化”为“动词‘被’＋其·抽象名词”结构；但此“得其所”也可视为“被其德化”的结果，二者有时间上的先后关系与逻辑上的因果关系，是一种连动结构。例139与例141结构上很相似：“被其德化（教）”都是前提，与表示“德化”结果的成分构成连动结构。造成这种情况的原因应该与“德化（教）”的词性有很大的关系。据张文国（2005），“德”在汉代以后还是基本

① 参见本文第79页脚注①。

上充任名词,[①] 而“教/化”则动作意味较浓，尤其是“化”的动词性鲜明。这样，“德”与“教/化”的组合“德化（教）”的词性就被“中和”了。既是动词和名词，又不是动词和名词，这也就使得“被其德化（教）”在结构分析上模棱两可，但这类句子让我们看到了“被”由动词演化为被动标记的脉络。

3. 介词“被”+其·及物动词，3 例

用代词“其”来充任“为”字式的施事成分是中古时期新生的语法现象。据柳士镇（1985),“其”字充任“为”字式被动句中的施事成分，此功能与它在魏晋时兼可充任主宾语的用法相一致，当是中古初期之语法现象。而“被”字被动式在发展过程中受到“为”字被动式的类化影响。《太平经》这样的例子有 3 例。

142. 人人被其毒害，人安得寿?（卷四十二《四行本末诀》，四〇二下）

143. 真人被其谪罚，则凶矣。（卷四十五《起土出书诀》，四一一中）

144. 人有难化，知有不足，皆被其殃枉。（卷一百十二《衣履欲好诫》，五六四中）

以上 3 例的分布情况是：丙部 2 例，庚部 1 例。3 例中的及物动词都是双音节的动词组合，这可能与词汇的双音化有关；客观上双音节及物动词组合（如“谪罚”“德化”“殃枉”等）作句中主要的谓语成分，使动词性更加凸显，对主语“其”的陈述性就更强，这大大削弱了其前“被”的动词意味，“被”字已经处于次要动词的地位，这时的“被”字已经开始了它的虚化历程，语言用户可能就干脆视“被”为被动标记。

从某种程度上说，“介词‘被’+其·及物动词”是“动词‘被’+其·抽象名词（短语）”发展的结果，“被（蒙）其德（教）化”是这个类化过程中的“半成品”。以上带“其”的“被”字结构共 18 例，他们的分布情况见表 4-1。

① “德”在上古十三部文献中的使用情况是：名词用法 841 例，而动词用法只 55 例；在《史记》与《论衡》中的情况是：名词用法 375 例，而动词用法仅 13 例。参见张文国（2005：329—300)。

表 4-1 《太平经》带“其”的“被”字结构的分布情况

格式 分布	丙部	丁部	戊部	己部	庚部	合计
动词“被”＋其·抽象名词（短语）	4	0	1	2	4	11
被（蒙）其德（教）化	1	0	1	1	1	4
介词“被”＋其·及物动词	2	0	0	0	1	3
合计	7	0	2	3	6	18

（三）助动词“被”＋及物动词，7 例全部出现在庚部

“被 V”式形成于上古晚期，是“被 V”式中产生最早的一种类型，也是上古唯一的“被 V”式变体。当时使用不多，直到中古时期才真正发展起来，成为“被”字式中使用频率最高的一种变体。根据唐钰明（1987）的抽样统计，在中古时期的十多种文献中，有“被”字式 541 例（东汉 29 例、六朝 512 例），其中光是“被 V”式就占了 474 例（东汉 29 例全部属于“被 V”式），占总数的 88%。“被 V”式普遍存在于中古时期的各种文献中。《太平经》庚部中有 7 例。如：

145. 是故使民至于无道而治，共乱天正道，人异政治，故人民万物多被冤也。（卷一百八《灾病证书欲藏诀》，五四三中）

146. 谷草近人不寿，远人民，然亦复长久；丛社之树，小得自矣，易世被诛，延及孙子。（卷一百十二《有过死谪作河梁诫》，五六三下）

147. 大神曰：“被使往视其人，积其日数，视功效。”（卷一百十四《有功天君勑（敕）进诀》，五七六上）

148. 诸神未白，天君闻知，被遣当直之神承教见之。（卷一百十四《有功天君勑（敕）进诀》，五七五中）①

149. 惟天上有圣明之人……皆豫知天君所施为，常倾耳听……顾君呼召无时，不敢私出，公事乃行，辄关意相白，乃敢出。所周所徧（遍），被勑

① 例 148 中的“被遣当直之神”是偏正短语，连动短语“被遣当直”作中心语“神”的定语。“被”字式被动句充任定语，原表示主语的成分转为中心词，后汉王充《论衡》中已开先例，译于南朝齐年间的《百喻经》中也有用例。参见柳士镇（1985）、曹小云（1999）。

（敕）当所案行，不敢留止须臾之间。（卷一百十四《不用书言命不全诀》，五七六中）

诚如太田辰夫（2003：227）所说，（古）汉语中多数抽象名词本身也就是动词，而我们将这几例中“被”后的成分视作动词，是因为它们的动作性较强，如“冤”“诛”“勑（敕）”“遣”等。再看下面2例：

150. 还白：“日被勑（敕）教，视中和有功人，还白如使神言。”（卷一百十四《有功天君勑（敕）进诀》，五七六上）

150′. 唯（虽）见存亡之事，内心惶恐，被受大教，辄当行通，施恩布惠，有益于上，有益于人，著名录籍，常在不死之位。（卷一百十一《有知人思慕与大神相见诀》，五五六下）

“教”是个现象与过程相统一的名动兼类词，在上面两例中我们作了不同的处理：例150看作助动词“‘被’＋动词”，而例150′看作“动词‘被’＋抽象名词”；这是因为：例150′中的并列结构“被受”动词性强，“大教”宜视为偏正关系的名词性短语；而例150中的“勑（敕）”动词性强，与它并列而构成的组合“勑（敕）教”应是动词性组合，这样“被”就容易被视为助动词，虚化为构成被动关系的被动标记。“‘被’＋强动作动词”短语这样的句法结构是“被”由动词向助动词发展的良好环境。

柳士镇（1985）在分析《百喻经·得金鼠狼喻》“见善获利，内无真心，但为利养，来附于法。命终之后，堕于恶处，如捉毒蛇，被螫而死”时曾经说：“‘被’字式被动句充任状语，表示被动动词动作结果的补充成分转为中心词，此为较早之用例。”《太平经》庚部中也有这样的用例：

151. 反使后生者相教，每为道：道令人痴狂慢欺，又行被淹污辱而乞匄，因以此行而名之，谓为痴狂乞匄者之道，反使凡人共骂天，共贱正道，断绝大化。（卷一百十七《天咎四人辱道诫》，五九一上）①

① 关于“淹”，参见本文第51页脚注①。

“淹污辱”三字连文充任状语，“乞匄”是并列式的动词组合，反映了时代特色。

（四）介词“被”＋（名词施事）＋VP，8 例

“被 AV”式是现代汉语“被”字被动式的主体。据魏培泉（1994），“被 V”和“被 AV”并不是平行发展的，后者的发展要落后于前者。与“被 V”式相比，“被 AV”式是一种结构完整、具有明晰性的被动形式，具有很大的发展潜力，到近古汉语中，它在使用频率上终于超过“被 V”式，成为“被”字式的主流形式。但是“被 AV”式在中古时期还较少使用。《太平经》时代的语言大背景是“被”的动词性还很强，但有一些有争议的例子①使我们去重新认识“被 AV”被动式的产生。除了上面已经提到的 3 例“介词‘被’＋其・及物动词”和 7 例“助动词‘被’＋及物动词”外，《太平经》中还有 8 例“被”是被动标记。

1. 介词“被”＋名词施事＋简单及物动词，4 例

（1）施事是直接明白的名词

152. 故夫要道祕（秘）德，乃所以承天心而顺地意，可以长安国家，使帝王乐者也；而反禁绝，不以力化人，有谪于天，罪不除也。……今世反多闲（闭）绝之，故愚人共为猾，失天道，不自知为非，咎在真道善德不施行，故人多被天谪，当死不除也。（卷九十七《妒道不传处士助化诀》，五一〇上）②

153. 自分不知戒文也，而被大神恩贷，教之乃如是，何敢自息而不进所知所言乎？（卷一百十一《有知人思慕与大神相见诀》，五五七中）

154. 故乐者，阳也；刑罚者，阴也。阴之与阳，乃更相反，阳兴则阴衰，阴兴则阳衰。阳者，君也；阴者，臣也。君盛则臣服，民易治；臣盛则君治侮乱，此天自然之法也。故当从其君乐也，以猒（压）其民臣，止其数怒也。下古之人愚，不深知其意，反多断绝之，故使阴气盛、阳气衰也。阴气盛则多盗贼，罪人不绝，凡万物不生也，多被阴害，大咎在此。（卷一百十

① 如前面带“其”的“被”字结构，有的其实可以两解的。

② 例 152 引文较长是为了有助理解。

三《乐怒吉凶诀》，五六七上）①

道教世界里的“天”是先知先觉、有生命的，具有无上的权力（甚至生杀予夺大权），例152中的“天”具有施事能力，上文有“有谪于天”与“被天谪”相呼应，“被天谪”中的“被”已经是很明确的介词用法。例153中的“大神”是天君的使者，也可以发号施令，具有施事能力。《太平经》中的“阴”与“阳”是一对出现频率很高的名词，表达的是抽象的概念，在不同的情况下有不同的具体含义和所指。例154的“阴”也是个抽象的概念，具体表现是“阴气”，与“阳气”相对，具有很强的支配力和杀伤力，看来也是有生命力的。如此看来，“天”“大神”和“阴”都是道教世界里具有超能的“超人类”。施事主语的超强生命力决定了与之搭配的及物动词“谪”“恩贷”“奉使”和“害”的动作性也都比较强。“‘被’＋名词施事＋简单及物动词”中的“被”被视为介词，与人的认知心理的影响和“为”字被动式类化有关。

一般来说，强动作性的事物容易引起注意，而随着注意点的改变，人类知觉场的图形和背景是可以相互转化的。“名词施事＋简单及物动词”很容易被看作一个完整的主谓结构，而且陈述性、动作性很强，这样，受到人的认知心理的影响，人的注意力发生转移，“名词施事＋简单及物动词”就被突显为前景图形，而“被”则被忽略为背景衬托，由谓语动词变成被动标记。

另外，中古时期是“为”字被动式发展的高峰时期。据张延俊（2006：119）“中古时期几种有标记被动式类型的使用频率表”，在中古时期的16部文献中，“为”字式在几种有标记被动式中使用频率最高，达66%。“被”字式不能不受其影响和类化。

（2）“被天奉使”个例分析②

155. 过重谪深，四十年矣，乃得复上为诸神使，中者三十，下者其十，夺其所主，各有分理。……仙士……出入表里，慎无误失，详谛所受，被天奉使，不可自在，当辄承命，不得留久，辄有责问不顷时矣。（卷一百十二

① 例154引文较长也是为了有助理解。

② 此例在本章第二节的“二、（二）2.”例82已经提到。

《写书不用徒自苦诫》，五六一上）①

“使”是一个名动兼类词，动词是其“用”而名词是其“体”，被“使（唤）”的人就是“使者”。当“张三使李四”时，可以说李四是张三的使者，张三在某种程度上也对李四具有领属性，或者说在（行政）级别上要高出被使役者李四。而当“使”与动作性较强的使役动词“驱”构成并列组合“驱使”，或者构成动词性偏正短语“奴使”（像对待奴隶一样地使役或被使役）时，② “使”的动词性就更加突出。如：

A. 治百中百，治十中十，此得天经脉谶书也，实与脉相应，则神为其驱使；治十中九失一，与阴脉相应，精为其驱使；治十中八，人道书也，人意为其使；过此而下，不可以治疾也，反或伤神。（卷五十《灸刺诀》，四三一中）

B. 遗腹子……时以行客，赁作富家，为其奴使。（卷一百十四《大寿诫》，五七八中）

“驱使”的出现，使例 A 中的“精/神为其驱使”只能视作被动结构，下文的“为其使”受“粘连”，也应该视作被动结构了。例 B 中的“奴使”，其出现语境是“（遗腹子）为其奴使”，“遗腹子”是受事主语，“其”是遗腹子打工所在的“富家”。③ 遗腹子被富家像奴隶一样使役，“为其奴使”是被动结构。

但东汉时的“为”仍是个多义动词。《太平经》中的“李四为张三使”类结构就是个两解的歧义结构，“为”可能是系动词，也可能是被动标记。但是如果上下

---

① 《太平经》中“奉使”3 见，其中“被天奉使”相当于“被天使”，“奉”含表敬之意。“奉”的表敬意味可能来源于“奉”本义的引申。《说文解字》《玉篇》：“奉，承也”，“奉”即双手捧着。“奉”带表敬色彩，多用于对尊长或上级，古今汉语都有这样的例子。《汉语大词典》（缩印本）释“奉使”为“奉命出使”，有待补正。

② “奴使（之）”在史书中出现次数较多。据黄增寿（2005a：17—18），“奴使”应该是表示比喻的主谓结构，是一种动态的比喻，侧重的是两事物之间动作上的相似性；整体上具有一定的独立性。它以一个整体的形式与句中其他成分发生语法关系。史书上沿用，这在客观上也使它容易凝固成词。本文认为把它视作动词性的偏正短语亦无不可，意为“像对待奴隶一样地役使或被役使”。

③ 下文是“一岁数千，衣出其中，余少可视，积十余岁，可得自用还故乡”。

文有所提示，则可获得正确的解释只有一解。如具有互指功能的“相”常与动词组合成“相 V”，表示相互如何如何；但据吕叔湘（1942）、王洪君（1991），“相”还具有偏指功能；偏指与互指的“相”，与动词组合时在文字表面上是一样的，都是“相 V”。道教世界里是“神神相使”的。[①] 如下例：

C. 夫地为天使，人为地使，故天悦喜，则使今年地上万物大善；天不喜悦，地虽欲养也，使其物恶。地善，则居地上者人民好善，此其相使明效也。（卷四十《分解本末法》，三九六上）

通过上下文我们可以知道是“天使地”而非“地使天”。因为按照常理，能够使唤他人的主体，在级别上一般要高出被使唤者。例中“相使”只有一解，因为不存在“地使天”的情况。[②]

回头再看例 155。“被天奉使”的上文有“变化有时，不失纲纪，四时之气，不可犯矣，辄有精神，无复疏矣。”因此，天上的“精神”们“犯规/罪”了就被处罚，量刑处罚，有四十年、三十年或十年“卖菜都市，不得受取，面目为丑，人所轻贱，众人所鄙视”不等。刑满了则又上天去“为诸神使”。“被天奉使”的下文有“神仙尚退，何况愚士？……天责人过，鬼神为使，不如天教，辄见殃咎……有命当存，神神相使，乘云驾龙，周遍乃止……为大神所使……为天土神所使。……神仙尚有过失，民何得自在？”这些帮助我们做出一个判断：“被天奉使”与“为诸神使”在结构上都只有“一解”，都是被动结构。

“被 AV”被动式用例的出现，是汉语被动句式继续发展的重要标志。[③] 从被动式发展的历史来看，被动式之间普遍存在着相互影响、相互渗透以至于类化的现象，在两汉及其前就出现并大量使用的“为 AV”式也会影响、渗透、类化后出的“被”字式被动句，这样，“被天奉使”可看成是被“（受事主语）为 A 使”类化的结果。曹小云（1999）认为：“汉语发展史揭示：‘被’字句中‘单纯单音动词’使用的频率越高，说明这时的‘被’字句越不发达。”中古汉语里的“被”字还比较多地保留动词用法，这限制、延缓了其介词用法的发展，使其在晋代乃

① 见《太平经》庚部卷一百十二《写书不用徒自苦诫》。
② 《太平经》所展示的道教世界是分等级的。“天”“地”“人”就是经常提到的三种等级。
③ 何亚南（2001：140）。

至南北朝时期没有能够出现突进式的局面。“被天奉使”这类“被”字后带施事者的句式在当时还比较罕见，六朝以后发展很快。汉语发展的必然趋势是，“被”字的用法不断丰富和日趋精密，其必然结果是：“被”字被动式成为汉语占主导地位的被动表达方式。而早在东汉，《太平经》中就出现了“被 A＋动补短语”的用例，显示了其生命力之强。

2. 介词“被”＋（施事）＋动补短语，4 例

156. 先生稍稍共废绝道德，积久复久，乃至于更相承负，后生者被其冤毒灾剧，悉应无道而治。（卷九十二《万二千国始火始气诀》，四八九中）

157. 人人被邪文愚蒙积久，故常勑（敕）真人，使出吾道以付上道德之君，以示众贤。（卷九十七《妒道不传处士助化诀》，五一〇中）

158. 被勑（敕）觉寤（悟），乃以先古有心忠诚，进在所知，无不包怀。（卷一百十《大功益年书出岁月戒》，五四七中）

159. 用书念生为善，为有活望，复有恶言不顺者，被疏记不息也。（卷一百十四《见诫不触恶诀》，五七二中）

例 158、159 中的施事承前省略。

“被”字式带多种意义的补语被认为是“被”字式发展过程的新现象①，中古时期的补语已经具有语义类型的多样性（张延俊 2006：135，215）。据袁宾先生（1989）研究，《世说新语》《百喻经》和《文选》中的“被”字式除有一例动词带有时态助词外，均不带任何补语，但发展到唐代，《祖堂集》和《敦煌变文集》中动词带补语的用例已分别占“被”字句总数的 22％和 17％。“被”字式带补语这种语言现象在口语性很强的《太平经》中已经出现，这 4 例已悄悄显示了“被”字式动词复杂化的发展趋势。例 156 中“剧”是程度补语，例 157 中“积久”是时间补语，例 158 中“觉寤（悟）”是结果补语，而例 159 中的“不息”是状态补语。其他语义类型的补语在《太平经》“被”字被动式中未见。

① 参见袁宾（1989）。

（五）小结

1. 频率

《太平经》中“被”字出现 57 次，其中 35 例为动词用法，占“被”字出现次数的 61.4％；其中“动词‘被’＋抽象名词（短语）”和“动词‘被’＋其·抽象名词（短语）”共 32 例，占“被”字出现次数的 56.1％，占《太平经》中 35 例动词“被”91.4％的出现频率，此类结构如此高的出现频率对动词“被”虚化为介词非常重要。有 4 例处于过渡状态，占“被”字出现次数的 7.0％。有 7 例“助动词‘被’＋及物动词”集中出现在庚部，占“被”字出现次数的 12.3％。“介词‘被’（A）V”结构共出现 11 例，占“被”字出现次数的 19.3％。“被”作为被动标记出现次数共 18 例，出现频率占《太平经》有标记被动式总数的 5％，占“被”字使用次数的 31.6％。另外，虽然“被 V”式的产生早于“被 AV”式，但两者的句式结构并不相同，而且后者的发展势头比前者好：“被 V”式与“被 AV”式在《太平经》中的出现次数之比（7∶11）就是一个证明。数据如表 4-2 所示。

表 4-2 《太平经》中的“被 V”“被 AV”被动式大概情况

<table>
<tr><th>格式</th><th colspan="2">次数</th><th colspan="2">百分比（％）</th><th>备注</th></tr>
<tr><td>动词“被”＋普通名词</td><td colspan="2">2</td><td rowspan="2">5.3</td><td rowspan="4">61.4</td><td rowspan="4">动词
35 例</td></tr>
<tr><td>动词“被”＋代词“之”</td><td colspan="2">1</td></tr>
<tr><td>动词“被”＋抽象名词（短语）</td><td>21</td><td rowspan="2">32</td><td rowspan="2">56.1</td></tr>
<tr><td>动词“被”＋其·抽象名词（短语）</td><td>11</td></tr>
<tr><td>“被（蒙）其德（教）化”</td><td colspan="2">4</td><td colspan="2">7.0</td><td>过渡 4 例</td></tr>
<tr><td>助动词“被”＋及物动词</td><td colspan="2">7</td><td>12.3</td><td rowspan="4">31.6</td><td rowspan="4">被动
标记
18 例</td></tr>
<tr><td>介词“被”＋其·及物动词</td><td>3</td><td rowspan="3">11</td><td rowspan="3">19.3</td></tr>
<tr><td>介词“被”＋名词施事＋简单及物动词</td><td>4</td></tr>
<tr><td>介词“被”＋（施事）＋动补短语</td><td>4</td></tr>
<tr><td>合计</td><td colspan="2">57</td><td colspan="2">100</td><td></td></tr>
</table>

除 4 例被视为处于过渡阶段外，“被”在《太平经》中作动词和被动标记的次数之比是 35∶18，其中“被 AV”式 11 例。据何亚南（2001：140），“被”字的动词用法丧失得越多，它作为表被动介词的性质也就变得越成熟，反之成熟性就

越差。中古汉语被动句的整体语言背景是“被”字的动词用法还较为多见，这是“被 AV”式发展缓慢的原因之一。

“被”字被动式的萌芽大约是在战国后期，《战国策》《韩非子》等可见到少数几例，是直接与动词相连的。到汉代，“被”字式的运用有所增多。而关于东汉佛经，高列过（2003：18）申明：“我们统计的东汉佛经中，没有发现可靠的‘被’字式被动句。”据曹小云（1999），《论衡》中“被”字式 9 例，其中“被·动”式 7 例，“被·所·动”式 2 例。汉末之前，“被”字式中“被”字后面尚不能或尚未出现施事者。大约在东汉末年，开始出现“被”字引进施事者，如蔡邕《被收时表》：“臣被尚书召问。”但一直到隋唐之前，这样的例子仍不多见，较多的例子在唐代及唐代以后才可以看到。现在仅东汉道教典籍《太平经》一书中就有引进施事者的“被”字式 11 例，这应该引起我们的注意。

2. 分布

（1）“被”字在《太平经》中的分布情况（表 4-3）

“被”字在《太平经》中的分布情况如何呢？有没有规律可寻？见表 4-3。

表 4-3 “被”字在《太平经》中的分布情况

格式 \ 分布（次数）	丙	丁	戊	己	庚	小计	备注
动词“被”＋普通名词					2	3	动词
动词“被”＋代词“之”				1			
动词“被”＋抽象名词（短语）	3	1		2	15	32	
动词“被”＋其·抽象名词（短语）	4		1	2	4		
小计	7	1	1	5	21	35	
“被（蒙）其德（教）化”	1		1	1	1	4	过渡
助动词“被”＋及物动词					7	18	被动标记
介词“被”＋其·及物动词	2				1		
介词“被”＋名词施事＋简单及物动词				1	3		
介词“被”＋（施事）＋动补短语				2	2		
小计	2	0	0	3	13		
合计	10	1	2	9	35	57	
各部出现次数占总次数的百分比（%）	17.5	1.8	3.5	15.8	61.4	100	

(2)“於（于）”字式、“被”字式等在《太平经》中的分布情况

庚部如此高的出现频率，可能与该部字数较多有关，但更可能与该书的内容和文体有关。这不由人联想到“於（于）”字式、“见 V 于 A”式、“为 A 所 V”式（及其变体）及“所”字式在《太平经》中的分布情况。这 5 类格式的分布情况见表 4-4。

表 4-4 “於（于）”字式、“被”字式等在《太平经》中的分布情况

<table>
<tr><th colspan="2">分布
格式</th><th>丙</th><th>丁</th><th>戊</th><th>己</th><th>庚</th><th colspan="2">小计</th><th colspan="2">百分比（%）</th></tr>
<tr><td colspan="2">“於”字式</td><td>3</td><td></td><td></td><td>5</td><td>4</td><td colspan="2">12</td><td colspan="2">12.8</td></tr>
<tr><td colspan="2">“见 V 于 A”式</td><td>3</td><td></td><td></td><td>7</td><td>2</td><td colspan="2">12</td><td colspan="2">12.8</td></tr>
<tr><td colspan="2">“为 A 所 V”式（包括变体）①</td><td>5</td><td>2</td><td>3</td><td>9</td><td>21</td><td colspan="2">40</td><td colspan="2">42.5</td></tr>
<tr><td colspan="2">“所”字式</td><td>2</td><td></td><td></td><td></td><td>10</td><td colspan="2">12</td><td colspan="2">12.8</td></tr>
<tr><td rowspan="2">“被”字式</td><td>“被 V”</td><td></td><td></td><td></td><td></td><td>7</td><td>7</td><td rowspan="2">18</td><td>7.4</td><td rowspan="2">19.1</td></tr>
<tr><td>“被 AV”</td><td>2</td><td></td><td></td><td>3</td><td>6</td><td>11</td><td>11.7</td></tr>
<tr><td colspan="2">合计</td><td>13</td><td>2</td><td>3</td><td>24</td><td>50</td><td colspan="2">94</td><td colspan="2"></td></tr>
<tr><td colspan="2">各格式在此 5 类中所占百分比（%）</td><td>13.8</td><td>2.1</td><td>3.2</td><td>25.5</td><td>53.2</td><td colspan="4">100</td></tr>
</table>

这 5 类格式共出现 94 次，仅在庚部就出现 50 次，占一半以上。7 例“被 V”全部出现在庚部，11 例“被 AV”未见于丁部和戊部，而丁部和戊部在此 5 类中仅见“为 A 所 V”式（包括变体），分别占 94 例的 2.1%和 3.2%。庚部多是说教性书面语，为了强调、更为了让“读”者少生误解和歧解，得表达得相当清晰才行。内容与文体及字数多少可能对此有一定的影响，但这还是使人怀疑丁部和戊部与庚部的写作或写定时间有一定的差距。

3. “被”字式语法结构的复杂化

据张延俊（2006：132—133），中古时期“被”字式语法结构有复杂化的表现。其一是谓语双音动词组合用例的增加。上古时期“被”字式谓语动词基本为

① 详见本章第二节“二、（三）1”的表 3-2 和“二、（三）3”的表 3-3。

单音节，双音节极为罕见，调查所及，仅见 1 例，即《墨子·贵义》“薄者被毁丑”，其中“毁丑”的意思是“诽谤、羞辱”。到中古时期“被”字式谓语在主动式和其他类型被动式谓语的影响下，开始吸收一部分双音动词，如《世说新语》有“被”字式用例约 32 个，其中带双音动词的有 4 例，占 13%；《水经注》有“被”字式用例约 10 个，其中带双音动词的有 2 例，占 20%。《太平经》中“被”字式 18 例，其中带双音动词的有 8 例，带三音动词的有 2 例，共 10 例，占 55.5%，远远高于《世说新语》和《水经注》。中古时期“被”字式语法结构有复杂化的表现之二是谓语成分的复杂化。上古时期，“被”字式一般带光杆动词，到中古时期，语法结构趋于复杂。《太平经》中有 4 例“被”字式带补语且语义类型不一，占 21.1%。

另外，“被 V”式萌芽于战国后期，到汉代运用有所增多。大约在东汉末年，开始出现“被 AV”式；《太平经》中“被”字被动式 18 例，带施事成分的“被 AV”式有 11 例，占 61.1%，大大高于同期平均比例。[①] 7 例“被 V”式中有 5 例是单音节动词，与“被”刚好构成“1+1”的音节节拍。另 2 例“被 V”式，其一是带状语的“日被勑（敕）教”，节拍是“1+1+2”；其一是充任状语的“被淹污辱而乞匄”，节拍是“1+3”，都很有节奏感。即 7 例“被 V”式仅有 2 例是复音词，而仅“日被勑（敕）教”中是偶音节动词。这与 11 例“被 AV”式的节拍情况形成对比。11 例“被 AV”式中的“AV”，仅 2 例是“1+1”的音节节拍，其余 9 例“被 AV”式的节拍情况是：“1+1+2”节拍 5 例，[②]“1+2+2”节拍 2 例，[③]“1+3+1”节拍和“1+2+2+2”节拍各 1 例。[④] 这 9 例中有 8 例的动词是偶音节的，占 11 例“被 V”式的 72.7%。见简表 4-5。

---

① 据张延俊（2006：167），不带施事成分的“被 V”式是上古时期“被”字式的唯一类型，也是中古时期“被”字式的主要类型，占中古时期“被”字式语例总数的约 88%。

② 即“被其毒害”“被其谪罚”“被其殃枉”“被天奉使”“被勑（敕）觉寤（悟）”。

③ 即“被大神恩贷”“被疏记不息”。

④ 即“被冤毒灾剧”和“被邪文愚蒙积久”。

表 4-5 《太平经》中的“被 V”式、“被 AV”式节拍情况

<table>
<tr><th>格式</th><th>节拍</th><th colspan="2">例数</th><th>比例（%）</th></tr>
<tr><td rowspan="3">“被 V”式</td><td>1+1</td><td>5</td><td rowspan="3">7</td><td>71.4</td></tr>
<tr><td>1+1+2</td><td>1</td><td>14.3</td></tr>
<tr><td>1+3</td><td>1</td><td>14.3</td></tr>
<tr><td rowspan="5">“被 AV”式</td><td>1+1</td><td>2</td><td rowspan="5">11</td><td>18.2</td></tr>
<tr><td>1+1+2</td><td>5</td><td rowspan="3">72.7</td></tr>
<tr><td>1+2+2</td><td>2</td></tr>
<tr><td>1+2+2+2</td><td>1</td></tr>
<tr><td>1+3+1</td><td>1</td><td>9.1</td></tr>
</table>

“适者生存”，带施事成分的“被 AV”式比“被 V”式更适合双音节化的潮流，其状语、施事成分甚至补语的有无及它们的字数（相当于节拍数）可以互相调整，以达到最合口、顺耳甚至养眼的效果。所以虽然“被 AV”式比“被 V”式后出但在发展上渐渐超出，并最后成为被动式的主流句型。

11 例中 2 例施事成分承前省略，有代词“其”4 例，有名词 3 例，还有偏正性名词短语 2 例。“被”字式中的施事者，上古时期均为人类，中古时期由人类扩展到动物、植物和非生物，生命度开始下降。《太平经》中“被”字式中的施事者的生命级别与同期情况不太相同，仍以有生命、有支配力的天地神祇为主。因为施事成分生命度没有下降，《太平经》“被”字式谓语的生命度也就没有下降。

4.“被”字式的感情色彩

“被”字式在上古时期基本上用于消极场合，从中古时期开始，用于积极和中性场合的语例出现很多。① 《太平经》中 18 例“被”字式的感情色彩既有消极的，也有积极的，还有中性的，其比例消极∶中性∶积极＝11∶3∶4；其中庚部 7 例“被 V”式的感情色彩情况是消极∶中性∶积极＝3∶2∶2，色彩倾向不十分鲜明；而丙部、己部和庚部共 11 例“被 AV”式的感情色彩偏向于表达逆意为主了，具体情况是消极∶中性∶积极＝8∶1∶2。可见，《太平经》中的“被”字式也以表

① 如：（1）始作谢玄参军，颇被礼遇。（《世说新语·谗险》）（2）又为汝南王悦郎中令，复被爱信。（《魏书·阴仲达传》）（3）眼不识文，被举南馆。（《朝野佥载》第一卷）

示对受事主语逆意的意思为主，但也可以用于除此之外的场合，因为用于消极场合并不是“被”字式的本质属性。

从某种程度上说，“被”字式尤其是“被 AV”式的发展乃至成熟，是与施事成分生命级别的不断下降息息相关的，二者是相辅相成的。“被”字式中的施事者，上古时期均为人类，中古时期由人类扩展到动物、植物和非生物，生命度开始下降，到近古时期，动物、植物和非生物方面的用例大量增加，生命度继续下降。随着施事成分生命度的下降，“被”字式谓语的生命度也在下降：不少表示动物动作和非生物运动、变化以及作用的动词纷纷出现在“被”字式的谓语中。而且，从“被”字式的前身①开始，它所表示的就不限于消极意义。不局限于某种特定场合，这使“被”字式的适用范围较广。感情色彩的中和性是“被”字式能够脱颖而出成为有标记被动式主流的原因之一。

5. “被”字式语法功能的扩展

上古时期“被”字式处于萌芽阶段，语法功能比较单一，只能作句子主干，到中古时期，“被”字式的语法功能扩展到充任句子宾语、定语和状语等多个方面。在《太平经》18 例“被”字式未见宾语用法，有定语和状语用法各 1 例，②其余 16 例仍充任句子主干。“被”字式语法功能的扩展也是其生命力强的一个表现。

---

① 即“遭受”义的动词用法。

② 见本节“二、(三)”。其中例 148、例 151 的“被”字结构分别是定语和状语用法。

第三章 《太平经》中的“蒙”字式、“受”字式和“得”字式

这三类被动式有共同点，放在一起讨论。

对于含有“遭受”义动词的句子，在汉语学术界是颇存争议的。当“受”等动词的宾语属于名词或从句法标记上看可以理解为名词时，它们显然不可能是被动式；[①] 但是，“受”等都是含有“遭受”义的弱动作动词，本身具有转化为被动标记的天然条件，而当它们的主语都包含有一定的受动性，本身也具有转化为被动式主语的天然条件，在这种情况下，当“受”等动词的宾语可以理解为及物动词时，我们就无法否认它们的被动式性质。[②] 尽管“受”字式等有时可以理解为被动式，可是我们又不得不承认它们是并不十分成熟的被动式，这是因为：一、这类可以理解为被动式的用例太少；二、这些被动式的谓语一般还比较简单，其复杂程度远不能与“被”字式等类型的谓语相比，因此其进化程度不如“被”字式等；三、这些被动式的谓语动词往往还有比较实在的意义。[③]

---

① 张延俊（2006：28—29）已将被动式与“遭受”义动词谓语句进行了比较，认为带名词性或者动宾短语的受到义动词的动词句不是被动式，而是主动式。“受到”义动词有“被”“蒙”“得”和“受”等，当它们带有名词性宾语或动宾短语等宾语时，其所在短语也是主动式的。在“被”“蒙”“得”“受”中，“得”“获”是天然的“受到”义动词，而“被”“蒙”“受”等则是由后天转变而成的“受到”义动词。

② 关于“受”字句等是不是被动式，我们还可以用被视为成熟被动标记的“被”字来进行检验。虽然替换不是很科学的语法研究方法，但许多例子中的“受”等确实可以替换为“被”字，而且这种替换在实际的语言运用中也是可以看到的。至于这些被动式类型与“见”字式、“被”字式等类型配合使用的现象，在实际的语言中更是屡见不鲜。

③ 参见张延俊（2006：29—31）。

第一节　《太平经》中的“蒙”字被动式

一、关于“蒙”字式①

（一）“蒙”字式的兴起

“蒙”最初是一种藤蔓植物的名称，后引申出“覆盖”义，所以《说文解字·艹部》：“蒙，覆也。”可见，“蒙”跟“被”一样，都有“覆盖”义。在用法上，作为动词的“蒙”也与动词“被”一样，首先使用于主动句。其次，“蒙”字在无标记被动式中充任谓语。再次，“蒙”字在“受到”义动词谓语主动句中充任谓语。以“蒙”为谓语的无标记被动式，由于受到主动式的同化作用，从而转化为“受到”义动词谓语主动句，这时，“蒙”的意义也由“被覆盖”演变为“得到”“受到”。如《荀子·王制》：“百姓晓然皆知夫为善于家，而取赏于朝也；为不善于幽，而蒙刑于显也。”“蒙刑于显”即“在光天化日之下受到惩罚”。最后，当受到义动词谓语主动句中的谓语“蒙”带的宾语可以理解为及物动词时，所在结构就会在汉语无标记被动式的同化下转化为“蒙”字被动式。《荀子·王制》中的“蒙刑”也可以理解为“蒙”字被动式，因为“刑”也有及物动词的用法，② 不过，上古时期，这类可以理解为“蒙”字式的用例很少，在这种语言背景下，就很难说“蒙刑”已经是“蒙”字被动式了。“蒙”字式到中古时期才正式出现。简言之，“蒙”字式也经历了一般主动式——被动式——“受到”义动词谓语主动式——“蒙”字被动式几个演变阶段，这种新兴的语法结构也是采取和它相适应的词汇形式来表现的。简示如下：

（名词“蒙”）⟶动词“蒙”＋NP⟶蒙被＋VP⟶介词“蒙”＋N＋VP

↘蒙＋（其/之）·NP↗

第一步⟶第二步⟶第三步

与“被”字式的发展一样，第二步发展到第三步很关键，是过渡阶段，“蒙”后的

① 参见张延俊（2006：142—144，156—157）。

② 据张文国（2005：325—326），“刑”在先秦13部文献中，名词用法305例，而动词用法仅38例。到了两汉时期，在《史记》中是名词51次、动词25次，在《论衡》中是名词46次、动词35次。“刑”可视为名动兼类词。

成分多是抽象名词，也就是动名兼类词、“动名转类词”。

中古时期“蒙”字式的变体有“蒙V”式、“蒙AV”式、“蒙A所V”式和“蒙A所见V”式，但主要是“蒙V”式。“蒙”字式谓语多以双音动词组合充任。有时可以带受事和内容宾语。一般充任句子主干，也可以充任句子宾语。“蒙”字式主语、谓语和施事成分均表示人类，生命度很高，初期偶尔可用于消极场合，《汉书》以后，绝大多数用于积极场合，这种情况与“遭”字式形成了鲜明的对照。①

（二）“蒙”字式的发展

“蒙”字式始见于中古时期，受到语言大环境的影响，在当时获得了较快发展，出现了数量可观的用例。进入近古时期以后，发展势头没有减弱，用例仍然不少。由于语义相近，“蒙”字式受到了“被”字式的更多影响，这种影响明显表现在“蒙”字式的各种变体上。中古时期的“蒙”字式出现了“蒙V”“蒙AV”式、“蒙A所V”式和“蒙A所见V”式等变体，近古时期又出现了“蒙A见V”式等变体形式。

“蒙”字式的谓语多由双音动词充任，当然也可以由单音动词充任，在单音动词担任谓语的情况下，“蒙”字式往往会带有受事和内容等宾语。中古时期是这样，近古时期也是这样。“蒙”字式在中古时期可以充任句子主干和宾语（包括介词宾语）。近古时期的“蒙”字式仍是一种高生命度、强色彩性、使用场合有局限性的有标记被动式类型，只能用于人类，只能用于积极性场合，一般表示尊敬，这种情况会限制“蒙”字式的进一步成熟与发展，到现代汉语中，“蒙”字式已经退出口语。据太田辰夫（2003：228），“蒙”在现代汉语中只限于作为较文的表达时使用，如“前天蒙您赏饭吃”。

二、《太平经》中的“蒙”字被动式

被动句情绪倾向问题向受关注，如李思明（1990）、袁宾（1992、2005）。袁宾先生在2005年的长文《“蒙”字句》② 中提出，在汉语发展史极其丰富的语言现象中，除了逆意倾向的被动句外，还存在着另一类以表达顺意倾向为主的被动句。

① 《太平经》中“遭”字一见，表逆意，仍是动词用法。

② 该文于2005年11月上旬在第五届中古汉语国际研讨会（安徽芜湖）上宣读，同年12月发表于《语言科学》第6期。

袁宾（1992：245）曾经提到的“得”字句就是含有顺意倾向的被动句，《“蒙”字句》介绍和研究的“蒙”字句也是此类具有顺意倾向且更具代表性的被动句；袁先生希望通过这样的工作，为语法学界提供一种思路：注意观察、挖掘此类顺意被动句，拓宽被动句研究的视野，揭示被动句发展的全面事实和客观规律。袁宾（2005）的引例文献很丰富，惜未及道教文献《太平经》。鉴于此，本文将对东汉道教典籍《太平经》中出现的“蒙”字用法作一考察。

《太平经》中“蒙”字出现 38 次，其中 5 例与本文讨论的主题（内容）关系不大[1]，其余 33 次则可视为动词引申用法和表被动的用法。这 33 例仅 2 例表示“逆意”，另 31 例表示顺意的感情倾向、有表敬意味，占 94.0%。不同引申阶段的“蒙”字用法也呈现出一个虚化序列：（1）蒙＋抽象名词/代词；（2）蒙＋动词（短语）；（3）蒙＋其/之·抽象名词；（4）蒙·施事者＋动词。被动标记“蒙”由动词“蒙”虚化而来，是一个“连续统”，所以把动词用法的“蒙”字例句也顺便分析，以便看清其发展脉络。

（一）“蒙”字使用情况

1. 用法 A：动词“蒙”＋抽象名词/代词，10 例

160. 愚生蒙恩，已大解，今问无足时，唯天师丁宁重戒之。（卷三十七《试文书大信法》，三九一上）

161. 是故大溸大德之人，当象此为行，幸蒙先师功力，得怀藏善道无极之德。（卷六十七《六罪十治诀》，四四八中）

162. 吾本少学而不止，精神念之，涕常欲下，为此积久，蒙皇天大恩，今日幸得逢天师人于旷野，始学若亏，司问小事、外浮华也，本求守一养性之法凡三百首，乃见天师说而无极，故敢问身宁可得长存与不……（卷一百二《神人自序出书图服色诀》，五二一下）

163. 今弟子至愚且贱，蒙恩得与天师文，用日久，凡事响且毕。（卷一

---

① 这 5 例是：（1）子欲重知其审……比若善张目视日，与蒙薄帛视日，正此也。（卷九十二《万二千国始火始气诀》）（2）人人被邪文愚蒙积久，故……（卷九十七《妒道不传处士助化诀》）（3）此人自师化乃如是，何忧无蒙保者邪？（卷一百十《大功益年书出岁月戒》）（4）蒙荐席，相与日夜数劳，知其安危。（卷一百十四《孝行神所敬诀》）（5）小生聋暗（瘖）……冀蒙心得更开。（卷一百十七《天咎四人辱道诫》）

百二《神人自序出书图服色诀》，五二二上)

164. 我蒙恩得为人，与万物绝殊，天使有异，能言能语，见好丑，知善恶可不之事，当自详慎。(卷一百十《大功益年书出岁月戒》，五四六下)

165. 自惟蒙恩见宠遇，得与诸六（大）神相持（侍）日久，辄见教戒，使不危。(卷一百十《大功益年书出岁月戒》，五四八上)

166. 唯诸大神原其不及，愿蒙不见之戒，使得思，乐其志广见，唯思重勑（敕）。(卷一百十《大功益年书出岁月戒》，五五〇下)

167. 是为活生之意，蒙宠如是，不知何所用报大神恩也。（卷一百十《大功益年书出岁月戒》，五五一上)

168. 唯蒙恩教戒，使知分理，当（常）言知命，不怨天，不敢自怨而妨活也。(卷一百十一《善仁人自贵年在寿曹诀》，五五六上)

169. 六子问事详善，不失天心，不负德君，是为有功于天地万物，莫不被蒙之也。(卷八十六《来善集三道文书诀》，四七二上)

动词“蒙”的宾语是名词短语的3例、代词“之”1例；另“蒙恩5”“蒙宠1”，“恩”“宠”近义，“蒙恩”差不多成凝固结构或是当时习语了。例169“被蒙”连言，可见二者词义接近，为语言用户默认。10例的分布情况是：丙部1例，丁部1例，己部2例，庚部6例。

2. 用法B：“蒙”＋动词（短语），11例

170. 唯蒙扶将，使得视息，复生望，倾侧在心。(卷一百十《大功益年书出岁月戒》，五四八中)

171. 自不肖，行不纯质，以故自亲大神所禁戒者，数蒙厚遇，辄见思念显见。(卷一百十《大功益年书出岁月戒》，五五一上)

172. 为大恩，非辞所报也，但克心念，常在于内，不忘其饥渴，求戒见活，唯蒙原省。(卷一百十一《善仁人自贵年在寿曹诀》，五五六上)

173. 念自令自忽者勿望生，殊无长生之籍，强（强）入神仙，斋（赍）家所有祠祭神灵，求蒙仙度。(卷一百十二《有过死谪作河梁诫》，五六三上)

174. 自责悔过，积有日数，既蒙福佑，承奉天化，使不见危。（卷一百

十四《天报信成神诀》，五七三下）①

175. 重天所言，唯蒙有报，乃敢自信。（卷一百十四《天报信成神诀》，五七四上）

176. 故因诸神求知旷问，唯蒙不逆，使不见疑。（卷一百十四《有功天君勑（敕）进诀》，五七七中）

177. 事未上过，可得蒙愈，此天自愈之，邪神之家何得名之而言多愈人病乎？（卷一百十四《病归天有费诀》，五七九中）

178. 受神之言，如神所为，知神所行，务以自信，乃敢前言：“欲求蒙得见活而已，不敢求大职，见哀而已。”（卷一百十一《有知人思慕与大神相见诀》，五五六下）

179. 自下愚强问不及，欲蒙得所不知，何敢隐知藏能？（卷一百十一《有知人思慕与大神相见诀》，五五七中）

180. 唯蒙见省念，贯于心鬲。（卷一百十一《有心之人积行补真诀》，五五七下）

“蒙”与动词（短语）之间没有出现施事成分，但该施事者都是说话的对象即听话者，无须指出，否则反显累赘。这样，有表敬意味的“蒙”出现在动词或动词短语之前，词义有所虚化。11例全部出现在庚部，这一点和“被V”式7例全部集中在庚部是相同的，原因应该也差不多。②

“蒙”后多是动词短语，且短语种类丰富，有并列短语4例，如“扶将”“原省”“仙度”“福佑”；有偏正短语2例，如“厚遇”“不逆”；有动宾短语2例，如“得所不知”“有报”。动词和动词短语的比例是2∶9。“蒙”字结构谓语动词的复杂化显示了语言的发展在这类结构上留下的印记。

该类“蒙”字结构的出现环境很特别。11例中，除2例在句尾外，有2例在句首、7例在句中：多带后续句。另外，例178“蒙得见”连言，例180“蒙见”

① “既蒙福佑”的“既”通“冀”。

② 详参第二章第四节“二、（三）助动词‘被’＋及物动词，7例全部出现在庚部”。

连言,[①] 一方面表明当时的语言用户觉得它们在表示被动意义上有共同之处，另外一方面也加强了说话者的期盼和表敬心情。

3. 用法C：从“蒙＋其/之·抽象名词”到“蒙·其＋及物动词”

(1) 用法a：动词“蒙”＋其/之·抽象名词，5例

181. 子毋敢绝，且蒙其害。(卷四十四《案书明刑德法》，四〇七下)

182. 是令尽有者，其道德悉及之，德所及者能制之，故尽善，万物都蒙其道德，故平平也。(卷六十六《三五优劣诀》，四四六中)

183. 德君长蒙其吉福，众贤深下及愚人，莫不争欲为之也。(卷七十二《不用大言无效诀》，四六七中)

184. 唯大神重戒，欲蒙其德，不逆所言。(卷一百十《大功益年书出岁月戒》，五五〇上)

185. 夫大道之出也，人皆蒙之恩，乃及草木，莫不化为善，皆得其所俱而各竟其天年。(卷一百十九《道佑三人诀》，五九七上)

5例的分布情况是：丙部1例，丁部1例，己部1例，庚部2例。4例中的指示代词“其”都是定语,[②] 代词“之”也是修饰语。[③]

(2) 用法b：过渡阶段的“被蒙其德化”，1例

186. 其善乃洞究洽于天地，其神乃助天地，复还助帝王化恶，恩下及草木小微，莫不被蒙其德化者。(卷九十六《守一入室知神戒》，五〇一下)

关于此例的分析见第二章第四节“二、(二) 2”。

---

① 袁宾（1992）和魏达纯（2004）都提到“得”字被动句；何亚南（2001：129）提到《三国志》中仅见的1例“蒙见V”式被动句：“其后渐蒙见任，复为疾病，转相因仍，莫正其本。”(《魏书·程昱传》)，认为此例中的“蒙”带有明显的表敬色彩，与真正用作表被动的介词还有一段距离，但它却是“蒙”字被动式的源头。

② 关于该类结构中“其”的分析参见第二章第四节“二、(二) 1.”。

③ 代词“之”在先秦就可用作修饰语，如《诗经·桃夭》中的“之子于归”，《庄子·逍遥游》中的“之二虫又何知!”

（3）用法 c：介词“蒙”·其＋及物动词，2 例

187. 承者为前，负者为后；承者，乃谓先人本承天心而行，小小失之，不自知，用日积久，相聚为多，今后生人反无辜蒙其过谪，连传被其灾，故前为承，后为负也。（卷三十九《解师策书诀》，三九四下）

188. 晨夜自悔，冀复小久，不敢施恶，更念当行恩德布施，蒙得其理，无有恶言，但见泪耳，感伤于心。（卷一百十一《善仁人自责年在寿曹诀》，五五四中）

例 187 表逆意，在丙部；例 188 表顺意，在庚部。音节节拍分别是“1＋1＋2”和“2＋1＋1”，整个结构读来合节奏，与前后的行文也很和谐。例 188 中“蒙得”连言，表明当时的语言用户觉得它们在表示被动意义上有共同之处。

“蒙其过谪”中的“谪”“蒙得其理”中的“理”，及物性都较强。再来看例 187 中的“过”。据张文国（2005：329—330），“过”在先秦 13 部文献中的使用情况是：名词用法 196 例，动词用法 101 例；到了两汉时期，情况发生变化：《史记》中名词用法 107 次，动词用法 2 次，《论衡》中 121 次全是名词用法。鉴于此，我们把第二章第四节“二、（二）1”的例 132“故失道意，不能安其君王，天下恟恟，皆被其过。”中的“过”看作名词。但本例中“谪”的及物性较强，“过谪”并列，本来曾经是名动兼类词的“过”的动词性被“激活”过来，“过谪”成了并列式的动词组合。动词组合的动词性比较凸显，对“其”的陈述性较强，这大大削弱了其前“蒙”字的动词意味，语言用户可能干脆视“蒙”为被动标记。在语义上，“其过谪”是主谓短语；在结构上，“蒙其”是介宾短语，作“过谪”的状语。

“其/之·抽象名词”，一般看作偏正短语，代词“其/之”作定语；但当抽象名词是名动兼类词且及物性比较强时，也可把“其”看成主语，“其”成了具有施事功能的第三人称代词。这是因为，当时的语言大背景是：“其”正处在由指示代

词向第三人称代词演进发展的过程中。正是这种理解两可[1]的例子使得人们有时就把“蒙·其+抽象名词”中的“蒙”字当作表被动的介词来看待和运用。这在“蒙”字被动句的发展上很关键。这一点与“为”字句和“被”字句[2]很相似，应该可看成是语言的类化机制使然，是同类化作用把“蒙”字句纳入了被动句的范畴。

4. 用法D：介词“蒙”+名词施事+动词（短语），4例

189. 故吾虽得独蒙天私久存，常不敢自保。（卷五十三《分别四治法》，四三六上）

190. 今人幸蒙先师勑（敕）戒，得深怀至道，而闭绝不以相教示，使人无所归命，皆令强死冤结，名为断天道。（卷六十七《六罪十治诀》，四四八中）

191. 积之有岁，乃前语言：“唯蒙大神通其不足，知所辞辞大，故以贪进，受其乙密。”（卷一百十一《有知人思慕与大神相见诀》，五五六下）[3]

192. 求蒙天重戒防禁，自有知之人本素自了晓，分别其理，何所道戒乎？（卷一百十一《有心之人积行补真诀》，五五八上）

4例的分布是丁部2例，庚部2例。4例均表顺意。

名词施事的生命级别很高，因为道教神仙世界里的“天”“先师”“皇天”“大神”等都是具有施事能力的。谓语动词（短语）的动作性都较强，“蒙”字已经完全虚化为表被动的介词。“蒙·施事者”构成介宾短语，充任状语。

---

① 袁宾（2005）认为，至迟《汉书》的成书时代（东汉前期），“蒙”字句已经产生并进入了书面作品；“蒙”字句产生初期，表现为“蒙V”格式。施事未在句中出现，但通过上下文一般是可以知道的，不出现可视为省略；要不省略就出现在句中了，三国和西晋时都有“蒙AV”文例。“蒙AV”式的使用表明“蒙”字句有了重要的发展，它丰富了“蒙”字句的句型，增强了“蒙”字句的被动标记功能，使“蒙”字句可以更加清楚地表达被动语义。因此，随着时代的推进，“蒙AV”式的演进趋势是从无到有、由少到多。比如，“蒙NV”式在《三国志》、敦煌变文和《水浒全传》中的例数和使用率分别为：5%（1/20）→46%（47/102）→62%（68/110）。

② 《太平经》中“为”字被动式共69例，其中“为其V”有7例，见第二章第二节“二、（一）”；“被”字被动式18例，其中“被其V”3例，见第二章第四节的“二、（三）”。

③ 该句“通”的用法与“天师幸事事哀之，既闿示之，愿复见为达其所不及，恩惟明师师。”中“达”的用法一致，可参见第二章第二节第90页的例103。

（二）小结兼讨论

1. 用法、频率和分布情况

以上讨论的“蒙”字 33 例，用法、频率和分布情况如表 5-1。

表 5-1　“蒙”字 33 例用法、频率和分布情况

<table>
<tr><th colspan="2">分布
用法</th><th>丙</th><th>丁</th><th>戊</th><th>己</th><th>庚</th><th colspan="2">小计</th><th colspan="2">百分比（%）</th><th>备注</th></tr>
<tr><td colspan="2">用法 A</td><td>1</td><td>1</td><td></td><td>2</td><td>6</td><td colspan="2">10</td><td colspan="2">30.3</td><td rowspan="2">动词用法 15 例，占 45.5%</td></tr>
<tr><td rowspan="3">用法 C</td><td>用法 a</td><td>1</td><td>1</td><td></td><td>1</td><td>2</td><td>5</td><td rowspan="3">8</td><td>15.2</td><td rowspan="3">24.3</td></tr>
<tr><td>用法 b</td><td></td><td></td><td></td><td>1</td><td></td><td>1</td><td>3.0</td><td>过渡用法 1 例</td></tr>
<tr><td>用法 c</td><td>1</td><td></td><td></td><td></td><td>1</td><td>2</td><td>6.1</td><td rowspan="3">被动标记 17 例，占 51.5%</td></tr>
<tr><td colspan="2">用法 B</td><td></td><td></td><td></td><td></td><td>11</td><td colspan="2">11</td><td colspan="2">33.3</td></tr>
<tr><td colspan="2">用法 D</td><td></td><td>2</td><td></td><td></td><td>2</td><td colspan="2">4</td><td colspan="2">12.1</td></tr>
<tr><td colspan="2">合计</td><td>3</td><td>4</td><td>0</td><td>4</td><td>22</td><td colspan="2">33</td><td colspan="3" rowspan="2">100</td></tr>
<tr><td colspan="2">百分比（%）</td><td>9.1</td><td>12.1</td><td>0</td><td>12.1</td><td>66.7</td><td colspan="2"></td></tr>
</table>

丙部 3 例，动词用法与被动标记之比是 2∶1；丁部 4 例，动词用法与被动标记之比是 2∶2；戊部未见“蒙”字；己部 4 例，3 例仍然是动词用法，另有 1 例已经处于向被动标记发展的过渡阶段；庚部动词用法 8 例，被动标记 14 例，二者之比是 4∶7。“蒙”字作为被动标记确实由其动词用法发展而来，语言发展的渐变性在“蒙”字的演变上得到了体现。《太平经》中“蒙”字被动式 17 例，占该书有标记被动式总数的 4.7%。

而更引起我们兴趣的是：戊部竟未见 1 例，而 66.7%的“蒙”字用法出现在庚部，其中动词用法 8 例，占动词用法 15 例的 53.3%；被动标记用法 14 例，占被动标记用法 17 例的 82.4%。与丙部、丁部、戊部和己部是以天师和真人问答为主不同，庚部基本是说教体，其间夹有天君、大神和“生”的对话。对话有时在二人间进行，有时则在三人间展开。“蒙”字被动式在庚部出现较多，与他们的谈话内容有很大的关系。

2. 语义与语境相关

《太平经》中“蒙”字 33 例，其语境（或涉及的话题）多与道教、神仙有关，

语气中总是显露出敬仰、喜悦、期盼、感激等情绪，如“我蒙恩得为人，与万物殊绝，天使有异，能言能语，见好丑，知善恶可否之事”[①]“蒙皇天大恩，今日幸得逢天师人于旷野”等。[②] 被召见、保佑或仙度等更是一种莫大的福气和荣幸，获得这种恩宠简直就是人生的意义；不仅如此，而且虔诚地相信“其善乃洞究洽于天地，其神乃助天地，复还助帝王化恶，恩下及草木小微，莫不被蒙其德化者”[③]“夫大道之出也，人皆蒙之恩，乃及草木，莫不化为善，皆得其所俱，而各竟其天年”，[④] 希望“万物都蒙其道德”。[⑤] 因此，除了表示恳切愿望的心理动词（见下“2.3”）外，还在句中另外有“幸3”“侥幸1”等，这与这些心理动词在语义上也是相呼应的。可以说，“幸”与“蒙”字句具有语义上的相宜性。

3. 语法功能

“蒙”字所在结构（不仅仅包括“蒙”做被动标记的情况）可降级使用：既可是复句中的分句，也可是单句中的句子成分。“蒙”字句多出现在复句的前一分句或连动句的前半部分，而句子的重心在后一分句或后半句，这样，“蒙”字结构充当的就是句子的次要成分。这使它的动作性减弱，动词词性淡化，渐渐虚化为介词，表敬的同时引出施事者。

与“见”的用法有点相似，[⑥] “蒙”字结构可充当心理感知（如意愿、期盼等）类动词的宾语。有18例，占33例的54.5%。这18例中的心理感知类动词出现次数分别是：惟$_1$、唯$_8$、愿$_1$、冀（既）$_2$、念$_1$、求$_3$、欲求$_1$、欲$_1$。没有“恐惧”类心理动词，这是与“见”字用法不同的地方。[⑦]

4. “蒙·其＋抽象名词”

“蒙”字结构，按照是否引入施事可分成两大种：“S蒙V”和“S蒙AV”，施事在一定的语境里可以省略。后者由前者发展而来。5例“蒙＋其/之·抽象名词”，[⑧] 它们在此发展过程中扮演了重要角色。请看表5-2资料。

---

① 见《太平经》卷一百十《大功益年书出岁月戒》。

② 见《太平经》卷一百二《神人自序出书图服色诀》。

③ 见《太平经》卷九十六《守一入室知神戒》。

④ 见《太平经》卷一百十九《道佑三人诀》。

⑤ 见《太平经》卷六十六《三五优劣诀》。

⑥ 见第一章第三节“二、（三）2”。

⑦ 情理上，没人会渴望自己与恐惧有缘。

⑧ 加处于过渡阶段的“被蒙其德化”1例，共有6例。“被·其＋抽象名词”11例，加上处于过渡阶段的“被蒙其德化”4例，则有15例。表5-2按照加上过渡阶段的例子后的数据来处理。

表 5-2 “为/被/蒙·其+抽象名词”在各大类中所占百分比

格式 次数	“为·其+抽象名词”	“被·其+抽象名词”	“蒙·其+抽象名词”	合计
例数	7	15	6	28
占大类比例	7/69=10.2%	15/57=26.3%	6/33=18.2%	平均占 18.2%

平均起来，“为/被/蒙·其+抽象名词”出现次数在这三类中所占百分比竟达18.2%，它们是这三类被动式、三类被动标记形成过程中的重要一环。这种情况的出现是与第三人称代词“其”出现的时代息息相关的。与第三人称代词“其”出现同时或前后，“被”字式受“为”字式影响、类化而发展并成熟起来，先在口语中得到迅速发展，最终取代“为”字式，使“为”字式一般只局限于书面语；与“被”字有共同的语义来源的“蒙”字式也受“被”字式（甚至“为”字式）的影响和类化，具有和“被”字式一样的表示被动的语法功能而被纳入被动式的语法范畴。

5.《太平经》中“被”字句与“蒙”字句情感倾向问题考察

(1)《太平经》中“蒙”字被动式顺意倾向占 94.1%

《太平经》中“被”字出现 57 次，[①] 18 例可视为被动用法，占 31.6%，占该书有标记被动式总数的 5%。这 18 例“被”字被动式，从情感倾向角度来看，既有消极的，也有积极的，还有中性的，其比例消极∶中性∶积极=11∶3∶4，表“逆意”的占 61.1%。“蒙”字式与“被”字式在感情倾向上有所不同。“蒙”字在《太平经》中出现 38 次，其中 33 例与本节讨论的问题有关。33 例中有 17 可视为被动标记，占该书有标记被动式总数的 4.7%；17 中仅 1 例表消极意义，积极感情色彩的占 94.1%。

“蒙”字式以表顺意为主，其来源是什么呢？王力（1980：431）论证了“被”字式以表达逆意为主，是与动词“被”在使用过程中的逆意倾向一脉相承的，此方法也可用于探索“蒙”字式顺意倾向的来源。表被动的“蒙”来自“遭受、蒙

① 其中有同义连文的“被蒙 2”“被受 2”和“被服 1”。

受”义的动词“蒙”，而动词“蒙”在汉代以来的典籍中多数是用来叙述顺意之事的。[①]《太平经》中，33 例（包括动词用法与被动标记在内）中仅 2 例表示“逆意”，31 例表示顺意的感情倾向，有期盼和表敬意味，占 94.0%。分布如表 5-3。

表 5-3 《太平经》中“蒙”字被动式顺/逆意倾向

分布	丙部	丁部	戊部	己部	庚部	合计
次数	3	4	0	4	22	33
顺意	1（2 逆意）	4	0	4	22	31

《太平经》中仅有的 2 例逆意的“蒙”字句也出现在书的前部丙部，其中 1 例出现在与“被”字同义对举的语境中。[②]

（2）“蒙”字式明显的表敬色彩降低了它在被动式领域的竞争力

被动标记“被”字和“蒙”字都来源于“覆盖”和“遭受、蒙受”两项意义，宋元以前的文献中可以比较多地见到动词“被”“蒙”同义对举和同义连用的例子，由此可看出这对同义词之间特别密切的关系；表被动功能的“被”与“蒙”之间的关系依然十分密切，在宋元之前的文献中，这两个先后产生的被动标记依然拥有不少同义（语法意义）对举和同义连用的例子。[③] 这种同义对举和同义连用的情况在《太平经》中也可见到。同义对举的例子在前文例 187，[④] 此不再引。同义连用的例子如：

193. 六子问事详善，不失天心，不负德君，是为有功于天地万物，莫不被蒙之也。（《太平经》卷八十六《来善集三道文书诀》，四七二上）

194. 其善乃洞究洽于天地，其神乃助天地，复还助帝王化恶，恩下及草木小微，莫不被蒙其德化者。（《太平经》卷九十六《守一入室知神戒》，五〇

① 参见何亚南（2001：130—132）、袁宾（2005）。

② 例 187 已引，这里不再引。

③ 参见袁宾（2005）。

④ 该例在本节“二、（一）3.（3）用法 c：介词‘蒙’＋其·及物动词”已经分析过。例 129（见第二章第四节“二、（二）1”）也分析过此例，“被其灾”是动词短语。虽然例中“蒙”与“被”被处理为不同的词性，但同义对举反映出人们对这两个同“义”词密切关系的认同心理。

一下）

《太平经》和其他典籍中“被”“蒙”同义对举和同义连用的例子显示了“蒙”“被”各自从动词到被动标记之间纵向的渊源关系以及“蒙”与“被”之间横向、平行的同义关系。但是，《太平经》中“蒙”字具有明显的表敬色彩而受语境的严格限制，这降低了它在被动式领域与“被”字式的竞争力，以至于没有完全发展成熟就被淘汰了。虽然上文《太平经》中“蒙”字“用法B”“用法C”与“用法D”，其“蒙”字的被动标记性质已经比较明显，但这样的文例在中古并不是很多。①

（3）“被”字句、“蒙”字句在情感倾向上互补格局的形成原因

袁宾（2005）认为，“蒙”字句具有和“被”字句一样的表示被动的语法功能，但这并不等于说，“蒙”字句和“被”字句是完全等同的。从汉语发展史来看，“被”字句产生于前，并得到了充分的发展，“蒙”字句随之于后，如若跟“被”字句完全等同的话，它的产生价值就不大，也不会得到此后长时期的富有特色的发展。实际情况是，“蒙”字句在发展过程中，逐渐产生并强化了它与以“被”字句为代表的一批表逆意为主的被动句的重要区别，即以表顺意为主。以《太平经》、敦煌变文和《水浒全传》为例，② 其中“蒙”字句多表顺意。见表5-4。

表 5-4　《太平经》、敦煌变文和《水浒全传》中“蒙”字句顺/逆意倾向

	《太平经》	敦煌变文	《水浒全传》
“蒙”字句总数	33	102	110
表顺意例数	31	86	95
百分比（%）	94.0	84.3	86.4

通过表中数据可以清楚地看到，顺意“蒙”字句在“蒙”字句总数里所占比

① 古汉语中有一类语法现象是：此期之前尚未出现，只是此期萌生、此期发展，此期之后即消亡，反映了该时期的典型特色。“蒙”字被动式就有一定的时代特色。

② 敦煌变文和《水浒全传》是近代汉语时期两种具有代表性的口语文献。敦煌变文和《水浒全传》中的“蒙”字句资料引自袁宾（2005）。

例很高，充分体现了“蒙”字句的顺意倾向，这与汉语史上“被”字句的逆意倾向形成明显反差，构成了这两种被动句在情感倾向上的互补格局。

（4）语言的类化机制使“被”字句与“蒙”字句在情感倾向上呈互补状态

“被”“蒙”两种被动句在情感倾向上的互补状态，袁宾（2005）认为是语言的类化机制使然。[①] 同类化机制的类推作用，使“蒙”字句被逐渐纳入被动式范畴，具有被动式的共性，与“被”字句共处一个平台。同类化机制更使“蒙”字句在反复多次使用中逐渐朝相同或统一的方向发展，在“蒙”字句与顺意倾向之间系起一条便于人脑记忆储存的纽带。这种具有单一性、限制性的整齐、同类的语言现象使人很自然地联想到它的主要功能，这对于人们更加直捷、更熟练地传送和接受信息都是有益的。异类化机制则使“蒙”字句和“被”字句这两种相关的语言现象在反复多次使用中逐渐向不同或对立的方向发展，使这两种语言现象的主要功能（即表顺意倾向和表逆意倾向）之间形成分工或互补。这种分工和互补有利于语言系统的平衡、合理的布局，可以增强语言适应社会（包括人脑思维）的全面完整的交际功能。在语言的演进过程中，异类化机制逐渐使“蒙”字句和“被”字句在情感倾向方面的分工、互补关系更加清楚、更加明确，使被动标记“蒙”“被”连文混用的现象逐渐减少，宋元之后“蒙”“被”对举、连文或出现于上下文的情况很少见到了。[②]

第二节 《太平经》中的“受”字被动式

一、“受”字式概述[③]

“受”本是个实义动词。《说文解字》：“受，相付也。”“受”在甲骨文中是一个使用频率很高的“授予”义三价动词，在主动式中带双宾语，在无标记被动式中带单宾语。“受”字后来出现了一个“受到”“得到”义，它是由“被授予”义

① 袁宾（2005）发现，动词“蒙”在先秦两汉部分重要文献里并无顺意倾向，其顺意倾向是此后逐渐演变的结果；他通过大量的汉语文献检索和统计，发现“蒙”字句与“被”字句上述反差与互补事实确实存在，而且当语言环境要求顺逆对举时，这两种被动句更是显示了严格分工的规律，尤其是在宋元之后，在反映实际口语的文献里，这“蒙”字句与“被”字句分工含混的用例是很少见到的。

② 详见袁宾（2005）。

③ 参见张延俊（2006：47—48，94—95，138—139，154—155）。

演化而成的，到西周时期才出现。最初“得到”义“受”字所带的宾语是名词性的。在汉语无标记被动式的同化作用下，相应的受到义动词谓语主动式转化成“受”字被动式，其主要前提条件是：“受”的宾语必须具备可以被理解为被动式谓语的及物动词性质。真正能够视为“受”字被动式的用例不多，即使到现代汉语中也是如此，更常见的是“受”字受到义动词谓语主动式。

先秦时期已有“受V”式和“受AV”式，中古时期“受”字式的变体还是这两种，没有出现新的形式。语法结构除了沿用上古时期的单音节光杆动词外，又出现了双音动词组合和带附加成分的动词短语。语法功能方面，不再仅仅可以充任句子主干，还可充任其他句子成分。感情色彩上，和上古时期一样可以使用于多种场合。但到了近古时期，“受”字式的用例很少；变体仍是“受V”式和“受AV”式两种，且从结构上看，近古时期“受”字式比“被”字式简单得多。

“受”字式出现于先秦时期，且有“受V”式与“受AV”式两种变体，从结构上看不能不说是比较完备的，但“受”字式的使用频率一直不高，甚至称不上一种发育成熟的有标记被动式类型，这与“受”字式本身语义和用法的特殊性有关。“受”字原为“授予”义，用于无标记被动式之中为“被授予”义，由于主动式的同化作用，无标记被动式转化为受到义动词谓语主动句，句法上的“被授予”意转化为词汇上的“受到”“遭受”义。主动式同化作用的进一步增强，就会导致“受”由被动性行为转化为一种自主性行为，这时，其意义也会相应转化为“接收”“接受”和“接着”等。实际语言运用中，这样的语例非常多，出现频率非常高。“受”字这些表示自主性行为的意义无疑会影响它的语法化进程，阻碍它成为一个真正的语法标记。①

一般的语法书都不怎么提及此类被动式，原因可能很多，比如调查的语料中未见此类被动式，要不就是不认同此类被动式，或还有其他可能。② 本文对“受”字被动式持认可态度。

---

① 从宋代开始，可以在“受”字之后附加一个“到”字，成为“受到”。“受到”是一个双音动词，词性更加顽固，词义更为实在，更难转化为被动标记，在具体语句中，即使“受到”带有一个可以理解为及物动词的宾语，也不可能转化为“受”字被动式，所在句式只能是“受到”义动词谓语主动句。

② 但更主要的原因恐怕是因为“受”的动词词义还比较强，这牵制住它向被动标记功能方向大踏步发展；当“受”字被动式产生、使用时，其他被动标记已经发展并占据被动式的大舞台，“受”字被动式没有必要再大力发展，——当它不被需要时，语言用户就不再选择它，口语和书面语中都不再用它，它就渐渐消失了。

二、《太平经》中的“受”字被动式

《太平经》中“受”字出现11次，其中有8例是“受”字被动式，另外3例仍是动词用法。因为被动标记“受”由受到义动词“受”发展而来，所以对3例动词用法也一起分析。

(一) 动词“受”+（其·）抽象名词”，3例

195. 虽（唯）见存亡之事，内心惶恐，被受大教，辄当行通，施恩布惠，有益于上，有益于人，著名录籍，常在不死之位。（卷一百十一《有知人思慕与大神相见诀》，五五六下）

196. 为病者求福，欲令为救生，呼召不顺，反受其殃。[①]（卷一百十四《病归天有费诀》，五七九中）

197. 天地之间，莫不被恩受命，各得其所者。（卷一百十七《天咎四人辱道诫》，五九一上）

(二)“受”字被动式，8例

1.“受V”式，5例

198. 受勑（敕）见戒，不敢余力而不进善也。……唯大神惟其不足，见戒不敢忘大分，受施不忘生恩意也。（卷一百十《大功益年书出岁月戒》，五四九下、五五〇上）

199. 被受恩施，得荣华，不望报，天心重爱，但自过责，少所贯也。（卷一百十一《善仁人自贵年在寿曹诀》，五五六上）

200. 见诫受勑（敕），请如所言，思惟念之，不敢懈有忘也。（卷一百十四《天报信成神诀》，五七五上）

201. 有功不白，天君闻之，受罚，自身之谪。（卷一百十四《有功天君勑（敕）进诀》，五七六上）

---

① 据张文国（2005：318）对先秦13部文献中“殃”字用法的考察，名词用法40例，动词用法8例；到了两汉时期，《史记》中名词用法15例、动词用法1例，《论衡》中名词用法9例、动词用法1例。

2.“受AV”式，施事者都是“天”，3例

202. 是过太重，故下其文，使知受天诛罚不怨，可转相告语，可令不犯。(卷一百十四《不可不祠诀》，五七三中)

203. 自知受天报施，何可有忘须臾之间？……人皆得饮食，仰天元气，使得喘息，复知人情，自知受天施恩，辄当报谢，何有疑时？(卷一百十四《天报信成神诀》，五七三下、五七四上)

(三) 小结

《太平经》“受”字被动式出现8例，其中5例“受V”式、3例“受AV”式，占《太平经》有标记被动式总数的2.2%。

“受”字11例全部出现在庚部。其中表顺意的8例，逆意的3例，顺逆之比是8∶3。感情色彩倾向于表示顺意，这可能与“受”在甲骨文中是一个使用频率很高的“授予”义三价动词有一定的关系。另外，“受”与其他被动标记(或前身)对言或连文有6例，占“受”字用例总数的54.5%，这也可算是“受”字式发展过程中的一个特点了。连言时构成的音节节拍基本是“1+1+2”或“(1+1)+(1+1)”，这明显是为适应双音节化而作的努力；与庚部说教体、书面语为主的特点也有关系。

第三节 《太平经》中的“得”字被动式

一、“得”字式的兴起、发展与衰亡[①]

“得”本是实义动词。《说文解字·彳部》对“得”的解释是：“行有所⑨也”，[②]《说文解字注》说：“行而有所取，是曰‘得’也。”并引《左传》“凡获器用曰‘得’”来帮助理解“得”的本义。《玉篇》释为“获也”。

① 参见张延俊(2006：95—96，100，139—140，155)。

② 《说文解字·见部》曰：“⑨，取也。”

作为动词，“得”一般充任谓语，由于其本身具有非意志、非自主性，故所在句子也属“受到义动词谓语主动句”。在受到义动词谓语主动句中，“得”字一般带名词性宾语，有时也带动宾短语构成的宾语。当带有动宾短语构成的宾语时，“得”的动词性就会被进一步削弱，从而演变为能愿助动词状语，而其宾语中的动词则转化为谓语。再如果“得”的宾语可以理解为及物动词，主语又可以理解为这个及物动词的受事，那么，以“得”为谓语的主动式就可能在汉语无标记被动式的同化作用下，转化为“得”字被动式。“得”字式主要变体是“得V”结构，次要变体是“得V（于）A”结构，把施事成分放在谓语后面。“得”字式的谓语一般由单音光杆动词充任，少数可以带受事宾语。①

中古时期“得”字式的变体形式还是“得V”和“得V（于）A”两种。谓语一般是单音节动词，个别是双音动词组合，少数可以带受事宾语。语法功能比上古时期有所扩展——除了可以充任句子主干之外，还可以担任宾语。变化比较明显的还有主语的生命度——在上古时期“得”字式主语所指的事物只能是人类，本期也可以是非生物。——生命度的下降，就使得“得”字式的使用范围更大了。语法功能和主语生命级别的变化，导致用例的增多。

“得”字式形成于先秦时期，在上古和中古时期有少量用例，近古时期使用更少，且使用范围很有限。由于“得”字式本身语义等方面的原因，“得”字式没有取得进一步的发展，到近古时期便从现实语言中退出。②

二、《太平经》中的“得”字被动式

“得”本是实义动词，有“行有所得”“获得”一类的意思。《太平经》中的“得”多沾有道教色彩，似乎离不开神仙世界。如《太平经》卷八十六《来善集三道文书诀》就有“凡民臣奴婢，皆得生于天，长于地，得见养理于帝王，以此三事为命。”在卷一百十六《音声舞曲吉凶》也有这样的“教义”：“顺政者得天力，逆令者得天贼。……得天力者致寿，得天贼者致凶咎。”在道教徒看来，“和合神

① 下文显示《太平经》中有例外。

② 大约从清代开始，在得到义动词“得”的后面可以附加“到”，成为“得到”，一般带名词性宾语，有时带动词性宾语。像“受到”一样，“得到”也是一个双音动词，词性鲜明，词义实在，难以转化为被动标记；即使带及物动词的宾语，所在句式也不会转化为“得”字被动式，只能是“受到”义动词谓语主动句。

灵，乃得称人"，但"行善可尽年命，行恶失长就短。"即"禀命于天数"且"寿命有期"。因此，如果"恶能自悔，转名在善曹中。善为恶，复移在恶曹"，[①]"寿算增减"是存在的，因为"天上地下，相承如表里，复置诸神并相使。""贪生者天之所佑，贪养者地之所助，贪仁者人共爱之，过此而为恶，必得贼。""为恶"的话，"剧者致灾，中者衰落，下者见病，无有休息。"相信"舍不杀人，家自衰耳。"更信奉"努力为善，子孙延年。""得天应者，天神举之；得地应者，地神养之；得中和应者，人鬼佑之。得善应善，善自相称举；得恶应恶，恶自相从。皆有根本，上下周遍。……思行天上之事，神灵所举，可得仙度久生，长与日月星辰相睹"，[②] 这是多有诱惑力啊。

能够做个人好好活着，这是"天"的恩赐，是该感恩戴德的；有功之人则受"天"保护，"天"还派"天神"来保护好人及其子孙，使他们一生平安、长命百岁。而且"天"及"天神"的意志也是不可违抗的，坏人短命，好人则增寿。从某种角度看，在是死还是活、能活多久面前，人是个不折不扣的、被动的受事者，这可能就是《太平经》中的"得"字被动式的产生思想意识上的基础。换句话说，"得"字式的产生与源动词具有语义相宜性，——上文提到"得"字本身具有非意志、非自主性。

《太平经》中的"得"字结构常与其他被动句式对举或连文，且袁宾（1992）和魏达纯（2004）都提到"得"字被动句，下面就对《太平经》中的"得"字被动式作点考察。

（一）《太平经》中"得"字出现约 42 次，可分为几小类

42 例中，有 24 例"得"是被动标记，占 57.1%，占该书有标记被动式的 6.7%。动词与能愿动词用法、被动标记用法构成一个连续统，所以也一并分析。

1. 用法 A：动词"得"＋（其·）抽象名词，12 例

204. 真人幸独为天所私<u>得寿</u>，而学反未尽，乃及天禁，宜事者慎之。

---

① 因为天君言："人能自责悔过者，令有生，录籍之神移在寿曹，百二十，使有续世者；相贫者令有子孙。"见卷一百一十一《大圣上章诀》。

② 见卷一百一十一《有德人禄命诀》《善仁人自贵年在寿曹诀》，卷一百一十二《七十二色死尸诫》，卷一百十四《不承天书言病当解谪诫》。

(卷六十七《六罪十治诀》，四五三下)①

205. 多者则其上书者便自传相畏，恐事漏泄，见得长短，反为欺上，为傍人所上，故尽实核□□，乃敢言之也，不□□不敢言。……郡有非常事，阳阳何可隐？犹为旁人所得长短，故善恶都毕出，天乃大喜，灾除去，与流水无异也。……四人共上书，中辄有畏事不真者，为傍人所得长短，为罪名固固耶，将似类真也，其不信者，乱四时也。(卷八十六《来善集三道文书诀》，四七〇上、四七〇下、四七三中)

206. 惟上古之人皆得天报应，有信可成，乃令受命，为神所护视，恐有毁缺。(卷一百十《大功益年书出岁月戒》，五四九上)

207. 愚人可为名恶子，长吏闻知，属吏捕取，急刑其身，祸及亲疏，并得其咎。(卷一百十二《衣履欲好诫》，五六四下)②

208. 惟天地亦因始初，乃成精神，奉承自然，生成所化，莫不得荣。(卷一百十二《不忘诫长得福诀》，五六五上)

209. 天生人民，少能善孝者，身为之独寿考，复得尊官，皆行孝所致。(卷一百十四《孝行神所敬诀》，五六八中)

210. 蒙恩自侥幸(幸)得宠，为得恩分毕足，但惜未及重报施，唯大恩假忍苏息之闻。(卷一百十四《天报信成神诀》，五七四中)

211. 会有效用有报，得报信之后，乃为可知也。(卷一百十四《天报信成神诀》，五七五上)

212. 且详所言，同出辞言，可令好；所为出恶，自令得各(咎)。(卷一百十四《不承天书言病当解谪诫》，五八〇中)

12 例的分布是：丁部 1 例，己部 3 例，另 8 例集中在庚部。动词“得”后宾语的单、复双音节之比是 4∶8。词汇的双音化也在此类“得”字用法上留下痕迹。比较例 207 的“并得其咎”和例 212 的“自令得各(咎)”：音节节拍分别是“1＋〔1＋(1＋1)〕”和“1＋1＋(1＋1)”，与所在语境(多是短句)相和谐。例 206“得天报应”，可看作动词“得”带领属性施事者“天”为修饰语的名词性

① 该例在前文曾经提到，见第二章第二节“二、(三) 1.(3)”例 95 脚注。

② 关于“咎”在古汉语中的词性问题，参见本文第 74 页脚注②。

偏正短语。另外，《太平经》中的“报应”不同于我们现代汉语中的“报应”。它相当于“验证、确认而有凭据”的意思，与下句的“信”相呼应，在例211中，“报信”是同义组合了。

再看例205。在第一章第三节“二、（三）2”提到《太平经》中的“见”字式充当宾语，尤其是心理感知（如意愿、认知、恐惧等）类动词的宾语的例子比较多（有36例），其中“恐”就有5例。例205中“（恐）见得长短”前的“恐”承前省略。《太平经》中出现了12例“长短”和9例“短长”。12例“长短”中，2例指空间距离长短，指长度；2例指时间长短，较抽象，特指死生、寿命长短；4例指长处和短处，占33.3%；5例偏指短处、错误之处，占41.7%。而9例“短长”，5例指时间，多跟寿命有关；2例指短处和长处，即优劣、是非；2例偏指短处、过失，占22.2%。总起来看，21例“长短”“短长”例中，偏指“短处”的共有7例，占33.3%；因此可以说，“长短”“短长”既是“同素异序词”，也是“偏义复词”。此例205中的“长短”就指短处，[①] 名词用法，作动词“得”的宾语，动宾短语“得长短”作“见V”被动式中的“V”，再整个“见V”结构充当“恐”的宾语。例205两“为A所V”被动式中的“得长短”同理是动宾短语，该动宾短语的宾语“长短”又是受事主语的隶属性宾语。在第二章第二节的“二、（三）3.（3）”曾经论及《太平经》中“为A所V”式基本表示与受事主语“逆意”的倾向；此两例“得长短”更加可以帮助我们加深对这一点的理解。

2. 用法B：能愿助动词“得”＋V（VP），6例

213. 既蒙天恩，<u>得展舒前命</u>，饥渴之情不敢忘，<u>得活</u>而已。（卷一百十《大功益年书出岁月戒》，五四七中）

214. 有道之家，其去者<u>得封为鬼之尊者、名为地灵祇</u>，亦得带紫艾青

---

① “长短”特指过错、缺点，此义于其他文献中也有用例。如：(1)《史记·酷吏列传》：“（宁成）致产数千金，为任侠，持吏长短，出从数十骑。其使民威重于郡守。”(2) 东汉佛典：“何等为四？一者欺调其师；二者主持他人长短，人无长短诽谤之；三者败坏菩萨道；四者骂詈为菩萨道者。”（350，189，2）(3) 北齐颜之推《颜氏家训·后娶》：“子诬母为妾，弟黜兄为佣，播扬先人之辞迹，暴露祖考之长短，以求直己者，往往而有。悲夫！”——其中例（1）和（3）转引自《汉语大词典》（缩印本），例（2）引自胡敕瑞（2002：154）。

黄，所主有上下，转有所至。（卷一百十一《善仁人自贵年在寿曹诀》，五五五中）①

215. 其扬声为恶不欲止，上至县官，捕得正法，不得久生。（卷一百十四《不孝不可久生诫》，五七〇中）

216. 行恩有施，可复得增年，精华润泽，气力康强（强），是行善所致，恶自衰落，亦何所疑？（卷一百十四《见诫不触恶诀》，五七一中）

217. 行作善，有孝慈，使各竟其年，或得增命，子孙相次，无中夭时。（卷一百十四《大寿诫》，五七七下）

6 例全部出现在庚部。例 214 中“（得）名为地灵祇”的“得”承前省略。除了“得活”外，其余“得”后的宾语是偏正短语或动宾短语。在这样的句法环境里，“得”演变为能愿助动词。

3.“得”字被动式及其变体，24 例

(1) 用法 C：“得 V（VP）”，9 例

218. 天地有剧病乱，未尝得善理也，故教示人使集议，而共集出正语奇策，以除其病也，故使其大共集言事也。（卷九十一《拘校三古文法》，四八一上）

219. 吾欲不言也，今恐得大谪死，过不除于子也。（卷九十三《国不可胜数诀》，四九五上）

220. 受神之言，如神所为，知神所行，务以自信，乃敢前言：“欲求蒙得见活而已，不敢求大职，见哀而已。”……积之有岁，乃前语言：“唯蒙大神通其不足，知所辞辞大，故以贪进，受其乙密。征营门阁，不敢自息，欲得教戒，禀其不及。愿得省察，不逆所言，使须戒勑（敕）。”（卷一百十一《有知人思慕与大神相见诀》，五五六下）

221. 贪生者天之所佑，贪养者地之所助，贪仁者人共爱之，过此而为恶，必得贼。（卷一百十二《七十二色死尸诫》，五六〇下）

---

① 可参见本文第一章第三节“二、（一）1.（2）③B”。宾语是主语（受动者）的某种称呼，张延俊（2006）称为“内容宾语”。

222. 诸神见天君贯（贳）不死之罪，纔得薄谪……（卷一百十四《有功天君勑（敕）进诀》，五七五下）

223. 事未上过，可得蒙愈，此天自愈之，邪神之家何得名之、而言多愈人病乎？（卷一百十四《病归天有费诀》，五七九中）

224. 小生聋暗（瘖），讫不知有过于天，今唯皇天明师，愿见为复重察察分别解之，冀蒙心得更开。（卷一百十七《天咎四人辱道诫》，五八八下）

仅"纔得薄谪"中"得"后的宾语是既然、已然的；其余"得"后面的宾语多表示一种未发生、未到来的事情，有时与"未尝、可"这样的词语同现。若是积极的事情，就希望它能够尽快实现，所以往往有表示希冀的心理动词在前，如"欲求、愿、欲、冀"等，"得·动词（短语）"结构充当该类心理动词的宾语；若该事情是消极的，则害怕它的发生，但要说明它的必然性，并希望这样的事情不要发生在自己头上，如"恐"。3 例表逆意，6 例表示顺意，顺逆之比是 6∶3。

仅 3 例中的动词是单音节动词（"活、贼、愈"），其余均为动词组合或动词短语。其中并列关系的有"教戒""省察"，偏正关系的有"善理""薄谪""更开"；而例 219 中"大谪死"是动补关系，正因为会严重到"死"，所以才"恐"——如果像例 222 那样"纔得薄谪"也就用不着害怕了。

例 210 中的"蒙得见"和例 223 中的"得蒙"是同义连文。

9 例的分布是：己部 2 例，另 7 例集中出现在庚部。

（2）带施事者的"得"字被动式，15 例

①用法 D："得 V 于 A"，4 例

225. 又凡民臣奴婢，皆得生于天，长于地，得见养理于帝王，以此三事为命。（卷八十六《来善集三道文书诀》，四七一中）

226. （诸神……纔得薄谪）……得薄谪于中和，自今以后，可以为诫。（卷一百十四《有功天君勑（敕）进诀》，五七六上）

例 225"（得）长于地"中的"得"承前省略，"得见养理于帝王"中的"得

见”是同义连文。其内容与道教信仰有关。[①] 例 226 的上文“得薄谪”没有出现施事，而“得薄谪于中和”带了后加施事，语义更加明了。

②用法 E：“得 AV（VP）”结构，11 例

A. 用法 a：“得其 V（VP）”结构，3 例

227. 为邪所推，众湥得灭亡于此者积众多，审得其重戒，心亦不可移也。……是故古者圣贤先得度世者，不聆此之力也；学道而反不得、不长度者，皆坐聆此，得其贼也。夫天上大神非贼人可为，便使人还此害克，故无大福也，当生反死，转为天贼也。（卷七十一《致善除邪令人受道戒文》，四六三上）

228. 今太上中古以来，多失道德，反多以威武相治，威相迫胁，有不听者，后会大得其害，为伤甚深，流子孙。（卷八十六《来善集三道文书诀》，四六九中）

语言大背景决定了例中的“其”字指示代词和第三人称代词两种理解均可，但以上 3 例中的及物动词的动作性都比较强，“其”宜理解为施事者；“其”在上下文都能找到先行词。另外，例 227 中的“为天贼”可帮助我们理解“得其贼”，而例 228 中的“大得其害，为伤甚深，流子孙”则可使我们的语法分析更加确定。

B. 用法 b：“得 AV”结构，8 例

一般认为“得”字式只有两种变体，即主要变体“得 V”和次要变体“得 V 于 A”。在《太平经》中还有施事成分出现在动词前面的这种变体“得 AV”8 例，这 8 例全部出现在庚部，相当集中。如：

229. 又举之者不信，共欺其上，贡非其人，乱天仪，污列宿，天疾之，地怨之，国君恶之，圣贤非之，是为世大佞妄语之子，当坐是事，不得天地鬼神诛，则人当害之，辱其先人，祸及妻子后生，是四大凶也。（卷一百九《四吉四凶诀》，五四五上）

① 庚部卷一百一十二《七十二色死尸诫》载：“人有贵贱，寿命有长短，各禀命六甲。……和合神灵，乃得称人；得神灵腹心，乃可为人君。”

230. 宜思书言，其文具足，可以自护，必得天福。（卷一百十四《大寿诫》，五七七下）

231. 安坐，吾不敢有可匿也，匿之恐得天责，使吾久被重谪，无益于吾天年。……顺政者得天力，逆令者得天贼。得天力者致寿，得天贼者致凶咎。（卷一百十六《音声舞曲吉凶》，五八四上、五八六上）

232. 常念贪生，得于上众神所佑，不敢施有小分。（卷一百十一《有心之人积行补真诀》，五五七下）

施事者是：天 6，天地鬼神 1，上众神 1。“天地鬼神”惩恶扬善，使“善有善报，恶有恶报”。顺逆之比是 4∶4。这种施事成分出现在动词前面的变体“得AV”格式可能是受“为 AV”被动式或“被 AV”被动式等类化而出现的。《太平经》中“为 AV”式有 23 例，占《太平经》中“为”字被动式总数的 33.3%；“被 AV”式有 11 例，占《太平经》中“被”字被动式总数的 31.6%。这么高的比例应该有一定的影响力。

据张文国（2005：318—320），“福”到《史记》和《论衡》中已经只具有名词的用法，动词用法已经消失；而在先秦，通过对 13 部文献的考察，名词与动词用法出现的次数之比是 252∶18，即“福”也可算是个名动兼类词。例 230 中的“福”就是动词用法，及物动词，“保佑、帮助”的意思，与“得天力”同义，而与“得天责/贼”意思刚好相反。

“为 A 所 V”式是东汉时期使用频率最高的被动句式，有极强的类化能力。例 232“得于上众神所佑”，应该是“得佑于上众神”和“（为）上众神所佑”的杂糅；也是为了强调而不避“迭架”之嫌。

（二）关于“得”字式的几点讨论

1.《太平经》中“得”字的语法性质和分布

《太平经》中“得”字的语法性质和分布大致如表 6-1。

表 6-1 《太平经》中“得”字的语法性质和分布大致情况

<table>
<tr><td colspan="2">分布
用法</td><td>丙部</td><td>丁部</td><td>戊部</td><td>己部</td><td>庚部</td><td colspan="2">小计</td><td colspan="3">备注</td></tr>
<tr><td colspan="2">用法 A</td><td></td><td>1</td><td></td><td>3</td><td>8</td><td colspan="2">12</td><td colspan="3">动词</td></tr>
<tr><td colspan="2">用法 B</td><td></td><td></td><td></td><td></td><td>6</td><td colspan="2">6</td><td colspan="3">能愿助动词</td></tr>
<tr><td colspan="2">小计</td><td></td><td>1</td><td></td><td>3</td><td>14</td><td colspan="2">18</td><td colspan="3">占 43.9%</td></tr>
<tr><td colspan="2">用法 C</td><td></td><td></td><td></td><td>2</td><td>7</td><td colspan="3">9</td><td rowspan="4">24</td><td rowspan="4">被动标记</td></tr>
<tr><td colspan="2">用法 D</td><td></td><td></td><td></td><td>3</td><td>1</td><td colspan="2">4</td><td rowspan="3">15</td></tr>
<tr><td rowspan="2">用法 E</td><td>a</td><td></td><td></td><td>2</td><td>1</td><td></td><td>3</td><td rowspan="2">11</td></tr>
<tr><td>b</td><td></td><td></td><td></td><td></td><td>8</td><td>8</td></tr>
<tr><td colspan="2">小计</td><td>0</td><td>0</td><td>2</td><td>6</td><td>16</td><td colspan="2">24</td><td colspan="3">占 57.1%</td></tr>
<tr><td colspan="2">合计</td><td>0</td><td>1</td><td>2</td><td>9</td><td>30</td><td colspan="2">42</td><td colspan="3" rowspan="2">100</td></tr>
<tr><td colspan="2">比例（%）</td><td>0</td><td>2.4</td><td>4.8</td><td>21.4</td><td>71.4</td><td colspan="2"></td></tr>
</table>

分布比较集中，其中庚部出现次数占《太平经》“得”字用法总数的 71.4%。这可能与庚部的篇幅比较大有关，也可能与庚部的说教体有关。

动词与能愿动词用法、被动标记用法构成一个连续统。42 例中有 24 例“得”是被动标记，占 57.1%，占该书有标记被动式的 6.7%。24 例被动标记用法中，有 15 例带了施事成分，其中“得 V 于 A”式 4 例；施事成分置前的“得 AV（VP）”结构有 11 例之多（其中 8 例集中在庚部），显示出《太平经》“得”字被动式与一般文献的不同。施事成分置前的“得 AV（VP）”结构符合语言的临摹性原则，应该是受语言大背景影响的结果，具体则可能是受“为 A 所 V”或“被 AV”类化的结果，时代特色强。

2. 语法功能及感情色彩

以上 42 例“得”字用法所表示的意思多与道教信仰有关。

“得”字所在结构也可降级使用，分句或句子成分皆可，表现出较高的自由度。它也充当一些心理感知类动词的宾语，如：恐 3、欲 1、愿 1、冀 1、念 1、欲求 1；能愿动词“必 2”“会 2”和“可 1”也出现在“得”字句前，使句子语气更加得体。

有的主语由于语境而可以省略；从主语的角度来看，“得”字句也有顺逆情绪两种。粗略统计，表示顺意的有 25 例，表示逆意的有 17 例。

3. “得”字被动式一般不被认可的原因分析

《太平经》“得”字被动式有 24 例之多，且有的文例已经是典型的被动句式。可是为什么一般的语法书都不怎么提及此类被动句呢？原因可能是：“得”的动词词义还比较强，这牵制住它向被动标记功能方向大踏步发展；“得”字已有能愿助动词用法，尤其是“得”字慢慢发展出补语标记功能，这削弱了它的被动标记功能；当“得”字被动式产生、使用时，其他被动标记已经发展并占据被动式的大舞台，“得”字被动式没有必要再大力发展，它就渐渐消失了，可能在一些存古较多的方言中还可听到。

第四节　本章小结

本章讨论的是《太平经》中的“蒙”字式、“受”字式和“得”字式，下面作一小结。

一、各自概况

《太平经》中“蒙”字出现 38 次，其中 5 例与本文讨论的主题（内容）关系不大，其余 33 次则可视为动词引申用法及表被动的用法；被动标记 17 例，占 51.5%，占该书有标记被动式的 4.7%。这 33 例仅 2 例表示“逆意”，另 31 例表示顺意的感情倾向、有表敬意味，占 94.0%。“蒙”字式的顺意倾向与动词“蒙”字的顺意倾向密切相关。不同引申阶段的“蒙”字用法也呈现出一个虚化序列：（1）蒙＋抽象名词/代词；（2）蒙＋动词（短语）；（3）蒙＋其/之·抽象名词；（4）蒙·施事者＋动词。被动标记“蒙”由动词“蒙”虚化而来，是一个“连续统”。66.7%的“蒙”字出现在庚部，其中动词用法 8 例，占动词用法 15 例的 53.3%；被动标记用法 14 例，占被动标记用法 17 例的 82.4%。庚部动词用法 8 例与被动标记 14 例二者之比是 4∶7。“蒙”字作为被动标记确实由其动词用法发展而来，语言发展的渐变性在“蒙”字的演变上得到了体现。与丙部、丁部、戊部和己部是以天师和真人问答为主不同，庚部基本是说教体，其间夹有天君、大神和“生”的对话。对话有时在二人间进行，有时则在三人间展开。“蒙”字被动式在庚部出现较多，与他们的谈话内容有很大的关系：其语境或涉及的话题多与道教、神仙有关，语气中总是显露出敬仰、喜悦、期盼、感激等情绪。

《太平经》11例“受”字全部出现在庚部。“受”字11例，共8例该视为被动标记（其中5例“受V”式、3例“受AV”式变体），占该书有标记被动式的2.2%。11例中，表顺意的8例，逆意的3例，顺逆之比是8∶3。感情色彩倾向于表示顺意，这可能与“受”在甲骨文中是一个使用频率很高的“授予”义三价动词有一定的渊源关系。

《太平经》“得”字出现42例，动词与能愿动词用法、被动标记用法也构成一个连续统。42例中，仅24例中的“得”是被动标记，占总例数的占57.1%，占该书有标记被动式的6.6%。24例被动标记用法中，有15例带了施事成分，其中“得V于A”式4例；施事成分置前的“得AV（VP）”结构有11例之多（其中8例集中在庚部），显示出《太平经》“得”字被动式与一般文献的不同。施事成分置前的“得AV（VP）”结构符合语言的临摹性原则，应该是受语言大背景影响的结果，具体则可能是受“为A所V”或“被AV”类化的结果，时代特色强。分布也比较集中，其中庚部出现次数达30例，占《太平经》“得”字用法总数的71.4%；被动标记用法有16例，占被动标记用法的66.7%。这可能与庚部的篇幅比较大有关，也可能与庚部的说教体有关。

二、共同点

《太平经》中“蒙”字具有明显的表敬色彩而受语境的严格限制，这降低了它在被动式领域与“被”字式的竞争力。《太平经》和其他典籍中“被”“蒙”同义对举和同义连用的例子显示了“蒙”“被”各自从动词到被动标记之间纵向的渊源关系以及“蒙”与“被”之间横向的平行的同义关系。

“受”与“得”字则动词词义还比较强，这牵制住它向被动标记功能方向大踏步发展；当“受”“得”被动式产生、使用时，其他被动标记已经发展并占据被动式的大舞台，口语和书面语中都不再需要使用它们，它们就渐渐消失了。

在本章第一节曾经提到“蒙”字式、“受”字式和“得”字式并不是十分成熟的被动式，现在可以理解其中原因了。《太平经》中“蒙”字式、“受”字式和

“得”字式的出现次数分别是 17 例、8 例和 24 例，加起来共 49 次，占《太平经》有标记被动式总数的 13.6%。次数和比例确实比较少；尤其是“受”字式的谓语比较简单，进化程度不高。

第四章　结论

第一节　《太平经》同《论衡》和东汉佛经中的有标记被动式比较

将《太平经》同《论衡》和东汉佛经中的有标记被动式进行比较，这是一种外部比较。

一、《太平经》同《论衡》和东汉佛经中的有标记被动式概况

（一）《太平经》中的有标记被动式有8类360例

《太平经》中的有标记被动式有8类360例，如表7-1所示。

表7-1　《太平经》中的8类有标记被动式大概情况

类型	次数	比例(%)	备注
“於”字式	12	3.3	9例施事是天地神祇(包括“死者”)
“见”字式	200	55.6	带施事成分的“见”字式16例，占4.4%
“为”字式	69	19.2	“为AV”式23例，占6.3%；“为A所V”式33例，占9.0%
“所”字式	12	3.3	据高列过(2003)，东汉佛经中有15例
“被”字式	18	5	带施事成分的“被”字式11例
“蒙”字式	17	4.7	带施事成分的“蒙”字式6例
“受”字式	8	2.2	带施事成分的“受”字式3例
“得”字式	24	6.7	带施事成分的“得”字式15例
合计	360	100	

（二）《论衡》中的有标记被动式

《太平经》约23万字，比它略早的《论衡》22万多字，二者字数相当，《论

衡》中的有标记被动式大致情况如表 7-2 所示。

表 7-2 《论衡》中的有标记被动式大致情况

类型	次数	比例（%）	备注
“於”字式	28	17.1	据唐钰明（1987），东汉时期的平均数为 11%
“见”字式	55	33.5	“见 V 于 A” 3 例
“为”字式	72	43.9	“为 A 所 V” 64 例，占 39.0%
“被”字式	9	5.5	没有带施事成分的“被”字式
合计	164	100	

（三）东汉佛经中的有标记被动式

据高列过（2003：23），“在共时平面上，东汉佛经的被动句使用了大量的口语成分；同时也存在一些中介性质的杂糅句式和受佛经原典影响的句式。在历时平面上，60 年间，东汉佛经的被动句迅速中土化和文言化。安世高、支谶的译经被动句的口语性很强，同时也存在不合汉语规范的表达形式；支曜之后的译经，被动句的使用比较规范，同时也带上了文言的色彩。”东汉佛经是翻译作品 34 种，约 38 万字，其中有标记被动式 163 例，大致情况是：“为”字系列句式 137 例，占 84.1%；其中“为 A 所 V”式 93 例，占 57.1%。另外，“A 所 V（O）”15 例，“A 之所 V（O）”7 例；“见 V”式仅见 2 例，“V 於（于）A”式、“见 V 於（于）A”未见，典型的“被”字被动式尚没有发现。这 163 例有标记被动式的译者情况大致如表 7-3 所示。

从比较的结果来看，《太平经》《论衡》和东汉佛经三种材料的有标记被动式使用情况有“同”有“异”，相对来说，我们更看重“异”的一面，而“异”既可表现为“有”“无”的差异，也可表现为“多”“少”的差异。“有”“无”的差异是“质”的不同，“多”“少”的差异是“量”的不同。以上出现在三种作品中的有标记被动式类型和频率都有所不同，其原因何在呢？

表 7-3　东汉佛经中的有标记被动式大致情况

类型 译者	"为"字系列句式			A 所 V(O)	(是)A 之所 V	见 V	小计(次)
	为 A 所 V(O)	为 A 之所 V	其他				
安世高	24		11	1			36
安共严①	4		3				7
支谶	58	12	14	12	9	1	106
支曜	2		2				4
竺共康②	1		1	1			3
康共昙③	4		1	1		1	7
小计	93 次，占 57.1%	12	32	15	9	2	163
比例	共 137 次，占 84.1%			9.2%	5.5%	1.2%	100%

二、《太平经》有标记被动式在种类与数量上均多于《论衡》和东汉佛经

汉语被动式特殊的语用价值是被动式不断发展的根本原因。《太平经》中的有标记被动式有 8 种，比《论衡》和东汉佛经都丰富。多种有标记被动式的共存，对于表现不同感情、避免语言重复、运用对偶修辞、表现雅俗不同情景等方面均有一定意义。《太平经》中还有四种有标记被动式不见于《论衡》，其中的"所"字被动式则受到了东汉佛经的影响（具体分析见第二章第三节）。"A 所 V（O）"被动式 12 例（10 例出现在庚部）的发现，推翻了"所"字被动式不见于中土文献的成说。

《太平经》与《论衡》字数相当（都是 23 万字左右），但《太平经》有 360 例有标记被动式，而《论衡》仅 164 例，这表明社会、思维和书面语的发展对汉语被动式的发展确实具有重要影响。尤其是书面语的影响，语言的明晰性要求不断加强，语法结构复杂化，表达也随之严密化。与同是中土文献的《论衡》相比，传统的四种有标记被动式在《太平经》中所占的比例也有较大的出入，见表 7-4。

① "安玄共严弗调"之简称。参见高列过(2003:39)。

② "竺大力共康孟详"之简称。参见高列过(2003:39)。

③ "康孟详共昙果"之简称。参见高列过(2003:39)。

表 7-4　传统的四种有标记被动式在《论衡》与《太平经》中的大概情况对比

书名 类型	《论衡》		《太平经》		备注
	次数	比例（%）	次数	比例（%）	
“於（于）”字式	28	17.1	12	3.3	东汉时期的平均数为 11%；《太平经》9 例施事是天地神　（包括“死者”）
“见”字式	55	33.5	200	55.86	《论衡》“见 V 于 A” 3 例；《太平经》带施事的“见”字式 16 例，占 4.4%
“为”字式	72	43.9	69	19.2	《论衡》“为 A 所 V” 64 例，占 39.0%；《太平经》33 例，占 9.2%
“被”字式	9	5.5	18	5	《论衡》没有带施事成分的“被”字式；《太平经》带施事成分的有 11 例、
合计	164	100	299	83.1	

（一）“於（于）”字式的矛盾表现

“於（于）”字式在东汉已走向衰落。东汉佛经未见“於（于）”字式；与《论衡》的“於（于）”字式高于东汉使用频率的平均数不同，《太平经》中“於（于）”字式的使用频率已经低于东汉时期的平均数，这似乎是语言发展的表现；而 12 例“於（于）”字式中，却有 9 例施事是天地神祇（包括“死者”），这与“於（于）”字式在最初形成阶段的表现倒有点相似。[①] 这种相似可能与道教信仰的特定内容有关。

（二）“见”字式与文言特色

“见 V”式在东汉已经趋于衰落，中土文献的使用频率是 19%，比较“白”的典籍的出现频率是 4%。但均是中土文献的《论衡》与《太平经》，其“见”字式却分别占有标记被动式的 33.5%和 55.6%，这只能归结于它们的文言色彩比较浓。《太平经》200 例“见”字式竟有 119 例出现在庚部中，占 32.6%，这又更能说明庚部的文言特色（下面第二节“四、庚部有标记被动式特例分析”还要分

① 钱宗武（1998）认为“於（于）”字式的形成是远古人民对于上天恐惧和敬畏的体现。钱宗武（2004）认为汉语被动句产生的直接原因可能是基于修辞的需要，陈述者为了在汉字形式上突出动作行为的主动者。

析）。

（三）“为A所V”式与口语程度

前面已经提到，东汉佛典163例有标记被动式，“为”字系列句式137例，占84.1%（其中“为A所V”式93例，占57.1%），高于东汉时期的平均数66%。《论衡》与《太平经》中的“为”字式使用频率都比平均数低，而《太平经》更低。“为A所V”式作为“为”字式的主要变体，最能说明问题：东汉佛典“为A所V”式93例，占57.1%；《论衡》“为A所V”式64例，占39.0%；《太平经》“为A所V”式33例，占9.2%。从这组资料看三种文献，佛典运用的是一种活脱的而不是僵化的语言，《论衡》语言对现实的反映不及佛典敏感，而《太平经》的口语程度又比《论衡》显得低。——《太平经》庚部字数约占《太平经》总字数22.7%，内有“为A所V”式16例，占《太平经》中“为A所V”式的近一半（16/33）：似乎庚部是比较“入时”“新潮”的。

（四）《太平经》“被”字被动式的“超前性”

东汉佛经38万字未见一例典型的“被”字式；《论衡》有“被”字被动式9例，占5.5%，但没有带施事成分的“被”字式。《太平经》与《论衡》字数相当，但有“被”字被动式18例（13例出现在庚部），占4.9%；虽然使用频率低于中古时期“被”字式的平均使用频率（15%），但《太平经》“被”字被动式出现次数是《论衡》的两倍，更主要的是，《太平经》有带施事成分的“被”字被动式11例（6例出现在庚部）：这些数据表明《太平经》（尤其是它的庚部）的有标记被动式使用得较中土其他文献超前。

第二节　《太平经》内部有标记被动式比较

以上我们从外部比较了东汉三种作品中的有标记被动式，发现它们有比较大的差异。这种外部差异是由其内部特点决定的。下面就对《太平经》中的有标记被动式进行内部比较。

一、《太平经》中有标记被动式8种360例的分布情况

《太平经》中有标记被动式8种，种类丰富，360例的分布情况见表7-5。

表 7-5　《太平经》中有标记被动式 8 种 360 例的分布情况

类型	丙部	丁部	戊部	己部	庚部	小计	备注
“於”字式	3			5	4	12	“见 V 于 A”式 12 例，占 3.3%；其分布是丙部 3 例、己部 7 例、庚部 2 例
“见”字式	25	10	2	44	119	200	
“为”字式	4	1	3	9	52	69	带施事成分的有 63 例，占 17.5%
“所”字式	2				10	12	庚部 10 例，占 2.8%
“被”字式	2			3	13	18	庚部 13 例，占 3.6%
“蒙”字式	1	2			14	17	庚部 14 例，占 3.9%
“受”字式					8	8	庚部 8 例，占 2.2%
“得”字式			2	6	16	24	庚部 16 例，占 4.4%
小计	37	13	7	67	236	360	
比例(%)	10.3	3.6	1.9	18.6	65.6	100	

二、文体对分布的影响

分布如此不均，与五部字数多少有无关系？五部字数及无标记被动式在各部的出现次数情况见表 7-6。

表 7-6　《太平经》五部字数及无标记被动式在各部的出现次数情况

分布	次数	字数（精确到百位）	出现频率（次/千字）	备注（非对话体字数）
丙部	37	61100	0.61	6000
丁部	13	26600	0.49	1000
戊部	7	19500	0.36	0
己部	67	62900	1.07	2000
庚部	236	69800	3.38	45400
合计	360	239900 字	1.50	54400 字

有标记被动式 360 例，在《太平经》现存 57 卷 23 万多字中的出现频率是：每1 000字约出现 1.50 次；除了庚部，其余四部的出现频率均低于平均值。看来，分布不均与各部字数多少没必然关系。那么是什么原因导致这种分布结果呢？

应该是文体。庚部69 800字，其中非对话体26篇约45 400字，也就是说说教体占庚部65.0%。而这26篇说教体不仅篇幅长（每篇平均约1 746字），更主要的是它们不是对话体为主，而是书面语色彩的说教为主。其中仅“见”字式就在庚部出现119次，占《太平经》有标记被动式360例的33.1%，在庚部的出现频率是每1 000字约出现1.69次“见”字式。如此高的出现频率只能归结于庚部的文体因素。①

三、《太平经》中带施事的有标记被动式

从某种程度上说，有标记被动式比无标记被动式表达清晰，适应了书面语发展对语言明晰性的需求，而带施事的有标记被动式又比不带施事的有标记被动式更表义明确。《太平经》中带施事的有标记被动式有多少、其分布情况又如何呢？见表7-7。

表7-7 《太平经》中带施事的有标记被动式次数及分布情况

类型	丙部	丁部	戊部	己部	庚部	小计	比例（%）
“於”字式	3	0	0	5	4	12	8.7
“见”字式	4	1	0	7	4	16	11.6
“为”字式	3	1	3	8	48	63	45.7
“所”字式	2	0	0	0	10	12	8.7
“被”字式	2	0	0	3	6	11	7.9
“蒙”字式	1	2	0	0	3	6	4.3
“受”字式	0	0	0	0	3	3	2.2
“得”字式	0	0	2	4	9	15	10.9
小计	15	4	5	27	87	138	100
比例（%）	11.9	2.8	3.5	18.9	62.9		

带施事成分的138例有标记被动式，占有标记被动式的38.9%。其中施事成

① 庚部不仅每篇的篇幅较长，且每句话的字数也较多。这是阅读时的强烈印象，但因时间关系未能对其中“谓语读所含字数”进行统计。“谓语读所含字数”的说法参考了何乐士（1992）《从〈史记〉和〈世说新语〉的比较看〈世说新语〉的语法特点》“三、复句的比较”。

分后置的有 28 例，都和“于”有关，占 138 例带施事的有标记被动式的 20.3%；其余 110 例已经是施事成分前置于动词前面，占 79.7%。

（一）施事成分后置情况

施事成分后置的 28 例的分布情况见表 7-8。

表 7-8　《太平经》中带施事的有标记被动式的施事成分后置的 28 例的分布情况

类型＼分布	丙	丁	戊	己	庚	小计
“V 于 A”	3			5	4	12
“见 V 于 A”式	3			7	2	12
“得 V 于 A”式				3	1	4
小计	6	0	0	15	7	28

为叙述方便，我们称这 28 例为广义“於（于）”字式。它们分布在丙部、己部和庚部，比较集中，而施事者以天地神祇（包括“死者”）为主。联系钱宗武（1998，2004）对“於（于）”字被动式形成的分析，我们发现《太平经》中的这 28 例广义“於（于）”字式，其出现环境和使用原因与今文《尚书》里的情况很相似。可以说，这 28 例广义“於（于）”字式是对“於（于）”字被动式古老用法的沿用，表现的仍是对上天的恐惧和敬畏之情。运用它们，有可能也是基于修辞的需要，陈述者为了在汉字形式上突出动作行为的主动者。

（二）施事成分居于谓语动词之前，这符合语言的临摹性原则

历史潮流滔滔向前，适者生存。施事成分后置与施事成分前置，二者之比是 28∶110，施事成分居于谓语动词之前已占绝对优势。施事成分居于谓语动词之前，这符合语言的临摹性原则，是适应语言发展规律的外在表现。这正如洪诚先生（1958）所说：“被动句不表现出施事词则已，如果要表出施事词，施事者本有居于动词前面的要求……”[①]《太平经》中带施事成分的有标记被动式 138 例，占有标记被动式的 38.9%；其中施事成分前置于动词前面的 110 例，占带施事成分的有标记被动式的 79.7%，这两组数据表明《太平经》的口语性还是比较浓的。

① 参见《洪诚文集·雒诵庐论文集》第 122 页，江苏古籍出版社 2000 年。

这与它是宗教文献有关。东汉晚期，广大受众文化程度不高，他们却极其需要精神寄托和心灵慰藉；如果道教教义文字高深或文言色彩浓厚，是起不到什么精神安慰作用的，更别说被广为传播了。

“为A所V”式在中古时期获得了巨大的发展和高度的繁荣，并取代“於（于）”字式在有标记被动式中的主流地位，一个相当重要的原因是它适应句法结构的历史性调整。《太平经》中“见A所V（O）”与“A所V”的出现都与“为A所V”式有关：4例“见A所V（O）”是“为A所V”式类化的产物，而12例“A所V”是佛经影响和“为A所V”式流行的共同作用的结果。①

东汉佛经中没有发现可靠的“被”字式，《论衡》中“被”字式有9例但都不带施事成分；一般认为大约在东汉末年开始出现“被”字引进施事者，如蔡邕《被收时表》：“臣被尚书召问。”但一直到隋唐之前，这样的例子仍是不多见的，较多的例子在唐代及唐代以后才可以看到。而现在东汉道教典籍《太平经》一书中就出现了带施事者的“被”字式11例，这不能不说是个小小的补充。同时，这也说明了《太平经》语言具有一定的“超前性”。

“蒙”字式与“被”字式具有双层关系：一是从动词到被动标记之间纵向的渊源关系，一是“蒙”与“被”之间横向的平行的同义关系。同类化机制的类推作用，使“蒙”字式被逐渐纳入被动式范畴，具有被动式的共性，与“被”字式共处一个平台。但“蒙”字始终没有能摆脱表敬色彩而成为一个纯表被动的介词，②例子在中古不是很多，而《太平经》中“蒙”字的被动标记性质已经比较明显，有17例之多，且有6例带了前置的施事成分。

在一般的语法书中，“受”字式与“得”字式不被作为有标记被动式看待。其实，“受”字式与“得”字式中的被动标记都由实义动词虚化而来，只是语言事实中它们仍然以动词用法为常见，所以一般不被讨论。但《太平经》中它们的被动标记性质已经比较明显，分别有8例和24例之多，不可小觑；8例“受”字式有3例带了前置的施事成分，24例“得”字式有15例带了前置的施事成分。施事成分置前的“受/得AV（VP）”结构符合语言的临摹性原则，应该是受语言大背景

---

① 关于“A所V”的分析参见第二章第三节。

② 《太平经》中“蒙”字33例，其语境或涉及的话题多与道教、神仙有关，语气中总是显露出敬仰、喜悦、期盼、感激等情绪。行文中除了常常有表示恳切愿望的心理动词共现外，在句中另外经常伴有与之具有语义相宜性的“幸”“侥幸（幸）”等，这与这些心理动词在语义上也是相呼应的。

影响的结果，具体则可能是受“为 A 所 V”或“被 AV”类化的结果，时代特色强。

四、庚部有标记被动式特例分析

（一）庚部有标记被动式使用频率（3.38 次/千字）远远高于平均值

本文主要分析的是《太平经》仅存的 57 卷 126 篇中的有标记被动式。这 57 卷 126 篇分别在五部中：丙部 16 卷，37 篇，约 61 100 字，有标记被动式 37 例；丁部 7 卷，10 篇，约 26 600 字，有标记被动式 13 例；戊部 4 卷，7 篇，约19 500 字，有标记被动式 7 例；己部 14 卷，31 篇，约 62 900 字，有标记被动式 67 例；庚部 16 卷，44 篇，约69 800字，有标记被动式 236 例。[①]

57 卷 126 篇共约239 900字，共出现了有标记被动式 360 例，平均出现率是 1.50 次/千字。有标记被动式在各部的出现率分别是：丙部，0.61 次/千字；丁部，0.49 次/千字；戊部，0.36 次/千字；己部，1.07 次/千字；庚部，3.38 次/千字。丙、丁、戊、己四部的有标记被动式使用频率均低于平均值，且使用的有标记被动式类型少则 3 种、最多则 6 种，有一定的共性。另外，丙、丁、戊、己四部共约170 100字，约占全书总字数的 70.9%；但有标记被动式却仅 124 例，占全书有标记被动式的 34.4%；这与这四部的非对话体（共 18 篇约9 000字）仅占全书非对话体（共 44 篇约54 400字）的 16.5%应该有一定的必然关系。天师与真人面对面地对话与交流，天师传教有方，真人则是不懂就问，如有歧义或不解，可以随时请教：对话体及语境使有标记被动式使用次数比较少。

只有庚部的有标记被动式使用频率 3.38 次/千字远远高于平均值，更高出其他四部的使用频率，且使用的有标记被动式类型多达 8 种，不仅是使用次数最多、使用频率最高，而且种类最丰富，表现得很特别，所以下面专门分析一下，看能否找出其中原因。

（二）庚部非对话体比重较大

就全书而言，对话体字数约185 500，约占总字数 239 900 的 77.3%。但庚部情况有所不同。庚部 16 卷 44 篇约 69 800 字，其中对话体 18 篇约24 400字；非对

---

① 详见表 7-5。

话体 26 篇约 45 400 字，占全书非对话体（44 篇共约 54 400 字）的 83.5%。① 庚部对话体 18 篇与非对话体 26 篇，二者字数之比约为 1∶1.86，即非对话体 26 篇的字数是对话体 18 篇的近两倍。② 庚部字数约 69 800 字，篇幅约占全书（约 239 900字）的 29.1%，可是它的有标记被动式出现了 236 次，约占全书有标记被动式（360 次）的 65.6%；而庚部 236 例有标记被动式大多出现在这些非对话体的篇目里，因此我们猜测是该部文体影响了有标记被动式的出现频率：这些非对话体的说教不仅篇幅较长，而且以明显经过加工整理的书面语为主。为了劝人行善积德，或从反面告诫世人为恶的严重后果，语意重复也不厌其烦；多种无标记被动式的共存，各自的语用价值得到充分实现与体现。

庚部非对话体 26 篇的卷次和题目见第一章第二节“二、关于作者及拟用版本”，前面章节的许多庚部例句大多引自这些篇目。

（三）庚部有标记被动式数量多而且类型丰富（表 7-9）

庚部有标记被动式 236 例，数量多，占《太平经》有标记被动式的 65.6%，且类型丰富：8 类有标记被动式在庚部都有使用，有的类型（如“受”字式）还仅仅见于庚部。

表 7-9 《太平经》庚部所见有标记被动式数量与类型

	“于”字式	“见”字式	“为”字式	“所”字式	“被”字式	“蒙”字式	“受”字式	“得”字式
庚部次数	4	119	52	10	13	14	8	16
总次数	12	200	69	12	18	17	8	24
庚部比例	33.3%	59.5%	75.4%	83.3%	72.2%	82.4%	100%	66.7%

最古老的有标记被动式“於（于）”字式在东汉已走向衰落，使用频率是 11%。东汉佛经未见“于”字；③《论衡》的广义“於（于）”字式的使用频率是 19.0%的。④《太平经》中“於（于）”字式的使用频率是 3.3%，已低于东汉时

① 其余丙、丁、戊、己四部的非对话体（共 18 篇）约 9 000 字，占全书非对话体（44 篇）共约 54 400字的 16.5%。

② 这恐怕是为什么一般人总说《太平经》以对话体为主、口语色彩浓的大概原因吧。

③ “於（于）”字式、“见 V 於（于）A”式均未见。

④ 包括“於（于）”字式 28 例、“见 V 于 A”式 3 例，共 31 例占 164 例有标记被动式的百分比。

期的平均数；广义“於”字式在庚部出现7例，[①] 占庚部有标记被动式3.0%的使用频率，更低于东汉时期的平均值。但这7例的语境中充满着对上天的恐惧和敬畏之情，与今文《尚书》里的情况很相似，因此可以说庚部7例广义“於”字式是对“於（于）”字被动式古老用法的沿用。庚部的语言可谓“老”矣。

“见”字被动式在东汉已趋衰落，“见”字式使用频率高的作品则被视为文言色彩较浓。《太平经》庚部使用了“见”字式119例，占全书200例“见”字式的59.5%。庚部的语言可谓“文”矣。《太平经》庚部“为”字式52例，虽占全书有标记被动式14.7%，但占全书“为”字式的75.4%；其中庚部“为A所V”式20例（包括4例变体），占全书“为A所V”式40例（包括7例变体）的50%。从这些数据看，我们也可以说：《太平经》庚部使用了大量的口语成分，[②] 或说其口语程度比其他部（丙、丁、戊、己部）较强。——撇开其他被动式不说，“见”字式和“为”字式在庚部的使用呈现出一种矛盾甚至怪异的特点：既文又白，既不文又不白。东汉佛经语言给人句式杂糅的印象，《太平经》的语言同样让人感觉怪异。

一般认为“所”字式是受佛经原典影响而产生的，因此仅出现在东汉佛经中。但《太平经》仅庚部就有10例，占全书该类有标记被动式的83.3%。庚部因此流露出一种异域风情，是《太平经》尤其是庚部写定者（参与者）仔细研读过佛经原典而深受影响，还是佛经已经广泛传播因而其语言日益中土化使然？

东汉佛经未见使用的“被”字式在《太平经》出现18例，使用频率占5%，低于中古时期的平均使用频率15%；但仅庚部就有13例（其中带施事成分的“被”字式6例），占该书“被”字式的72.2%。尤其是“被AV”式，费辞少而意已精，满足了语义表达精密化的要求；由于这种语义表达功能，使得“被AV”式在后代文献中发展较快，以至成为被字句的主要形式。[③]

在一般的语法书中，“蒙”字式、“受”字式与“得”字式不被作为有标记被动式看待。其实，它们的被动标记用法都由实义动词虚化而来，不同引申阶段的用法形成一个“连续统”。《太平经》中它们的被动标记性质已经比较明显，分别

---

① 庚部“V於A”式4例，另有“见V于A”式2例、“得V于A”式1例。参见表7-8。

② 东汉佛经“为”字系列被动句式137例，占84.1%的使用频率；其中“为A所V”式93例，使用频率占57.1%，高列过（2003：23）因此说“在共时平面上，东汉佛经的被动句使用了大量的口语成分”。

③ 参见蒋冀骋、吴福祥（1997：600—601）。

有17例、8例和24例之多，庚部使用次数为14次、8次和16次，占该书各对应类有标记被动式的82.4%、100%和66.7%。它们在庚部的高频[①]使用使庚部语言的怪异特点更加鲜明。

（四）庚部带施事的有标记被动式使用情况

再来看看庚部中带施事的有标记被动式使用情况，见表7-10。

表7-10 《太平经》庚部带施事的有标记被动式使用情况

	"於(于)"字式	"见"字式	"为"字式	"所"字式	"被"字式	"蒙"字式	"受"字式	"得"字式
庚部次数	4	4	48	10	6	3	3	9
总次数	12	16	63	12	11	6	3	15
庚部比例	33.3%	25%	76.2%	83.3%	54.5%	50%	100%	60%

前面表7-7已经提到，《太平经》中带施事成分的138例有标记被动式，占有标记被动式的38.3%。庚部除“於（于）”字式、“见”字式带施事的比例低于平均值外，另6种带施事的有标记被动式的比例均高出平均值许多。当然，某一具体文献里被动式施事成分的有无、隐显以及频度的高低可能受多种因素（语用行为、语言环境以及文献体裁等）制约。比如，《太平经》庚部中“见”字式施事成分出现频度较低，一部分可以看作是省略施事成分，其原因主要不是因为句子容纳不下施事成分，而是因为施事成分或者在上文中已经出现，或者在情节中比较明确，无须再予指出，否则反而啰唆。[②]

施事成分有后置和前置两种，施事成分置前的被动结构符合语言的临摹性原则。反映在《太平经》中则是：施事成分后置的有28例，都和“于”有关，占140例有标记被动式的20.3%；其余115例已经是施事成分前置于动词前面，占79.7%。具体到庚部，参考表7-7、表7-8，有87例有标记被动式带施事成分，占全书带施成分有标记被动式138例的60.3%。庚部这些施事成分的位置及出现次

① 此“高频”是相对的，既相对于其他不见或少见此类被动式的中土文献，也相对于《太平经》庚部之外的篇目。

② 参见蒋冀骋、吴福祥（1997：601）。

数情况如表 7-11 所示。

表 7-11 《太平经》庚部带施事的有标记被动式中施事成分的位置及出现次数大致情况

类型＼位置	前置	后置	合计
“於（于）”字式	0	4	4
“见”字式	2	2	4
“为”字式	48	0	48
“所”字式	10	0	10
“被”字式	6	0	6
“蒙”字式	3	0	3
“受”字式	3	0	3
“得”字式	8	1	9
合计	80	7	87

后置的是“于”字式 4 例、“见 V 于 A”式 2 例、“得 V 于 A”式 1 例，共 7 例；而前置的有 7 种 80 例，种类丰富，数量颇多——前置次数已经是后置次数的 11 倍以上。悬殊相当可观，颇能说明问题：受语言大背景影响的结果，具体则可能是受“为 A 所 V”或“被 AV”类化的结果，《太平经》中带施事成分的有标记被动式已以施事成分前置于动词前面为主体，时代特色强。

通过以上对庚部有标记被动式使用情况的分析，我们认为庚部明显不同于他部，在研究讨论《太平经》语言问题时宜区别对待。至于庚部不同于他部的原因，不排除林富士（1998）与黄增寿（2005b）的猜测和推论。

五、“名动词”在《太平经》中某些有标记被动式的产生过程中起过一定作用

（一）抽象名词在汉代以后的发展不同于一般的“名动词”

张文国（2005）首次采用“功能筛选法”，并参考各种词性的构词能力，对古汉语名动词类转变的顺序问题做了深入的探讨，认为“名动词”是先秦汉语特有的一种词类，“汉代以后，‘名动词’走上了两条不同的发展路线”，“在比较接近口语的文献中，‘名动词’逐渐向名词或动词的单一词性分化”。他特别对古汉语中的抽象名词的词类转变及发展进行了考察，发现“古汉语中，与其他义类的名

词相比，抽象名词用作动词还是比较稳定的”；“汉代以后，它们并不像其他名词一样已经全部或大多分化为名词或动词，而只是在少部分词语身上发生了这种向单一词性的分化”。张文国认为这是由抽象名词既表示现象又表示过程的意义二重性决定的。① 抽象名词在从动词“被/蒙/受/得”到被动标记“被/蒙/受/得”的发展过程中起着重要作用。

（二）“为/被/蒙/受/得·其/之·V”

《太平经》中有“为其V”7例，②“其”充任“为”字被动式中施事者，这是“其”由指示代词向人称代词转化过程中的语言现象。③ 如果结合其他“被动标记＋其·及物动词”来一起分析，可以说，在某种程度上，“被动标记＋其·及物动词”是“动词＋其·抽象名词（短语）”发展的结果。④ 这种情况的出现是与第三人称代词“其”出现的时代息息相关的。这类“其”字的大概数据见表7-12。

表7-12 “为/被/蒙/受/得·其/之·V”中的“其”在《太平经》中的大概数据

<table>
<tr><th colspan="2">格式 \ 分布</th><th>丙</th><th>丁</th><th>戊</th><th>己</th><th>庚</th><th colspan="2">小计</th><th>合计</th></tr>
<tr><td colspan="2">介词“为”＋其·及物动词</td><td>4</td><td></td><td></td><td>2</td><td>1</td><td colspan="2">7</td><td rowspan="9">34⑤</td></tr>
<tr><td rowspan="3">被</td><td>动词“被”＋其·抽象名词（短语）</td><td>4</td><td>0</td><td>1</td><td>2</td><td>4</td><td>11</td><td rowspan="3">18</td></tr>
<tr><td>被（蒙）其德（教）化</td><td>1</td><td>0</td><td>1</td><td>1</td><td>1</td><td>4</td></tr>
<tr><td>介词“被”＋其·及物动词</td><td>2</td><td>0</td><td>0</td><td>0</td><td>1</td><td>3</td></tr>
<tr><td rowspan="3">蒙</td><td>动词“蒙”＋其·抽象名词</td><td>1</td><td>1</td><td>0</td><td>1</td><td>2</td><td>5</td><td rowspan="3">8</td></tr>
<tr><td>被蒙其德化</td><td>0</td><td>0</td><td>0</td><td>1</td><td>0</td><td>1</td></tr>
<tr><td>介词“蒙”＋其·及物动词</td><td>1</td><td>0</td><td>0</td><td>0</td><td>1</td><td>2</td></tr>
<tr><td colspan="2">动词“受”＋其·抽象名词</td><td>0</td><td>0</td><td>0</td><td>0</td><td>1</td><td colspan="2">1</td></tr>
<tr><td colspan="2">动词“得”＋其·抽象名词</td><td>0</td><td>0</td><td>0</td><td>0</td><td>1</td><td colspan="2">1</td></tr>
<tr><td colspan="2">小计</td><td>13</td><td>1</td><td>2</td><td>7</td><td>12</td><td colspan="3">34</td></tr>
</table>

① 参见张文国（2005：355，316—330）。

② 详见第二章第二节“二、（二）1”。

③ 参见郭锡良（1980）、柳士镇（1985）。

④ 有的发展过程中还有“半成品”，如“被（蒙）其德（教）化”4例就是这个发展过程中的“半成品”。详见第二章第四节“二、（二）2”。

⑤ “被蒙其德化”重复出现两次，只算一次。

五部都有这类“其”字分布，而以丙部和庚部为多；“其”后成分大多是单音节的，且在上古汉语多是“动名词”或抽象名词。当“其”在“动词＋其·抽象名词（短语）”结构中时，“其”是指示代词，是其后抽象名词的领属性修饰语，“其·抽象名词（短语）”是偏正短语；而当“其”在“被动标记＋其·及物动词”结构中时，“其”已是第三人称代词，是其后及物动词的施事性主语，“其·及物动词”是主谓短语。“被（蒙）其德（教）化”中的“其”理解两可。

以上 34 例，“动词＋其·抽象名词（短语）”18 例，12 例是“被动标记·其＋及物动词”，4 例处于过渡阶段，三者之比是 18∶4∶12。而 12 例“被动标记·其＋及物动词”中，被动标记是“为”“被”与“蒙”的例数之比是 7∶3∶2。从这组数据对比可以看出，“被/蒙·其＋及物动词”受到了“为·其＋及物动词”的类化影响。这是因为被动式发展的历史上存在着被动式之间相互影响、相互渗透以至于类化的现象，而这种一类被动式被另一类被动式类化的现象在“被”字式与“为”字式（尤其是“为 A 所 V”式）之间表现得特别明显。与第三人称代词“其”出现同时或前后，“被”字式受“为”字式影响、类化而发展并成熟起来，先在口语中得到迅速发展，最终取代“为 A 所 V”式，使“为”字式一般只局限于书面语；与“被”字有共同的语义来源的“蒙”字式也受“被”字式（甚至“为”字式）的影响和类化，具有和“被”字式一样的表示被动的语法功能而被纳入被动式的语法范畴。

六 “被”字式的感情色彩、语法功能以及语法结构的复杂化

张延俊（2006：207）论述了近古时期“被”字式主流地位之所以确立的原因，认为感情色彩的中和性是原因之一。其实对于其他有标记被动式也一样，感情倾向既是它们在自身发展阶段上的表现，也对它们今后的发展产生较大影响。《太平经》中 8 种类型的有标记被动式，感情倾向各有不同。下面专门讲一下其中的“被”字式的感情色彩及其对语法功能的影响。

（一）《太平经》中“被”字式语法结构的复杂化

中古时期“被”字式语法结构有复杂化的表现，其一是谓语双音动词组合用例的增加，表现之二是谓语成分的复杂化。《太平经》中“被”字式的语法结构也出现了复杂化。《太平经》中“被”字式 18 例，其中带双音动词的有 8 例，带三

音动词的有2例，共10例复音动词，占55.5%，远远高于《世说新语》和《水经注》。《太平经》中有4例“被”字式带补语且语义类型不一，占21.1%。

（二）《太平经》“被”字式语法功能的扩展

“被”字式语法功能的扩展也是其生命力强的一个表现。《太平经》“被”字式语法功能的扩展表现在：《太平经》18例“被”字式，16例充任句子主干，另外有定语和状语用法各1例。

（三）《太平经》“被”字式的感情色彩

《太平经》中18例“被”字被动式的感情色彩既有消极的，也有积极的，还有中性的，其消极：中性：积极之比是11：3：4；其中庚部7例“被V”式的感情色彩情况是消极：中性：积极＝3：2：2，色彩倾向不十分鲜明；而丙部、己部和庚部共11例“被AV”式的感情色彩偏向于表达逆意为主了，具体情况是消极：中性：积极是8：1：2。可见，《太平经》中的“被”字式也以表示对受事主语逆意的意思为主，但也可以用于除此之外的场合，因为用于消极场合并不是“被”字式的本质属性。实际上，从“被”字式的前身开始，它所表示的就不限于消极意义，[①] 不局限于某种特定场合，这使“被”字式的适用范围较广。

（四）《太平经》中“被AV”式11例，在某种程度上反映了口语的真实情况

“被AV”式具有语法结构的完备性，是它之所以能够从包括“为A所V”式在内的众多被动式类型中脱颖而出、成为压倒群芳、一枝独秀的主流类型的主要原因之一。具体来说，第一，它带有施事成分，能够给听者提供有关施事者方面的信息，满足被字句语义表达精密化的要求，这是它优于不带施事成分被动式类型的地方；第二，它的施事成分居于谓语之前，能够适应中古以后被动式施事成分倾向置于谓语动词之前的趋势，这是它优于“於（于）”字式和“见”字式的地方；第三，其完备性还表现在其结构中不含助词“所”字。汉语进入近古以后，词汇双音化进一步加强，补语尤其是结果补语和状态补语有了迅猛发展，文风方面也有了巨大的改变，作品的口语性大大加强，“被”字式由于不含“所”字，无

---

① 《太平经》中“动词‘被’＋抽象名词（短语）”21例，“抽象名词（短语）”分别是：凶害1、流灾1、咎1、恩德1、（是）大灾2、刑1、荣5、德2、恩施1、大教1、患2、灾殃1、恩1、谪1，顺意与逆意之比是11：10；“动词‘被’＋其·抽象名词（短语）”11例，抽象名词（短语）分别是：害1、（大）咎2、灾1、疾1、过1、秘道要德1、患2、荣2，顺意与逆意之比是3：8。参见第二章第四节“二、（一）3”及“二、（二）1”。

疑有利于双音动词进入“被”字式的谓语之中，有利于复杂的补语进入“被”字式之中，从而顺应了语言发展的历史潮流。[①]《太平经》中带施事成分的“被 AV”式有 11 例，[②] 占“被”字被动式 18 例的 61.1%，大大高于同期平均值（12%）。东汉佛经未见典型的“被”字式，中土文献《论衡》未见“被 AV”式。而道教典籍语言风格运用上不同于同期的佛教经典；与同是中土文献的《论衡》相比，二者语言的运用在时代、内容甚至地域上存在差异，《太平经》的语言比《论衡》更贴近口语，更大程度上反映了口语的真实情况。

汉语史学界一般暂定整个中古时期为东汉魏晋南北朝隋，该期“中土文献中的口语化语料与汉译佛经中的浅易形式均对当时及后世的语言产生了不小的影响”。[③] 中古时期“语法发展的特点主要表现为自上古至近代的过渡，旧有形式仍然大量沿用，消亡者只是少数；新兴形式已经陆续产生，但有待于进一步巩固发展，确立优势。因而整个中古时期反映了新旧语法形式的交替，诸多语法形式的萌芽或发展，至近代时期得到巩固流行，从而逐渐奠定现代汉语语法的基础。这些语法形式的萌芽或发展，同时表现在词法与句法两方面”。[④] 将东汉至隋六百年间各类载籍中具有口语色彩的语料分剥出来并概括成规律，柳士镇先生（2001a）在文中简略勾勒了中古时期汉语语法发展的主要面貌，认为“上述词法、句法各方面所透露出来的众多口语消息，正预示着汉语语法将要发生重大变化，语法发展的历史恰恰也证明了这些口语材料正是演变为古白话的源头。”“此期语法发展的种种事实提示我们，中古时期应是汉语语法自上古向近代转变的枢纽，它起着承上启下的关键作用，因而在汉语语法史上具有十分重要的地位。”[⑤]

相信汉语语法史学者对中古语法的历史地位已有比较清醒和深入的认识，但鉴于大家多把目光投向该期接近口语的载籍如农医杂书、佛经佛典等，我们认为学界还应该对道教典籍《太平经》多加留意。希望本文的研究能够引起学界对《太平经》句法研究的重视。

---

① 张延俊（2006：207）。

② 11 例中 2 例施事成分承前省略，有代词“其”4 例，有名词 3 例，还有偏正性名词短语 2 例。

③ 参见柳士镇（2001a）。

④ 参见柳士镇（2001a）。

⑤ 参见柳士镇（2001a）。

引书目录

《百喻经》，（南齐）求那毗地译，［日］《大正新修大藏经》卷4，东京：大正新修大藏经刊行会/大藏出版编辑部

《抱朴子内篇校释》（增订本），（晋）葛洪撰，王明注，北京：中华书局1996

《帛书老子校注》，高明撰，北京：中华书局1996

《朝野佥载》，（唐）张鷟撰，赵宋俨点校，北京：中华书局1979

《春秋繁露校释》，钟肇鹏撰，石家庄：河北人民出版社2005

《春秋左传注》（修订本），杨伯峻编著，北京：中华书局1990

《风俗通义》，（东汉）应劭，上海：上海古籍出版社1990

《高僧传》，（梁）释慧皎撰，汤用彤校注，北京：中华书局1992

《管子校注》，黎翔凤撰，北京：中华书局2000

《国语集解》，徐元诰撰，北京：中华书局2002

《韩非子集解》，（清）王先慎撰，钟哲点校，北京：中华书局1998

《韩非子校注》，《韩非子校注》组，南京：江苏人民出版社1982

《汉书》，（东汉）班固，北京：中华书局1962

《弘明集》，（梁）僧佑，上海：上海古籍出版社1991

《后汉书》，（南朝·宋）范晔，北京：中华书局1965

《淮南子集解》，何宁撰，北京：中华书局1998

《论衡校释》，（东汉）王充撰，黄晖校释，北京：中华书局1990

《洛阳伽蓝记校释》，周祖谟撰，北京：科学出版社1958

《洛阳伽蓝记校注》，（北魏）杨衒之撰，范祥雍校注，上海：上海古籍出版社1982

《吕氏春秋新校释》，（战国）吕不韦著，陈奇猷等校释，上海：上海古籍出版社2002

《墨子间诂》，（清）孙诒让撰，北京：中华书局2001

《南齐书》，（梁）萧子显，北京：中华书局1972

《齐民要术校释》（第二版），（北魏）贾思勰撰，缪启愉校释，北京：中国农业出版社 1998

《潜夫论笺校正》，（东汉）王符撰，（清）汪继培笺，彭铎校正，北京：中华书局 1985

《三国志》，（晋）陈寿撰，（南朝·宋）裴松之注，北京：中华书局 1982

《十三经注疏》：《周易正义》《尚书正义》《毛诗正义》《周礼注疏》《仪礼注疏》《礼记正义》《春秋左传正义》《春秋公羊传注疏》《春秋谷梁传注疏》《论语注疏》《孝经注疏》《尔雅注疏》《孟子注疏》，上海：上海古籍出版社 1997

《商君书锥指》，蒋礼鸿撰，北京：中华书局 1986

《十一家注孙子校理》，（春秋）孙武撰，（三国）曹操等注，杨丙安校理，北京：中华书局 1999

《史记》，（西汉）司马迁，北京：中华书局 1959

《世说新语校笺》，（南朝·宋）刘义庆撰，徐震堮校笺，北京：中华书局 1984

《说苑校证》，（西汉）刘向撰，向宗鲁校证，北京：中华书局 1987

《宋书》，（梁）沈约，北京：中华书局 1974

《搜神记》，（晋）干宝撰，汪绍楹校注，北京：中华书局 1979

《搜神后记》，（晋）陶渊明撰，汪绍楹校注，北京：中华书局 1981

《太平经合校》，王明合校，北京：中华书局 1960

《〈太平经〉正读》，俞理明著，成都：巴蜀书社 2001

《魏书》，（北齐）魏收，北京：中华书局 1974

《文选》，（梁）萧统编，上海：上海书店 1988

《贤愚经》，（北魏）慧觉等译，［日］《大正新修大藏经》卷 4，东京：大正新修大藏经刊行会/大藏出版编辑部

《荀子集解》，（清）王先谦撰，北京：中华书局 1988

《颜氏家训集解》，（北齐）颜之推撰，王利器集解，北京：中华书局 1993

《盐铁论校注》，（西汉）桓宽著，王利器校注，北京：中华书局 1992

《晏子春秋校注》，国学整理社，北京：中华书局 1986

《杨守敬全集·水经注疏》，武汉：湖北人民出版社、湖北教育出版社 1997

《战国策》，（西汉）刘向集录，上海：上海古籍出版社 1985

《战国纵横家书》，马王堆汉墓帛书整理小组编，北京：文物出版社 1976

《庄子集释》，（清）郭庆藩撰，北京：中华书局 2004

参 考 文 献

［澳］芭芭拉（Barbara Hendrischke）1999《太平经》中财富与贫困的概念，载陈鼓应主编《道家文化研究》（第16辑），三联书店

曹　静　2005　《太平经》里的三字连文，《汉语史研究集刊》（第7辑），巴蜀书社

曹小云　2005　《中古近代汉语语法词汇丛稿》，安徽大学出版社

柴文华　1991　《太平经》具有神学特色的伦理观，《南京社会科学》第5期

陈鼓应　1996　《易传与道家思想》，三联书店

陈鼓应主编　1998　《道教文化研究》（第13辑），三联书店

陈国符　2004　《陈国符道藏研究论文集》，上海古籍出版社

陈　林　2002　正文正辞以正太平——《太平经》文治太平思想浅谈，《宗教学研究》第2期

陈梦家　1988　《殷墟卜辞综述》，中华书局

陈　平　1988　论现代汉语时间系统的三元结构，《中国语文》第6期

陈秀兰　1997　对许理和教授《最早的佛经译文中的东汉口语成分》一文的几点补充，《古汉语研究》第2期

陈耀庭　2004　论道教神学，载吴光主编《中华道学与道教》，上海古籍出版社

陈寅恪　1996　《陈寅恪学术文化随笔》，中国青年出版社

陈撄宁　1962　《太平经》的前因与后果，《道协会刊》第1期

陈增岳　1994a　《太平经合校》拾遗，《中国道教》第3期

———　1994b　《太平经合校》补记，《文献》第4期

程湘清主编　1992a《先秦汉语研究》，山东教育出版社

程湘清主编　1992b《两汉汉语研究》，山东教育出版社

程湘清主编　1992c《魏晋南北朝汉语研究》，山东教育出版社

程湘清　2003　《汉语史专书复音词研究》，商务印书馆

崔达送 2005 《中古汉语位移动词入句功能研究》，安徽大学出版社

邓宗荣 1983 古汉语被动表示法的几个问题，《南开大学学报》第 2 期

［美］Diane Laresen-Freeman and Michael H. Long 2000 An Introduction to Second Language Acquisition Research（《第二语言习得研究概况》），蒋祖康导读，外语教学与研究出版社

戴传江 2003 试论《太平经》“三一为宗”思维模式及其意义，《中国道教》第 5 期

董 琨 2000 汉魏六朝佛经所见若干新兴语法成分，《中古汉语研究》，商务印书馆

董莲池 1998 甲骨文中的于字被动式探索，《古籍整理研究学刊》第 4、5 期

董治国 1993 古汉语被动句型探究，《天津教育学院学报》第 4 期

董志翘 1986 中世汉语中的三类特殊句式，《中国语文》第 6 期

董志翘、蔡镜浩 1994 《中古虚词语法例释》，吉林教育出版社

董志翘 1999 《训诂类稿》，四川大学出版社

——— 2000a 《高僧传》词语通释（一）——兼谈汉译佛典口语词向中土文献的扩散》，《汉语史研究集刊》（第 2 辑），巴蜀书社

——— 2000b 《中古文献语言论集》，巴蜀书社

董秀芳 1998 重新分析与“所”字功能的发展，《古汉语研究》第 3 期

段业辉 2002 《中古汉语助动词研究》，南京师范大学出版社

方光焘 1961 关于古汉语被动句基本形式的几个疑问，《中国语文》第 10、11 期

方平权 2000 关于介词“于/于”由先秦到汉发展变化的两种结论，《古汉语研究》第 2 期

方一新 1996 东汉语料与词汇史研究刍议，《中国语文》第 2 期

——— 1997 《东汉魏晋南北朝史书词语笺释》，黄山书社

——— 1998 从《汉语大词典》看大型历史性语文词典取证举例方面的若干问题，《汉语史研究集刊》第一辑（上），巴蜀书社

——— 2000 东汉六朝佛经词语札记，《语言研究》第 2 期

冯春田 1992 魏晋南北朝时期某些语法问题探究，载《魏晋南北朝汉语研究》，

山东教育出版社
——— 2000 《近代汉语语法研究》，山东教育出版社
冯利华 2003 中古道书语言研究，浙江大学博士学位论文
冯胜利 1997 “管约”理论与汉语的被动句，载《中国语言学论丛》第1辑，北京语言文化大学出版社
——— 2005 《汉语韵律语法研究》，北京大学出版社
冯 英 1998 汉语被动语态表达方式的历史演变，《云南师范大学学报》第2期
[瑞士] 费迪南·德·索绪尔 2002 《普通语言学教程》，江苏教育出版社
符淮青 2004 《词典学词汇学语义学文集》，商务印书馆
高列过 2003 东汉佛经被动句疑问句研究，浙江大学博士学位论文
高 明 2000 简论《太平经》在中古汉语词汇研究中的价值，《古汉语研究》第1期
高小方 1998 《中国语言文字学史料学》，南京大学出版社
高育花 1999 中古汉语副词研究，南京大学博士论文
葛佳才 2005a 《太平经》中表顺承关系的“反”，《语文研究》第1期
——— 2005b 《东汉副词系统研究》，岳麓书社
——— 2006 《太平经》副词拾诂，《北方论丛》第2期
葛兆光 2002 关于道教研究的历史和方法，《中国典籍与文化》第1期
——— 2003 《屈服史及其他：六朝隋唐道教的思想史研究》，三联书店
龚鹏程 1991a 受天神书以兴太平——《太平经》释义，载《道教新论》，台北学生书局
——— 1991b 《太平经》政治理论述评，载《第二届中国政教关系国际学术研讨会论文集》，台北淡江大学历史系
——— 1994 《道教新论》，台北学生书局
——— 2004 道教的性质，载吴光主编《中华道学与道教》，上海古籍出版社
——— 2005 《汉代思潮》，商务印书馆
顾 穹 1992 论汉语被动句在历史发展过程中的变化规律，《东岳论丛》第1期
顾颉刚 2006 《古史辨自序》，中华书局
管燮初 1981 《西周金文语法研究》，商务印书馆

——— 1994 《左传句法研究》，安徽教育出版社
郭锡良等 1981 《古代汉语》，北京出版社
郭锡良主编 1998 《古汉语语法论集》，语文出版社
郭锡良 2005 《汉语史论集》（增补本），商务印书馆
郭在贻 2005 《训诂学》（修订本），中华书局
韩陈其 1985 论古代汉语被动句的结构层次，《徐州师范学院学报》第4期
何洪峰 2004 试论汉语被动标记产生的语法动因，《语言研究》第4期
何九盈 2005 《中国古代语言学史》，广东教育出版社
何乐士 1992 从《史记》和《世说新语》的比较看《世说新语》的语法特点，载《魏晋南北朝汉语研究》，山东教育出版社
——— 2000 《古汉语语法研究论文集》，商务印书馆
——— 2005 《史记语法特点研究》，商务印书馆
何 亮 2006 "过去""现在"和"未来"，《语文学刊》第5 期
何亚南 2001 《〈三国志〉和裴注句法专题研究》，南京师范大学出版社
赫 琳 2001 先秦"被·动"式、"见·动"式再认识，《古汉语研究》第3期
洪 诚 2000 《洪诚文集》，江苏古籍出版社
胡敕瑞 2002 《〈论衡〉与东汉佛典词语比较研究》，巴蜀书社
——— 2005 "尔许"溯源——兼论"是所""尔所""如所""如许"等指别代词，载朱庆之主编《中古汉语研究》（二），商务印书馆2005年
胡道静 1984 道教研究在海外腾飞，载《道佛儒思想与中国传统文化》，上海人民出版社
胡明扬 2003 《胡明扬语言学论文集》，商务印书馆
胡 适 1993 《胡适学术文集·语言文字研究》，中华书局
胡湘荣 1994 试论《大庄严论经》的被动句式，《古汉语研究》（增刊）
胡裕树、范晓主编 1995 《动词研究》，河南大学出版社
胡裕树 1995 《现代汉语》（增订本），上海教育出版社
黄伯荣主编 1997 《汉语方言语法类编》，青岛出版社
黄伯荣、廖序东主编 2002 《现代汉语》，高等教育出版社
黄建宁 1997 《〈太平经〉复音词初探》，四川师范大学硕士学位论文

——— 2001 《太平经》中的同素异序词，《四川师大学报》第 1 期
黄金贵 2001 《古代文化词语考论》，浙江大学出版社
——— 2002 《古汉语同义词辨释论》，上海古籍出版社
黄景欣 1995 《黄景欣语言研究论文集》，江苏教育出版社
黄平之 2000 《太平经》——东汉语言研究的重要典籍，《文史杂志》第 4 期
（清）黄生撰、黄承吉合按 1984 《字诂义府合按》，中华书局
黄行、唐黎明 2004 被动句跨语言类型对比，《汉语学报》第 1 期
黄增寿 2005a 《贤愚经》状语研究，南京大学博士学位论文
——— 2005b 翻译佛经中作状语的“甚大”，《中南大学学报》（社科版）第 2 期
吉仕梅 2004 《秦汉简帛语言研究》，巴蜀书社
[英] 简・爱切生 1997 《语言的变化：进步还是退步》，徐家祯译，语文出版社
贾彦德 1999 《汉语语义学》，北京大学出版社
江蓝生、侯精一主编 1999 《汉语现状与历史的研究》，中国社会科学出版社
江蓝生 2000 《近代汉语探源》，商务印书馆
姜宝昌 1990 殷墟甲骨卜辞句法研究，《殷都学刊》第 3 期
姜守诚 2004 王明与《太平经》研究——纪念王明先生逝世十二周年，《中国哲学史》第 2 期
蒋冀骋 1993 魏晋南北朝汉译佛经语法笺识，《古汉语研究》第 4 期
蒋冀骋、吴福祥 1997 《近代汉语纲要》，湖南教育出版社
蒋礼鸿 1997 《敦煌变文字义通释》，上海古籍出版社
蒋绍愚 1999 “抽象原则”和“临摹原则”在汉语语法史中的体现，《古汉语研究》第 4 期；又载《汉语词汇语法史论文集》，商务印书馆 2000 年
——— 2000 《汉语词汇语法史论文集》，商务印书馆
——— 2001 《世说新语》《齐民要术》《洛阳伽蓝记》《贤愚经》《百喻经》中的“已”“竟”“讫”“毕”，《语言研究》第 1 期；又载《中古汉语研究》（二），朱庆之主编，商务印书馆 2005 年
——— 2002a “给”字句、“教”字句表被动的来源，《语言学论丛》第 26 辑，

商务印书馆

——— 2002b 张赪著《汉语介词词组词序的历史演变》“序”，北京语言文化大学出版社

——— 2002c 胡敕瑞著《〈论衡〉与东汉佛典词语比较研究》“序”，巴蜀书社

——— 2005a 《古汉语词汇纲要》，商务印书馆

——— 2005b 《近代汉语研究概要》，北京大学出版社

金春峰 1982 读《太平经》，《齐鲁学刊》第3期

——— 1997 《汉代思想史》，中国社会科学出版社

金 棹 1988 试论道教的起源，《哲学研究》第11期

金正耀 1996 《中国的道教》，商务印书馆

巨 赞 1962 汤用彤著《佛教史》关于《太平经》与佛教的商兑，《现代佛教》第6期

黎锦熙 1992 《新著国语文法》，商务印书馆

黎志添 1996 试评中国学者关于《太平经》的研究，《中国文化研究所学报》新第5期

李崇兴 1992 处所词发展历史的初步考察，载《近代汉语研究》，商务印书馆

李崇智编著 2001 《中国历代年号考》（修订本），中华书局

李丰楙 1991 当前《太平经》研究的成果及展望，载龚鹏程编著《道教新论》，台北学生书局

李 刚 1993 论《太平经》为汉代道书之集合，《社会科学研究》第3期

——— 1994 也论《太平经钞》甲部及其与道教上清派之关系，载陈鼓应编《道家文化研究》（第4辑），上海古籍出版社

——— 1995 《汉代道教哲学》，巴蜀书社

李 瑾 1982 汉语殷周语法问题探讨，吴文祺主编《语言文字研究专辑》，上海古籍出版社

李 开 2005 《文史研习与理论学语》，江苏教育出版社

李临定 1994 《李临定自选集》，大象出版社

李人鉴 1986 略论“所”字结构和有关的一些问题，《中国语文》第6期

李叔还编纂 1987 《道教大词典》，台湾巨流图书公司1979年印行，浙江古籍

出版社影印
李思明 1990 《水浒》中的积极被动句“蒙”字句，《安庆师范学院学报》第6期
李小光 2002 《生死超越与人间关怀——神仙信仰在道教与民间的互动》，巴蜀书社
李养正 1982 《太平经》与早期道教，《道协学刊》第9期
——— 1983 试论《太平经》的产生与演变，《道协学刊》第12期
——— 1984a 从《太平经》看太平道的社会政治思想，《道协学刊》第13期
——— 1984b 《太平经》与阴阳五行说、道家及谶纬关系，《道协学刊》第15期
——— 1985 论《太平经》的人民性，《中国哲学史研究》第2期
——— 1989a 《道教概说》，中华书局
——— 1989b 《道教与中国社会》，中国华侨出版公司
——— 1995 《太平经》是否“抄袭”《四十二章经》议，《中国道教》第1期
——— 1999 《太平经》与阴阳五行说、道家及谶纬之关系，陈鼓应主编《道家文化研究》(第16辑)，三联书店
李远国 2000 亦注亦论的一大硕果——读《太平经全译》有感，《中华文化论坛》第3期
李宗江 1999 《汉语常用词演变研究》，汉语大词典出版社
连镇标 1994 《太平经》易学思想考，《福建师范大学学报》第2期
梁光华 1998 《搜神记》的被动句研究，《贵州文史论丛》第1期
梁晓虹 1994 《佛教词语的构造与汉语词汇的发展》，北京语言学院出版社
林富士 1993 试论《太平经》的疾病观念，《中央研究院历史语言研究所集刊》第62本第2分册，台湾台北
——— 1998 试论太平经的主旨和性质，《中央研究院历史语言研究所集刊》第69本第2分册，台湾台北
林归思 1991 《孟子》被动句研究，《古汉语研究》第4期
林金强 2003 《太平经》双音词研究，华南师范大学硕士学位论文
刘百顺 1993 《魏晋南北朝史书词语札记》，陕西师范大学出版社

刘丹青 2003 《语法类型学与介词理论》，商务印书馆
刘坚、江蓝生、白维国、曹广顺 1992 《近代汉语虚词研究》，语文出版社
刘 坚 1992 方一新、王云路编著《中古汉语读本》（修订本）“序”，吉林教育出版社；现载上海教育出版社 2006 年版
——— 1995 《近代汉语读本》，上海教育出版社
刘坚、曹广顺、吴福祥 1995 论诱发汉语词汇语法化的若干因素，《中国语文》第 3 期
刘开骅 2004 中古汉语疑问句研究，南京大学博士论文
刘 利 2000 《先秦汉语助动词研究》，北京师范大学出版社
（清）刘淇著、章锡琛校注 2004《助字辨略》，中华书局
刘瑞明 1994 从泛义动词讨论“见”字本不表示被动——兼及被动句有关问题，《湖北大学学报》第 5 期
刘世儒 1956 被动式的起源，《语文学习》8 月号
——— 1963 论汉语“被动式”的传统用法，《北京师范大学学报》第 1 期
——— 1965 《魏晋南北朝量词研究》，中华书局
刘 晓 2006 《太平经》的词汇研究，《社会科学家》第 1 期
刘昭瑞 1992 《太平经》与考古发现的东汉镇墓文，《世界宗教研究》第 4 期
——— 1995 “承负说”缘起论，《世界宗教研究》第 4 期
刘仲宇 1991 《太平经》与《周易参同契》，载牟钟鉴《道教通论》，济南出版社
刘子瑜 1997 敦煌变文中的被动句式，《湖北大学学报》第 1 期
刘祖国 2005 《太平经》研究述评，《汉语史研究集刊》第 8 辑，巴蜀书社
——— 2006 《太平经》复音词研究与《汉语大词典》，华东师范大学硕士学位论文
柳士镇 1985 《百喻经》中的被动句式，《南京大学学报》第 2 期；又载《语文丛稿》，南京大学出版社 1998 年
——— 1992 《魏晋南北朝历史语法》，南京大学出版社
——— 1994 《世说新语》语法札记，载《语苑新论》（纪念张世禄先生学术论文集），上海教育出版社

——— 2001a 试论中古语法的历史地位，《南京大学学报》第5期

——— 2001b 何亚南著《〈三国志〉和裴注句法专题研究》“序”，南京师范大学出版社

龙　晦 1995 龙晦等译注《太平经注》“序”，载陈鼓应编《道家文化研究》第5辑，上海古籍出版社

龙晦等 2002 《太平经全译》，贵州人民出版社

庐国龙 1989 《道教知识百问》，今日中国出版社

鲁国尧 2000 欣喜·忧虑——序董志翘《〈入唐求法巡礼行记〉词汇研究》，载董志翘著《〈入唐求法巡礼行记〉词汇研究》第1—15页，中国社会科学出版社（又载《语言研究》2001年第1期；另载《鲁国尧语言学论文集》，江苏教育出版社2003年）

——— 2003 《鲁国尧语言学论文集》，江苏教育出版社

陆俭明、沈阳 2003 《汉语和汉语研究十五讲》，北京大学出版社

陆俭明 2004 有关被动句的几个问题，《汉语学报》第2期

陆庆和 2006 “接受”和“施予”——也谈被动句的不同类别，《语言教学与研究》第1期

罗竹风主编 1993 《汉语大词典》（缩印本），上海辞书出版社、汉语大词典出版社

吕叔湘 1982 《中国文法要略》，商务印书馆

——— 1984 《汉语语法论文集》，商务印书馆

——— 1985 刘坚编著《近代汉语读本》“序”，上海教育出版社1995年第2版

——— 1992 《汉语语法论文续集》，载《吕叔湘文集》（第三卷），商务印书馆

吕叔湘等著、马庆株编 1999 《语法研究入门》，商务印书馆

吕叔湘 2005 《现代汉语八百词》（增订本），商务印书馆

吕叔湘、朱德熙 2005 《语法修辞讲话》，辽宁教育出版社

吕锡琛 1996 《道家与民族性格》，湖南大学出版社

吕　澂 1979 《新编汉文大藏经目录》，齐鲁书社

吕志峰 2005 东汉石刻砖瓦等民俗性文字数据词汇研究，华东师范大学博士学位论文

马贝加 2002 《近代汉语介词》，中华书局
马国强 2000 关于“语法”一词出现的年代，《中国语文》第2期
马建忠 1983 《马氏文通》，商务印书馆
马庆株 2005 《汉语动词和动词性结构》，北京大学出版社
梅祖麟 2000 《梅祖麟语言学论文集》，商务印书馆
——— 2004 介词“于/于”在甲骨文和汉藏语里的起源，《中国语文》第4期
南怀瑾 1996 《中国道教发展史略》，复旦大学出版社
南京大学汉语言文字学科《南大语言学》编委会编 2004 《南大语言学》（第一编），商务印书馆
——— 2006 《南大语言学》（第二编），商务印书馆
潘玉坤 2005 《西周金文语序研究》，华东师范大学出版社
潘允中 1982 《汉语语法史概要》，中州书画社
钱宗武 1998 今文《尚书》被动句研究，《扬州大学学报》第4期
——— 2004 《今文尚书语法研究》，商务印书馆
强 昱 2001 百年道教学研究的历史，《首都师范大学学报》第5期
[日] 桥本万太郎 1987 汉语被动式的历史·区域发展，《中国语文》第1期
卿希泰 1980 《太平清领书》的出现及其意义，载《中国道教思想史纲（第一卷）·汉魏两、晋南北朝时期》，四川人民出版社
卿希泰、王志忠、唐大潮 1996 《道教常识答问》，江苏古籍出版社
卿希泰 2001 俞理明著《〈太平经〉正读》“序”，巴蜀书社
瞿霭堂 2004 语言思维和语言接触，载邹家彦、游汝杰主编《语言接触论集》，上海教育出版社
任继愈 1986 整理古籍也要走现代化的道路，《古籍整理与研究》第一期，上海古籍出版社
任继愈 2001 《中国道教史》（增订本），中国社会科学出版社
饶长溶 1990 《把字句·被字句》，人民教育出版社
饶宗颐 1964 想尔九戒与三合义——兼评新刊《太平经合校》，原载《清华学报》第4期（2）；现载《老子想尔注校证》，上海古籍出版社1991版
——— 1972 《太平经》与《说文解字》，《大陆杂志》第45期（6）

——— 1991 《想尔注》与《太平经》，载《老子想尔注校证》，上海古籍出版社

戎 笙 1959 试论《太平经》，《历史研究》第 11 期

[日] 杉村博文 2003 从日语的角度看汉语被动句的特点，《语言文字应用》第 2 期

邵敬敏主编 2001 《现代汉语通论》，上海教育出版社

申小龙 2001 《汉语语法学》，江苏教育出版社

沈兼士 1986 《沈兼士学术论文集》，中华书局

沈家煊、吴福祥、马贝加主编 2005 《语法化与语法研究》（二），商务印书馆

沈 培 1982 《殷墟甲骨卜辞语序研究》，台北文津出版社

沈起炜编 1983 《中国历史大事年表》（古代），上海辞书出版社

沈锡伦 1988 晚唐宋元被字句考察，《上海师范大学学报》第 3 期

石安石 1993 《语义论》，商务印书馆

石玉成 1986 从被动式的发展看动词虚化的作用，《云南师范大学学报》第 4 期

石毓智、李讷 2001 《汉语语法化的历程——形态句法发展的动因和机制》，北京大学出版社

石毓智 2006 《语法化的动因与机制》，北京大学出版社

史光辉 2001 东汉佛经词汇研究，浙江大学博士学位论文

史国东 2000 近代汉语被字句结构的特点，《安徽大学学报》第 5 期

宋绍年 1998 《古代汉语谓词性成分的指称化与名词化》，载郭锡良主编《古汉语语法论集》，语文出版社

宋绍年、郭锡良 2000 二十世纪的古汉语语法研究，《古汉语研究》第 1 期

宋亚云 2006 从《左传》的“见”“闻”“伐”看上古汉语的使动构词和被动构词，《语言学论丛》（第 32 辑），商务印书馆

宋玉柱 1984 关于“被”字句的语义色彩问题，《学语文》第 5 期

苏抱阳 1992 《太平经》成书的几个问题，《世界宗教研究》第 4 期

孙良明 1989 从东汉注释书谈上古汉语被动式的发展，《语文月刊》第 2 期

——— 1994 《古代汉语语法变化研究》，语文出版社

——— 2005 《中国古代语法学初探》（增订本），商务印书馆

孙锡信 1992 《汉语历史语法要略》，复旦大学出版社
——— 1997 《汉语历史语法丛稿》，汉语大词典出版社
孙亦平 1999 论《太平经》的妇女观及其对道教发展的影响，载陈鼓应主编《道家文化研究》(第16辑)，三联书店
孙雍长 1985 古汉语的词义渗透，《中国语文》第3期
孙永忠 2004 类书创始于曹魏说，《辅仁学志·人文艺术之部》第31期
孙玉文 2000 《汉语变调构词研究》，北京大学出版社
——— 2004 从“闻”“见”的音变构词看上古汉语有被动构词，《湖北大学学报》第5期
[法]索安 2002 《西方道教研究编年史》，吕鹏志、陈平等译，中华书局
[日]太田辰夫著 1958《中国语历史文法》(修订译本)，蒋绍愚、徐昌华译，北京大学出版社2003版
谭世勋 1989 句法研究的继承与发展——《马氏文通》与我国古代语言学研究之四，《古汉语研究》第4期
汤其领 1994 《汉魏两晋南北朝道教史研究》，河南大学出版社
汤一介 1984 关于《太平经》成书问题，《中国文化研究集刊》第1期
——— 1988 《太平经》——道教产生的思想准备，载《魏晋南北朝时期的道教》，台北东大图书公司
汤用彤 1935 读《太平经》书所见，《国学季刊》第5卷第1期；又载《汤用彤选集》，天津人民出版社1995年
唐钰明 1991 汉魏六朝佛经“被”字句的随机统计，《中国语文》第4期
——— 2002 著名中年语言学家自选集《唐钰明卷》，安徽教育出版社
唐作藩 2001 《汉语史学习与研究》，商务印书馆
汪维辉 1994 《中古汉语语词例释》读后，《语言研究》第2期
——— 1998 系词“是”发展成熟的时代，《中国语文》第2期
——— 2000 《东汉—隋常用词演变研究》，南京大学出版社
王灿龙 1989 无标记被动句和动词的类，《汉语学习》第5期
王 东 2004 《水经注》中被动句考察，《郑州大学学报》第4期
王海棻 1991 六朝以后汉语迭架现象举例，《中国语文》第5期

王　柯　2005　《太平经合校》标点拾误（一），《古籍整理研究学刊》第 3 期
王克仲　1982　关于先秦“所”字词性的调查报告，《古汉语研究论文集》，北京出版社
———　1986　古汉语动宾语义关系的制约因素，《中国语文》第 1 期
王洪君　1984　南北朝的另一种被动式，《中国语文通讯》第 6 期
———　1991　“见”分布的变化及其意义的演变，《语言学论丛》（第 16 辑），商务印书馆
王　力　1944　《中国语法理论》，商务印书馆
———　1980　《龙虫并雕斋文集》（第 1 册），中华书局
———　1980　《汉语史稿》，中华书局
———　1981　《古代汉语》，中华书局
———　1989　《汉语语法史》，商务印书馆
———　2000　《王力语言学论文集》，商务印书馆
———　2002　《语文讲话》，商务印书馆
王敏红　2001　《太平经》语词补释，《绍兴文理学院学报》第 4 期
———　2002　《太平经》词语拾零，《语言研究》第 1 期
———　2003　《醒世恒言》被动句式考察，《绍兴文理学院学报》第 6 期
———　2004　从《太平经》看三字连文，《宁夏大学学报》第 1 期
王　明　1947　论《太平经钞》甲部之伪，《国立中央研究院历史语言研究所集刊》第 18 本
———　1961　从墨子到《太平经》的思想演变，《光明日报》12 月 1 日
———　1964　敦煌古写本《太平经》文字残页，《文物》第 8 期
———　1965　《太平经》目录考，《文史》第 4 辑
———　1982　论太平经的成书时代和作者，《世界宗教研究》第 1 期
———　1984　论《太平经》的思想，载《道家和道教思想研究》，中国社会科学出版社
———　1987　《太平经》和《抱朴子》在文化史上的价值，《文史知识》第 5 期
王　平　1995　《〈太平经〉研究》，台北文津出版社
（清）王引之　2000　《经传释词》，江苏古籍出版社

王育成　1999　东汉天帝使者类道人与道教起源，陈鼓应主编《道家文化研究》(第 16 辑)，三联书店
王云路、方一新　1992　《中古汉语语词例释》，吉林教育出版社
王云路　1995a　《太平经》释词，《古汉语研究》第 1 期
———　1995b　《太平经》词语诠释，《语言研究》第 1 期
王云路、方一新编　2000　《中古汉语研究》，商务印书馆
王云路　2000　中古常用词研究漫谈，《中古近代汉语研究》(第一辑)，上海教育出版社
———　2001a　《从〈唐五代语言词典〉看附加式构词法在中近古汉语中的地位》，《古汉语研究》第 2 期
———　2001b　百年中古汉语词汇研究述略，《浙江大学学报》第 4 期
———　2003　中古汉语词汇研究综述，《古汉语研究》第 2 期
王云路、方一新　2006　《中古汉语读本》(修订本)，上海教育出版社
魏达纯　2004　《近代汉语简论》，广东高等教育出版社
魏培泉　1994　古汉语被动式的发展与演变机制，载《中国境内语言暨语言学》第 2 辑，台北中央研究院历史语言研究所
———　2000　东汉魏晋南北朝在语法史上的地位，《汉学研究》第 18 卷特刊；又载朱庆之主编《中古汉语研究》(二)，商务印书馆 2005 年
文史知识编辑部　1992　《道教与传统文化》，中华书局
吴　波　2002　中古汉语介词研究，南京大学博士论文
吴长庚　1999　“被”字的特征与转换，《当代语言学》第 1 期
吴福祥　1996　《敦煌变文语法研究》，岳麓书社
———　2003　关于语法化的单向性问题，《当代语言学》第 4 期
吴福祥、洪波主编　2003　《语法化与语法研究》(一)，商务印书馆
吴福祥主编　2005a　《汉语语法化研究》，商务印书馆
———　2005b　汉语历史语法研究的目标，《古汉语研究》第 2 期
吴金华　1995　《古文献研究丛稿》，江苏教育出版社
伍伟民　1988　《太平经》与《周易》，《华东师大学报》第 6 期
向　熹　1993　《简明汉语史》(下)，高等教育出版社

——— 2001 俞理明著《〈太平经〉正读》“序”，巴蜀书社

夏雨晴 2003 《太平经》中的三音节同义并列复用现象研究，《乐山师范学院学报》第5期

萧登福 2003 《道家道教与中土佛教初期经义发展》，上海古籍出版社

萧公彦 1997 从《太平经》思想体系的分析看东汉末宗教活动的一些特点，《史原》第5期

萧 红 2002 《洛阳伽蓝记》句法研究，台湾高雄佛光山文教基金会

解惠全、洪波 1987 古代汉语表示被动的“见”和“被”，《天津师大学报》第5期

谢质彬 1996 古代汉语反宾为主的句法及外动词的被动用法，《古汉语研究》第6期

邢福义 2004 承赐型“被”字句，《语言研究》第1期

熊德基 1962 《太平经》的作者和思想及其与黄巾和天师道的关系，《历史研究》第4期

徐 杰 2001 《普遍语法原则与汉语语法现象》，北京大学出版社

徐通锵 1991 《历史语言学》，商务印书馆

——— 1993 《徐通锵自选集》，大象出版社

许嘉璐 1987 论同步引申，《中国语文》第1期

[荷兰] 许理和 1959 《佛教征服中国》，李四龙、裴勇译，江苏人民出版社1998年

——— 1977 《最早的佛经译文中的东汉口语成分》，蒋绍愚译，载《语言学论丛》(第14辑)，商务印书馆1984年

——— 1991 A New look at the Earliest Chinese Texts（《关于初期汉译佛经的新思考》），顾满林译，载《汉语史研究集刊》（第4辑），巴蜀书社2001年

许绍早 1956 论《水浒全传》的被动句，《古汉语研究》第1期

(东汉) 许慎撰、(清) 段玉裁注 1981 《说文解字注》，上海古籍出版社

薛凤生 1994 “把”字句和“被”字句的结构意义——真的表示“处置”和“被动”？载戴浩一、薛凤生主编《功能主义与汉语语法》，北京语言学院

出版社
——— 1997 古汉语中的主语省略与所谓的被动句型，载黄正德主编《中国语言学论丛》（第1辑），北京语言文化大学出版社
——— 2000 试论汉语句式特色与语法分析，《汉语史研究集刊》（第3辑），巴蜀书社
颜景常、王开扬 1994 调整、感染、凝缩——汉语词义演变内因初探，载《语苑新论》，上海教育出版社
颜洽茂 1997 《佛教语言阐释》，杭州大学出版社
严 修 2001 《二十世纪的古汉语研究》，书海出版社
杨合鸣、王金芳 2003 古代汉语多标被动句试论，《武汉大学学报》第1期
杨寄林 2002 《太平经今注今译》，河北人民出版社
——— 2003 《太平经合校》识误，《语文研究》第3期
杨树达 2004 《词诠》，中华书局
杨五铭 1982 西周金文被动句式简论，《古文字研究》第7辑
杨亦鸣 2003 《语言的神经机制与语言理论研究》，学林出版社
杨曾文 1980 道教的创立和《太平经》，《世界宗教研究》第2期
杨宗兵 1996 被动结构不等于被动句，《古汉语研究》第3期
姚圣良 2005 董仲舒与两汉道教，《甘肃理论学刊》第1期
姚振武 1988 古汉语"见V"结构再研究，《中国语文》第2期
——— 1990 古汉语受事句中的"见V"结构再研究，《古汉语研究》第2期
——— 1994 关于自指和转指，《古汉语研究》第3期
——— 1996a 汉语谓词性成分名词化的原因及规律，《中国语文》第1期
——— 1996b "以为"的形成及相关问题，《古汉语研究》特刊
——— 1998 "为"字的性质与"为"字式，载郭锡良主编《古汉语语法论集》，语文出版社
——— 1999a 先秦汉语受事主语句系统，《中国语文》第1期
——— 1999b 本体及相关问题，《江西社会科学》第8期
——— 2005 论本体名词，《语文研究》第4期
叶蜚声、徐通锵 1997 《语言学纲要》，北京大学出版社

[韩] 尹灿远 1999 试论《太平经》的“皇天”概念，陈鼓应主编《道家文化研究》(第16辑)，三联书店

俞理明 1993 《佛经文献语言》，巴蜀书社

俞理明 1994 从《太平经》看道教称谓对佛教称谓的影响，《四川大学学报》第2期

——— 1996 《太平经》文字校读，《古籍研究》第1期

——— 1997 道教典籍《太平经》中的汉代字例和字义，《宗教学研究》第1期

——— 1998a 《太平经》通用字求正，《宗教学研究》第1期

——— 1998b 《太平经》的语法分析和标点处理，《古籍研究》第2期

——— 1999a 《太平经》语言特点和标点问题，《古典文献与文化论丛》第2辑，杭州大学出版社

——— 1999b 《太平经》中的形近字正误，《宗教学研究》第4期

——— 2000a 《太平经》文字脱落现象浅析，《古籍研究》第3期

——— 2000b 《太平经》中非状语地位的否定词“不”，《中国语文》第3期

——— 2000c 《太平经》文字勘定偶拾，《古籍整理研究学刊》第5期

——— 2001a 《太平经》中的汉代熟语，《西南民族学院学报》(专辑)

——— 2001b 《太平经》中的“者”和现代汉语“的”的来源，《汉语史研究集刊》第4辑，巴蜀书社

——— 2001c 《太平经》中非状语地位的否定词“不”和反复问句，《中国语文》第5期

——— 2002a 《太平经合校》校对补说，《古籍整理研究学刊》第1期

——— 2001d 《〈太平经〉正读》，巴蜀书社

——— 2002b 《太平经》中常用的感叹提顿语，《汉语史研究集刊》(第5辑)，巴蜀书社

——— 2005 东汉佛道文献词汇研究的构想，《汉语史研究集刊》(第8辑)，巴蜀书社

俞樾等 2005 《古书疑义举例五种》，中华书局

喻松青 1961 老子道家与《太平经》，《人民日报》12月1日

袁　宾 1987 近代汉语特殊被动句探索，《华东师范大学学报》第6期

——— 1989 《〈祖堂集〉被动句研究》,《中国语文》第1期
——— 1992 《近代汉语概论》,上海教育出版社
——— 2000 《〈大唐三藏取经诗话〉的成书时代与方言基础》,《中国语文》第6期
——— 2005 《"蒙"字句》,《语言科学》第6期
(清)袁仁林著、解惠全注 2004 《虚字说》,中华书局
袁义林 1989 被动式发展琐议,《山东师范大学学报》第1期
——— 1990 汉语被动句与其基础句关系的宏观分析,《山东师范大学学报》第1期
袁毓林 2004 《汉语语法研究的认知视野》,商务印书馆
曾昭聪 2005 《古汉语神祀类同义词研究》,中国文史出版社
詹秀惠 1973 《〈世说新语〉语法探究》,台湾学生书局
——— 1975 南北朝著译书四种语法研究,台湾大学中国文学研究所博士论文
张斌、胡裕树 1989《汉语语法研究》,商务印书馆
张伯江 1994 词类活用的功能解释,《中国语文》第5期
张伯江、方梅 1996 《汉语功能语法研究》,江西教育出版社
张涤修 1984 谈《世说新语》的被动句式,《牡丹江师范学院学报》第4期
张国光 1997 西周金文被动句"于"字式质疑,《贵州文史丛刊》第6期
张能甫 2000 《郑玄注释语言词汇研究》,巴蜀书社
张世禄 1959 古汉语里的偏正化主谓结构,《语文教学》第11期
——— 1978 《古代汉语》,上海教育出版社
——— 1984 《张世禄语言学论文集》,学林出版社
张旺熹 1999《汉语特殊句法的语义研究》,北京语言大学出版社
——— 2004 汉语介词衍生的语义机制,《汉语学习》第1期
张维佳 2004 方言研究与方言视图的数字化,《中国语文研究》第1期
张文国 2005 《古汉语的名动词类转变及其发展》,中华书局
张延俊 2005a 也论汉语"为"字、"被"字被动式的形成机制,《语言教学与研究》第1期
——— 2005b 《水经注》被动式研究,《南京师范大学学报》第4期

——— 2006 汉语被动式历时考察，南京大学博士学位论文

张涌泉 1989 俗语词研究与古籍校勘，《古汉语研究》第 3 期

——— 1996 《汉语俗字研究》，岳麓书社

张永言 1983 《词汇学简论》，华中工学院出版社

——— 1985 《训诂学简论》，华中工学院出版社

张永言主编 1992 《世说新语辞典》，四川人民出版社

张永言、汪维辉 1995 关于汉语词汇史研究的一点思考，《中国语文》第 6 期

张永言 1999 《语文学论集》(增补本)，语文出版社

张玉金 2001 《甲骨文语法学》，学林出版社

——— 2004 《西周汉语语法研究》，商务印书馆

张运华 1996 《太平经》与道家思想，《中州学刊》第 1 期

张振德、宋子然主编 1995 《〈世说新语〉语言研究》，巴蜀书社

张振兴 1999 从汉语方言的被动式谈起，载刑福义主编《汉语语法特点面面观》，北京语言文化大学出版社

张 赪 2002 《汉语介词词组词序的历史演变》，北京语言文化大学出版社

——— 2005a 《唐宋时期指人受事主语句的衍变》，《汉语学报》第 1 期

——— 2005b 《晚唐五代的受事前置句》，《语言科学》第 2 期

张中行 1988 《文言和白话》，黑龙江人民出版社

赵建永 2004a 汤用彤对《太平经》的考证研究，《中国道教》第 5 期

——— 2004b 汤用彤对《太平经》与早期道教关系的研究，《哲学研究》第 8 期

赵克尧 1985 论《太平经》的性质，《温州师专学报》第 2 期

赵元任 1979 《汉语口语语法》，吕叔湘译，商务印书馆

——— 2002 《赵元任语言学论文集》，商务印书馆

[日] 志村良治著 1995 《中国中世语法史研究》，江蓝生、白维国译，中华书局

钟肇鹏 1981 论《太平经》与太平道，《文史哲》第 2 期

周斌武 1981 论古汉语里的被动句，《南京大学学报》第 4 期

周法高 1956 古代被动式句法之研究，《中央研究院历史语言研究所集刊》第 28

本《庆祝胡适先生六十五岁论文集》(上册), 台湾台北
——— 1962 《中国古代语法·构词篇》, 史语所专刊, 台湾台北
——— 1982 《中国古代语法·造句篇》, 中华书局
周高德 1994 读《太平经》有感,《中国道教》第1期
周国光 1997 《汉语句法结构习得研究》, 安徽大学出版社
周海清 1992 西周金文里的被动式和使动式,《中国语文》第6期
周建娇 2006 试说《太平经》中的"何以"与"以何",《江西社会科学》第5期
周日健、王小莘主编 1998 《〈颜氏家训〉词汇语法研究》, 广东人民出版社
周守晋 2005 《出土战国文献语法研究》, 北京大学出版社
周一良 1986 《魏晋南北朝史札记》, 中华书局
周祖谟 2001 《周祖谟语言学论文集》, 商务印书馆
朱德熙、卢甲文、马真 1961 关于动词形容词"名物化"的问题,《北京大学学报》(人文科学版) 第4期
朱德熙 1978 "的"字结构和判断句, 载《现代汉语语法研究》, 商务印书馆 1980年
——— 1982 《语法讲义》, 商务印书馆
——— 1983 自指和转指——汉语名词化标记"的、者、所、之"的语法功能和语义功能,《方言》第1期
——— 1985 《语法答问》, 商务印书馆
——— 1988 关于先秦汉语里名词的动词性问题,《中国语文》第2期
——— 1990 关于先秦汉语里名词和动词的区分的一则札记,《王力先生纪念论文集》,
——— 1991 词义和词类,《语法研究和探索》(第五辑), 商务印书馆
——— 1999 《朱德熙文集》第2、3卷, 商务印书馆
朱　力 2005a 《太平经》本经"是"字用法分析,《汉语史研究集刊》(第7辑), 巴蜀书社
——— 2005b 《太平经》与东汉佛经判断句比较研究, 四川大学硕士学位论文
朱庆之 1992 《佛典与中古汉语词汇研究》, 文津出版社, 台湾台北

——— 1993 汉译佛典语文中的原典影响初探，《中国语文》第 5 期

——— 1995 汉译佛典中的“所 V”式被动句及其来源，《古汉语研究》第 1 期

——— 2001 佛教混合汉语初论，《语言学论丛》(第 24 辑)，商务印书馆

朱庆之编 2005 《中古汉语研究》(二)，商务印书馆

朱越利、陈敏 2000 《道教学》，当代世界出版社

竺家宁 2002 魏晋佛经的三音节构词现象，载《纪念王力先生百年诞辰学术论文集》，商务印书馆

邹嘉彦、游汝杰主编 2004 《语言接触论集》，上海教育出版社

三一教旨的立体宣言

——泉州清源山太上老君石像解读

胡萍[①]，方任飞[②]

摘　要：位于福建泉州的清源山太上老君像，道骨，佛态，儒风，是明代“好事者”采用一块地震滚石，根据“三一教”教义雕刻而成，旨在讲解《九序心法》。

关键词：泉州　老君石像　地震滚石　三一教

引言

“泉州名片”太上老君石像，坐落在福建省泉州清源山右峰南麓羽仙岩上。像高 5.63 米，厚 6.85 米，宽 8.01 米，席地面积 55 平方米，是中国现存最大的道教石像。额宽耳垂，长髯飘胸，眼帘垂下的李老君，显得深邃睿智，精致而又粗犷，堪称我国刻石艺术的瑰宝。

太上老君名李耳，字聃，是道教始祖，被尊称为“老子”。据当地人说，早在西晋时期，泉州清源山中就有道观建筑。到北宋时，在清源山右侧二峰罗山和武山下分别建造了北斗殿与真君殿，规模恢宏。羽仙岩上的太上老君雕像可能也完成于此时。随着时间的推移，兵燹地震，天灾人祸的破坏，二殿是倒了修，修了又倒，到后来终于相继坍塌，片瓦无存。没有遮盖的老君石像，年年月月，日晒雨淋，风吹雷劈，历经人世间千百年的沧桑，却奇迹般地完好无损，都说是神明的庇佑。

不知从什么时候开始，泉州民谚有了“摸到老君鼻，寿高一百二”的说法。为了延年益寿，本地和来自外地的人们争先恐后地攀爬。他们怎么想不明白：如果老君石像真的有灵，如此这般实施摸鼻捋须大不敬的行为，得到的绝不会是福

① 胡萍 HU PING，中国泉州，华侨大学文学院副教授。
② 方任飞 FANG RENFEI，中国黄山，原《黄山日报》社编辑。

寿，只能是神祇的惩罚。为了避免造成国宝级全国重点文物保护单位老君石像的磨损，老君岩前立了“攀爬石像，违法违规”的警示牌。这些年，由于环境污染和生活习惯的非理性改变，造成有些人的英年早逝，有的人竟认为是没有摸太上老君的鼻子的缘故！

一、太上老君凝固的打坐说法

文化部外文局外籍专家组一行来泉州考察时，法国学者黛安娜·李（Diana Lee）在老君岩曾题词：“这已是我第二次参观老君岩，但我仍和上次一样激动，因为这位老人和大地紧紧地融为一体，他好像知道一切，又理解一切。”

在不到半年的时间，我们先后八九次参观老君岩，同样是激动不已。我们想探测这位“和大地紧紧地融为一体”的老人到底在做什么？

老人在打坐。打坐，道家解释为“打扫心上地”“坐出性中天”。身体内部像磁石一样，把念头凝固住，做到“心息相依，抱一守中”。道家修炼，不拘外形，以“四大威仪”为常见：“行则措足于坦途，住则凝神于太虚，坐则抱脐下之珠，卧则调丹田之息。”坐，可以盘腿，也可以双腿垂下。双手相叠（或掐诀），放于丹田，或手抚双膝也行。道家打坐入定的催眠状态，使人回顾自己的一个个往世，甚至是转世之间的彼岸世界。眼皮垂帘，向下一看，以看到鼻端为度，就是“眼观鼻”；再往下瞅，就是“鼻观心”。要求“含眼光”，因为双目睁大则光漏，闭上又容易昏沉。接着“调鼻息”、凝耳韵、缄舌气，就是“合和四象”，是道家打坐的入手工夫。

眼面前的老君，右手凭几，左手依膝，左膝平曲，脚趾翘起，神态悠闲。但是，他绝非进人了入定的催眠状态，也不是在闭目养神。只见他翘起胡子，翻着白眼，张着嘴，老人家在说法呢。

他在说什么？我们一次次判读各式各样的照片，一次次查找文献，一次次到他跟前认真观察，仔细揣摩。有一天，我们忽然想起德国著名哲学家伊曼纽尔·康德（Immanuel Kant）的话：“手是身体的大脑”，苏联著名教育理论家苏霍姆林斯基（B·A·Cyxomjnhcknn）也说：“手与脑之间有着千丝万缕的联系，手使脑得到发展，使它更加明智；脑使手得到发展，使它变成思维的工具和镜子”，豁然大悟——我们看石像，太上老君凭几的右手，大拇指遮挡了，中指和无名指弯曲，食指和小指伸直，此乃“道指”，道士作法时常用的；他的左手抚膝，四指伸直，是在讲述“九序心法”之四——“安土敦仁”。“九序心法”是三一教主林兆恩（1517—1598）创立的一种修身养性的方法，由九个逐渐深化的修持程序组成，因是围绕着“心”这一本体展开，故名。三一教，亦名“夏教”，最初流行于福建莆仙方言区，即莆田、仙游两县境内以及惠安县北部、福清市南部地方。它倡儒、道、释归一说，以“道释归儒，儒归孔子”为教旨。三一教的创立者是莆田人林兆恩，他倡教授徒始于明世宗嘉靖三十年（1551）。大约到十七世纪中叶，“三一教”始逐渐发展完备。林兆恩认为，循九序修炼，可以使“性命”与宇宙的虚空本体相契合，通过九序心法的传授，可以达到让听众体悟三教合一论的目的。

我们再观察口型，他张开的嘴（“文革”劫难后，曾经修补过）与左手的指法协调，应是扁的，嘴角向两边拉，在发“xì（sì，“四”的古音）”音。——年年月月，日日夜夜，太上老君在一遍又一遍地说教《九序心法》：一序，艮背，以念止念以求心；二序，周天，效乾法坤以立极；三序，通关，支窍光达以炼形；四序，安土敦仁，以结阴丹；五序，采取天地，以收药物；六序，凝神气穴，以媾阴丹；七序，脱离生死，以身天地；八序，超出天地，以身太虚；九序，虚空粉碎，以证极则。九序心法虽然融三教修持理论和方法为一炉，但基本成分是道教的内丹法。（林国平，1992）

二、关于老君造像年代的说法

清源山羽仙岩上太上老君石像雕刻于何时？因为官修的府县志上没有记载，所以成了一个难猜的谜。四百多年来，众说纷纭，略举一二。

明代何乔远（1557—1631）主编的《闽书》卷之七《方域志》是这样说的：“……今曰老君岩。盖石镌李老君宴坐像，高十余尺，不知何年。宋淳祐（志）不载，必淳祐以后镌也。”（［明］何乔远，1994：164）

1991年，天津大学建筑系杨昌明、华侨大学建筑研究室方拥联名发表《泉州出土老君岩石室构件年代考辨——兼论泉州清源山老君像的雕凿年代》（方拥、杨昌鸣，1991：1—4）一文说，1990年，文管部门在整拓环境、开挖老君造像南面地土时，发现带雕凿痕迹的花岗石构件。他们认为是宋代建造老君岩石室的遗物。还有，石像圆雕不是泉州宋代石像的通行做法；老君席地或床榻而坐，肘倚曲几，是汉民族宋代以前的起居习惯；又，老君岩旧称“玄玄洞”或“元元洞”，而唐代中叶，唐玄宗崇道，累封老子，直至“大圣祖高上大道金阙玄元天皇大帝”，泉州“玄元庙”即“玄玄洞”或“元元洞”，因为闽南人混用“玄”“元”；以行文严谨著称的黄克晦（1524—1590）《灵坐石老君》诗有句：“石像千年草树旁”。——据此认定，老君造像甚至有凿于唐代的可能。

泉州市道教协会副会长吴历田也认为，根据雕琢风格来看，似为唐代产物。他说，唐代的石头建筑艺术粗犷豪放、雄伟壮观，而老君造像也正是如此。

《中原文物》2010 年第 5 期刊登温玉成、李晓敏文章，题为《泉州老子像是元代的杰作》，提出是穆斯林蒲寿晟、蒲寿庚兄弟出资，造于元朝至元二十一年后若干年内。

我们认为，从老君岩旁挖掘出来的带雕凿痕迹的石室花岗石构件，是在明代泉州大地震中毁灭的清源山真君殿或北斗殿的构件，二殿的地理位置，据泉州地方志，就在这一带。如果说宋朝没有圆雕石像，那么以后的元朝、明朝，不是到处可以见到吗？至于席地或床榻而坐、肘倚曲几的习惯，任何朝代直到今天，汉民族的人都有保留，怎么能说是“宋代以前汉民族的起居习惯”？况且，石雕作品刻画的是周朝人老子，无论哪个时代，尊重史实的匠师都会这样做的。唐代重道，明代更重道——明世宗封江西龙虎山上清宫道士邵元节为礼部尚书，赐一品服；封另一道士陶仲文为少师，兼太保、少保，加爵恭诚伯，对道士的恩宠、尊崇，达到前无古人的地步，（任继愈，2006：302）而这，并不能作为断定太上老君石像雕刻时代的理由。杨、方文说“闽南人混用玄，元”，而其实是清代为避康熙皇帝玄烨的讳，才改“玄”为“元”的，泉州“玄妙观”之所以成了“元妙观”，就是这个缘故。至于诗句“石像千年草树旁”中的“千年”，分明是文学语言，怎么能当作数据？还有，古今中外，粗犷豪放、雄伟壮观的石雕作品比比皆是，不仅仅是唐朝才有。说是穆斯林蒲寿庚兄弟出资建造，未免有些牵强。伊斯兰最核心的信仰，是“万物非主，唯有真主”，是“认主独一”，人不要明知故犯地崇拜偶像，唯有绝对保佑者能提供真正保佑。《古兰经》说：“你们当崇拜真主，不要以任何物配他”，对于制造偶像、画像都有禁令（金宜久，2006：63—68），蒲寿庚没有一点儿理由来做这离经叛教的事。历史已有定论，在宋末元初的那场动乱中，蒲寿庚变节投敌——导元倾宋、叛宋仕元，灭佛毁道，屠戮汉人，以邀功新主子，是个不折不扣的恶棍，他也不会为汉人做这种善事。如果真是蒲寿庚兄弟所建，即使在元末明初泉州人民那场近乎疯狂的清算蒲氏行动中被炸毁了，后来的府县志和地方谱牒中也会有比何乔远《闽书》更确切的记载。

我们认为，泉州清源山老君石像形成不在唐，也不在宋，而是在明朝。

三、老君石像的成因及成形依据

泉州地处东南沿海广东、福建地震带。受环太平洋岛礁地震带影响，地震频发。明代中叶，与内忧外患的社会一样，泉州也进入了地震多发期。东南沿海的长乐—诏安活动地震带，在地震活跃期的1445—1609年中，泉州—汕头地震带曾多次发生破坏性地震。万历三十二年十一月初八日（公元1604年12月28日）泉州发生里氏八级地震，“初九夜大震，自东北向西南。是夜连震十余次，山石海水皆动，地裂数处。郡城尤甚，开元东镇国塔第一层尖石坠，第二、第三层持阑因之碎。城内外庐舍倾圮。覆舟甚多。”（乾隆《泉州府志》卷七十三《祥异》）泉州在1607年8月，即三年后的另一次强地震中，几乎所有在1604年未见破坏的主要古建筑都蒙受了程度不同的破坏，或倒塌或下沉或倾斜，与地震同时或先后发生的，是台风和暴雨造成的山崩、泥石流。说不上是哪一次地震，清源山地动山摇。满坡在球状风化作用下形成轮廓浑圆、形状奇特的块石，挟着风雷，带着尖啸，滚滚而下，所过之处，房屋庐舍，人畜牛马，乃至鼠兔蝼蚁，无一幸免。右峰罗山脚下的北斗殿，武山脚下的真君殿，顷刻之间，被夷为平地。真君（北斗）殿的废墟堆中，一块形如钟鼎的巨石，把殿中神像砸进地里……新编《清源山志》记载，老君岩壁上原有摩崖石刻“震天动地”（清源山风景区管理委员会，2004：10）四字，记录了这极其惨烈的一幕（可惜毁于二十世纪五十年代的炸山采石）。

灾后的一段日子，人们开始清理废墟，大伤脑筋的是那块超大的花岗岩巨石，砸进土里好深，靠人力、畜力，想搬走它，无异于蚍蜉撼树。有人发现这顽石的地上部分，酷似一个健壮的人体，于是，就如清代乾隆《泉州府志》卷六《山川》记载：“石像天成，好事者略施雕琢”，成了一尊太上老君石像。

石像脸部是依据葛洪（284—364）《神仙传·老子传》记载雕刻的：“老子黄白色，美眉广颡，长耳大目，疏齿、方口、厚唇，额有三五达理，日角月悬，鼻纯骨双柱，耳有三漏门。”据传说，太上老君一生下来就是白头发，明朝诗人张姜谷在《青牛吼谷》一诗中写道：“大道归何处？白头一老翁。”我国古代太上老君造像，不是头戴皇冠、身着冕服、庄严肃穆的帝王形象，就是头上挽发、身穿道袍、道貌岸然的道士模样。而这尊道袍加身的李老君，却像弥勒佛那样光着头，神态又是大智若愚的儒相，可谓儒风、道骨、佛态，三者俱全。由于造型离谱，当时，一本正经的道界不予认可，一般人不太注意，被当作“好事者”的游戏之作。

其实，泉州清源山太上老君石像的这般模样，并非“好事者”的随心所欲，而是“三一教”教旨的体现。万历二十六年（1598），林兆恩亡故后，三一教立即分裂为两大派别。一派以林兆珂为代表，从学术立场上继承了林兆恩的理论遗产。另一派则从宗教立场继承林光恩的理论遗产，奉林兆恩为三一教主，尊三一教为“夏教”，进一步发展了三一教的宗教哲学和宗教伦理，完善了三一教的教规、教仪、教阶制度。由于这一派使三一教进一步宗教化，因此能在民间扎下根来，拥有众多的信徒，成为三一教发展的主流，并一直延续至今。这一派当中最有影响的一支，以陈标、王兴为首，倡教于福州、南京、徽州，全盛时曾流行湖北、北京、河南、陕西、山东等地。有一本《林子本行实录》，是经过林兆恩的嫡传弟子卢文辉、再传弟子陈衷瑜、三传弟子董史三代传人才编写出来的，于顺治十二年（1655）付梓。书中说，林兆恩出生于明正德十二年丁丑，是应证了“丁丑之岁，弥勒下生”的古谶；他创立的三一教，其教理教义以儒家的纲常人伦为立本，以道教的修身炼性为人门，以佛教的虚空本性为板则，以世间法与出世法一体化为立身处世准则（任继愈，2006：328—329）。泉州与莆田毗邻，当时的信徒甚众，他们来到清源山，运斤凿石，将“三一教”的纲领，在老君石像身上得到了充分的体现。换句话说，就是在太上老君的躯体里，装入林兆恩的灵魂。这在当时道教、佛教受封建统治者推崇，而三一教还是民间秘密宗教，随时会遭到查禁的情况下，不失为明智之举。

宋淳祐年间修的泉州府县志之所以不载老君石像，是因为它还没有出现，并非有人硬说的“漏记”。其实，人见人爱的艺术精品，根本用不着担心被埋没。在石像前，上海同济大学建筑与园林研究学陈从周教授赞叹道：“飘拂细腻的长髯，联以流畅简洁的衣褶，旁补以妥帖精巧的小几。由于运刀统一，坐像在庄重中显出活泼，在协调中寓有变化。坐像令人感到浑然一体，毫无多余痕迹。”这一切，正如现代著名规划专家任震英题赞所言：“老子天下第一”。

参考文献：

[1] 方拥、杨昌鸣．《泉州老君岩的宋代建筑构件》[J]．《泉南文化》，1991年第1期（内刊），第1—4页。（后再载于《华侨大学学报》1995年第4期，无新见解。）

[2] 任继愈主编．《道教史》[M]．南京：江苏人民出版社，2006年，第302页，第328—329页

[3] [明] 何乔远编撰．《闽书》[M]．福州：福建人民出版社，1994年，第一册第164页。

[4] 林国平．《林兆恩与三一教》[M]．福州：福建人民出版社，1992年。

[5] 金宜久主编．《伊斯兰教史》[M]．南京：江苏人民出版社，2006年，第63—68页

[6] 清源山风景名胜区管理委员会编．《清源山志》[M]．北京：中华书局，2004年，第10页

[7] 乾隆《泉州府志》[M]．卷六《山川》，卷七十三《祥异》

An Interpretation on the Stone Figure of Tai Shang Lao Jun in Qingyuan Mount

Abstract: The stone figure of Laozi at Qingyuan Mountain in Quanzhou city of Fujian Privince is about Taoism, Buddhism and Confucianism. It was made by hao-shi-people of Ming Dynasty, from a rolling stone after earthquake. It reflected the creed of three-one Religion, aiming to explain Jiu-xu-xin-fa.

Key words: Quanzhou City, stone figure of Laozi, rolling stone after earthquake; three-one Religion

附记：此文曾在首届饶宗颐与华学国际研讨会（2011.12 泉州华侨大学）上宣读。

后　记

“这本论文原是我的博士论文，1989 年完稿，1990 年 1 月口试通过。当初写完这本论文后，本想好好修改一番再拿来出版，但是一直都觉得有比修改这本论文更值得做的等着去做，也就无心再去处理它了，没想到一蹉跎十二年就这么过去了。”这是台湾学者魏培泉在《汉魏六朝称代词研究·自序》（《语言暨语言学》专刊甲种之六，台北中央研究院语言学研究所，民国 93 年（2004 年）版，ISBN 957-01-9020-5）开头的话（写于 2002 年 11 月 28 日）。在东京大学本乡校区的文学部 3 号馆地下室布文馆，摸着 369 页的精装书，读着这段文字，顿感“于我心有戚戚焉”，魏先生说的简直就是我的心里话！

我 2004 年考进南京大学攻读博士学位，师从柳士镇教授。2007 年 5 月通过答辩，6 月下旬离校，奔赴华侨大学报到。刚刚结束学业的第一个暑假，无暇顾及论文修改。9 月开学后，诸事烦琐，更加没空修改论文。因为没有修改，所以就没有联系出版事宜。2011 年做了母亲，自己带孩子，累得要死，虽然教研忙、压力大，但家务与学生已占去了我几乎全部的时间，睡眠时间总是不能保证，学位论文修改一事就一直搁着。一拖就是 12 年！

板凳要坐十年冷。写的是历史语法，是专书里的专题研究，语料无法靠检索，而是一遍遍通读，再拈出来的，文章更是逐字逐句写出来的，因此格外敝帚自珍。现在，恰逢华侨大学文学院资助论文出版（2 万/人），我就借此东风，将论文略作修改，交给出版社，以完成任务，此其一。当初离校前对于学位论文是否上传，南京大学是给予选择权的，我选的是不上传，这样，就导致有的人想参考我的学位论文而不得，此其二。已经公开的作品，早一点出版为好，这已经是学界常识，何况自己的论文窃以为还是有点价值的，自信其中定有别人未曾留意之处，此其三。

谁不爱惜自己的羽毛？但如果要参酌十余年来的研究成果而重新改写，则不太可能。于是，内容方面不做变动，尤其论点与论证基本不动。只是校订一番，将叙述的文字整修整修，将明显不妥的字句删去，尤其将格式按照出版社的要求逐一调整。这里特别提一下，多亏在东京大学访学，借助这里丰富的典藏，直接借阅在中国大陆一直未能一睹真容的书籍。首倡《太平经》研究的是日本学者小柳司气太，但他的原文与出处我撰写博士学位论文期间（甚至来日本访学前）并未亲见，心中一直惴惴不安。通过东京大学 OPAC 终于检索到《桑原博士还历记念　东洋史论丛》，翻到第 141—171 页，见到《后汉书襄楷传の太平清领书について》，心中释然。此书差不多一百年前在日本出版，还是日语撰写，距离感、陌生感都有，国内学术界想一睹此文的人肯定不在少数。所以，想将它以附录的方式，出现在我书的后面，以方便那些刚好要用此材料的大陆学者。为什么萌发此念头呢？是因为，在东京大学附属图书馆借书时，心血来潮，我有时就看书背，浏览书脊，间或抽出一本薄薄的硬壳书，一翻，居然是知名或不知名的好心人复印的海外某书或刊物中某篇文章，图书馆检索系统中也有检索号等，俨然一本书，但其实是复印的若干张纸而已，且字迹甚至模糊不清了。但，此事涉及版权问题，只好作罢。

从学位论文变成一本书出版，理所当然想到那些给予自己帮助、鼓励和温暖的亲人与师友，他们是：威严导师柳士镇教授与形成鲜明对比的慈爱师母，热心写推荐书的李先华教授、储泰松教授以及无私引荐我的崔达送教授，参与论文外审的袁宾教授、方一新教授等，参与论文答辩的董志翘教授、汪维辉教授、高小方教授、段叶辉教授、何亚南教授等，谢谢你们的宝贵、精辟意见；同门的黄增寿、张延俊、何亮等师兄，同级的墙峻峰、丁文霞、曹洁、刘艳梅等同学，以及付义荣、叶文举、陈建军等校友，是你们陪伴着我，给我力量，使我能够顺利经历几个寒冬与酷暑，度过那段终生难忘的岁月。这里，还要特别感谢我的亲人们，奶奶当时还在，朴实的父母与亲爱的姐弟，你们是我的力量源泉；无论论文撰写还是修改，夫君方任飞都是我的精神后盾，他总尽可能减轻我的后顾之忧，而乖巧懂事的女儿方阿双也知道妈妈要出书，给我腾空间与时间，一次次让我热泪盈眶。同时，感谢河北大学出版社的责任编辑张靖瑄女士，感谢你的辛苦付出，你的细致工作给我深刻印象。最后，感谢华侨大学文学院的资助，不然，此书不知何时问世。

胡　萍

2018 年 7 月 27 日于东京大学文学部